全国高职高专公共课程规划教材（第二轮）

应用文写作

（第2版）

（供医药类各专业使用）

主　编　金秀英　王　青
副主编　谢雨君　王　娜　孙艳峰
编　者（以姓氏笔画为序）
于婧婷（四川中医药高等专科学校）
王　青（山东医药技师学院）
王　娜（北京卫生职业学院）
方良彦（山东医药技师学院）
孙艳峰（山东医药技师学院）
张　熙（四川中医药高等专科学校）
金秀英（四川中医药高等专科学校）
胡皓月（长春医学高等专科学校）
谢雨君（重庆三峡医药高等专科学校）
蔡　旗（四川中医药高等专科学校）

中国健康传媒集团
中国医药科技出版社

内容提要

本教材是“全国高职高专公共课程规划教材（第二轮）”之一。全书分为应用文写作基础知识、常用应用文写作、医药应用文写作三大部分共八章，内容包括应用文写作基础知识和党政机关公文基础知识、常用党政机关公文写作、常用事务文书写作、公关礼仪文书写作、就业文书写作、医药工作文书写作、医药科技文书写作。作者在编写本书过程中以任务情景导入、以简介知识要点、设计直观的文种格式模版、归纳总结写作技能要求、精选例文和随文点评为形式，以知识链接拓展章节内容知识面，同时每一章的后面精心设计了题型多样、内容丰富的目标检测题目，帮助学生巩固理论知识、强化写作技能、提高写作能力。本教材为书网融合教材，即纸质教材有机融合电子教材、教学配套资源（PPT、微课、视频、图片等）、题库系统、数字化教学服务（在线教学、在线作业、在线考试）。

本教材可供医学类高职高专各专业使用，亦可作为医药行业单位和其他类专业自学用书。

图书在版编目（CIP）数据

应用文写作／金秀英，王青主编．—2版．—北京：中国医药科技出版社，2019.7
全国高职高专公共课程规划教材（第二轮）
ISBN 978-7-5214-0894-2

Ⅰ.①应…　Ⅱ.①金…　②王…　Ⅲ.①汉语-应用文写作-高等职业教育-教材　Ⅳ.①H152.3

中国版本图书馆CIP数据核字（2019）第099474号

美术编辑　陈君杞
版式设计　易维鑫

出版　**中国健康传媒集团**｜中国医药科技出版社
地址　北京市海淀区文慧园北路甲22号
邮编　100082
电话　发行：010-62227427　邮购：010-62236938
网址　www.cmstp.com
规格　889×1194mm 1/16
印张　19½
字数　424千字
初版　2015年8月第1版
版次　2019年7月第2版
印次　2019年7月第1次印刷
印刷　三河市腾飞印务有限公司
经销　全国各地新华书店
书号　ISBN 978-7-5214-0894-2
定价　55.00元

获取新书信息、投稿、为图书纠错，请扫码联系我们。

数字化教材编委会

主　编　金秀英　王　青

副主编　谢雨君　王　娜　孙艳峰

编　者（以姓氏笔画为序）

于婧婷（四川中医药高等专科学校）

王　青（山东医药技师学院）

王　娜（北京卫生职业学院）

方良彦（山东医药技师学院）

孙艳峰（山东医药技师学院）

张　熙（四川中医药高等专科学校）

金秀英（四川中医药高等专科学校）

胡皓月（长春医学高等专科学校）

谢雨君（重庆三峡医药高等专科学校）

蔡　旗（四川中医药高等专科学校）

出版说明

“全国高职高专公共课程规划教材”是与“全国高职高专护理类专业规划教材”“全国高职高专药学类专业规划教材”同期建设的，自出版以来得到了各院校的广泛好评。为了进一步提升教材质量、优化教材品种，使教材更好地服务于院校教学，同时为了更好地贯彻落实《国务院关于加快发展现代职业教育的决定》及《现代职业教育体系建设规划（2014—2020 年）》等文件精神，在教育部、国家药品监督管理局的领导下，在上一版教材的基础上，中国医药科技出版社组织修订编写“全国高职高专公共课程规划教材（第二轮）”。

本套规划教材（6 种），其中 5 种为新修订教材（第 2 版），适合医药类所有专业教学使用。本轮教材建设对课程体系进行科学设计，整体优化，对上版教材中不合理的内容框架进行适当调整，内容上吐故纳新。在编写过程中，坚持以高职高专人才培养目标和公共课程教学标准为依据，充分体现高职高专教育特色，力求满足教学需要和社会需要，着力提高学生人文素养和身心健康；坚持“三基”“五性”“三特定”的原则，并强调教材内容的针对性、实用性、先进性和条理性；坚持理论知识“必需、够用”为度，强调基本技能的培养；突出医药类专业公共课程的特色，适当吸收行业发展的新知识、新技术、新方法，适当拓展知识面，为学生后续发展奠定必要的基础。

在教材中使用形式活泼的编写模块和小栏目，如“学习目标”“知识链接”“案例”“任务情境”“目标检测”等，以及尽量增加图表如操作步骤的流程图、示例图，从而更好地适应高职高专学生的认知特点，增强教材的可读性。

为适应当前教育信息化发展的需要，加快推进“互联网+医药教育”，本轮教材建设为书网融合教材，即纸质教材与数字教材、配套教学资源、题库系统、数字化教学服务有机融合。通过“一书一码”的强关联，为读者提供全免费增值服务。按教材封底的提示激活教材后，读者可通过 PC、手机阅读电子教材和配套课程资源（PPT、微课、视频、动画、图片、文本等），并可在线进行同步练习，实时反馈答案和解析。同时，读者也可以直接扫描书中二维码，阅读与教材内容关联的课程资源（“扫码学一学”，轻松学习 PPT 课件；“扫码看一看”，即刻浏览微课、视频等教学资源；“扫码练一练”，随时做题检测学习效果），从而丰富学习体验，使学习更便捷。教师可通过 PC 在线创建课程，与学生互动，开展在线课程内容定制、布置和批改作业、在线组织考试、讨论与答疑等教学活动，学生通过 PC、手机均可实现在线作业、在线考试，提升学习效率，使教与学更轻松。此外，平台尚有数据分析、教学诊断等功能，可为教学研究与管理提供技术和数据支撑。

在编写教材过程中，得到了有关专家的悉心指导，以及全国各有关院校领导和编者的大力支持，在此一并表示衷心感谢。希望本套教材的出版，对促进我国高职高专教育教学改革和人才培养做出积极贡献。希望广大师生在教学中积极使用本套教材，并提出宝贵意见，以便修订完善，共同打造精品教材。

中国医药科技出版社

2019 年 6 月

前　言 / PREFACE

《应用文写作》是一门综合性、实践性与实用性很强的社会应用学科。在现代社会生活中，应用文作为重要的信息载体和日常交际工具，对人们在各方面的交流起着重要的作用。

本教材的修订紧扣医药类高职高专各专业人才培养目标，以培养学生应用写作技能为核心，提高应用文写作能力为根本。注重把握医药类专业的行业性特点，除了阐述常用应用文体的写作知识和写作方法外，还重点阐述医药应用文体的写作知识和写作方法。

本次教材修订的重点是教材中的“任务情境和例文及评析”两大板块，同时对上版教材中存在的不准确的内容和存在的文字、格式错误进行修改及勘误。增加了包括微课、PPT、同步习题等数字化教学资源内容。

经过本轮修订后的教材不再是单本纸质教材，而是个性化教学平台与纸质教材的立体化教材。其数字化资源可通过中国医药科技出版社“医药大学堂”在线学习平台浏览，部分资源也可通过直接扫描纸质教材相关内容旁边的二维码浏览。

本教材以任务情景导入；以简介知识要点、设计直观的文种格式模板、归纳总结写作技能要求、精选具有针对性、典型性和示范性的贴近医药行业、贴近时代以及与学生的学习、生活密切相关的例文和随文点评的形式，让学生了解应用文体的写作知识，培养学生的应用文写作技能；以知识链接拓展章节内容知识面，为学生后续发展奠定必要的基础。同时在每一章的后面精心设计了题型多样、内容丰富的目标检测题目，让学生通过训练帮助其巩固所学的理论知识、强化写作技能、提高写作能力。本教材将为医药类专业学生在未来职业生涯中得到可持续性发展，以适应当前和今后在工作、学习、生活中的写作需要奠定坚实基础。

本教材修订分工是：谢雨君（第一章）、金秀英（第二章、附录）、王娜（第三章）、蔡旗（第四章）、王青（第五章）、胡皓月（第六章）、于婧婷（第七章）、孙艳峰（第八章）。数字化教学资源中的微课、同步习题等主要由张熙、方良彦完成。

本教材在修订编写中参阅了大量的国内相关教材、书刊及药业网站，吸取了其中的最新成果和资料，在此对相关作者致以诚挚的感谢。

在本书的修订编写中，各位编者尽心尽力，并不断探索，但仍有许多不足之处，恳请各位专家和读者批评指正。

编　者

2019 年 6 月

目　录 CONTENTS

第一章

应用文写作基础知识

第一节　应用写作与应用文

学习目标

知识要求

1. 掌握学习应用文写作的方法。
2. 熟悉应用写作的基本要素。
3. 了解应用写作、应用文的概念。

技能要求

1. 能辨别应用文体。
2. 能运用学习应用文写作的方法。

扫码“学一学”

任务情境

《新民晚报》曾登载一篇题为《大学生：企业想对你说》的文章，文章提到上海某大学对苏、浙、沪的152家企事业单位进行了调研，范围涉及政府机构、教育、信息、金融等各个领域和11家人才市场，其中反映出来的问题之一是“尽管有这个证书、那个证书，大学生们最基本的语言表达和写作能力却不尽如人意，不少企业表示有15%的大学生在写作能力方面十分欠缺”。一般来说，企业很少让大学生去写诗歌、小说等文学作品的，这里提到的写作能力是指应用写作能力。对于大学生而言，应用写作能力的重要性日趋凸显。你的应用写作水平怎样？你了解应用写作与应用文的基本知识吗？

知识要点

一、应用写作的概念

应用写作是写作的重要组成部分。什么是写作？写作是人们在认识、感受客观事物的过程中，用语言、符号把思维结果记录、表达出来的创造性的精神劳动。什么是应用写作？即为应用文的写作，是单位或个人应用于日常工作与生活需要的一种写作活动，应用文是应用写作的成果。对于学习者来说，应用写作是一门基础课程，它是用来介绍应用文写作基本知识、研究应用文写作基本理论和技能技巧的一门学科，具有系统的理论性和极强的实践性。亦如文学写作一样，是写作学的一个重要分支学科。

在现代社会生活中，应用文作为重要的信息载体和日常交际工具，日益深入到社会生活的各个领域，应用写作在人们的日常生活、工作、学习中十分重要，已经成为当代社会人们的共识。叶圣陶在《国文教学的两个基本观念》中写到："文学之外，同样包在国文的大范围里头的还有非文学的文章，就是普通文。这包括书信、宣言、报告书、说明书等等应用文。"后来他进一步指出："大学毕业生不一定要会写小说诗歌，但是一定要写工作和生活中实用的文章，而且非写得既通顺又扎实不可。"世界上很多发达国家的高等学校把大学生和博士生的应用文写作能力作为必须考查的内容。德国的写作教材练习项目，绝大多数是调查报告、事件报道、科技说明、会议记录、演讲提纲、新书介绍、商品广告等。日本的写作教材，有不少是训练学生写书信、日记，写调查报告、研究报告、实验报告等。美国著名学者约翰·奈斯特在《大趋势——改变我们生活的十个新方法》一书中提出："在这个文字密集的社会里，我们首先比以往任何时候都更需要具备最基本的读写技能。这里所说的'读写技能'，首先就是足以应付日常和生活所需要的写作能力，也就是应用写作能力。"目前，我国在报考公务员和各行各业公开招聘考试中，应用写作知识是必考的一部分内容。

二、应用写作的基本要素

应用写作包括五个基本要素：写作主体，即作者，包括机关、团体、企事业单位和个人。写作受体，即应用文的接受单位和作用对象；写作客体，即写作所反映的客观实际生活、客观事物；写作载体，即承载客体的物质形式，例如甲骨、纸张、电子网络等。写作本体（文本），即客体与载体合二为一就形成了文本。这五个要素构成一个完整的、有机的系统，从而实现应用写作的目的与价值。

三、应用文的概念

香港陈耀南教授在《应用文概说》一书中说："应用文，就是'应'付生活、'用'于实务的'文'章，凡个人、团体机关相互之间，公私往来，用约定俗成的体裁和术语写作，以资交际和信守的文字，都叫应用文。"台湾张仁青教授在《应用文》一书中说："凡个人与个人之间，或机关团体与机关团体之间，或个人与机关团体之间，互相往来所使用之特定形式之文字，而为社会大众所遵循、共同使用者，谓之应用文。"目前，较为统一的认识为：应用文是党政机关、社会团体、企事业单位和个人、家庭，在日常工作、学习和生活中，用来办理公私事务，经常使用的具有某种惯用体式和直接实用价值的文书。它是单位正常运转、人与人相互交往不可缺少的工具。

四、如何学好应用文写作

叶圣陶先生对于如何形成写作能力，有一个形象的说法："所谓能力不是一会儿就能从无到有的，看看小孩子养成走路跟说话的能力多麻烦。阅读跟写作不会比走路跟说话容易，一要得其道，二要经常历练，历练到成了习惯，才算有了这种能力。"此话并非专指应用写作能力，但同样适合解释应用写作能力的形成。

（一）得其道

"得其道"是指写作者应提高政治修养水平和树立法制观念，以实事求是的科学态度学习写作理论。同时，应用写作与文学写作不同，文学写作追求新颖、独到、有创意，而应用写作有章法和套路；文学写作的作者很大程度上要有天赋和悟性，而应用写作必须经过系统的学习。一般情况下，作者具备基本的遣词造句、布局谋篇的语文能力，并掌握了应用写作的基本模式，就有可能成为应用写作高手。

（二）历练

“历练”包括两层意思：一是指研读例文，一是仿写。例文往往规范地再现了某一文种的写作要求，研读和仿写就是积累经验。同时，应用文的材料往往不是来自亲身经历，需要写作者主动搜寻文献信息，必须有丰富的知识积累，比如科学、历史、文化、业务知识等。

（三）形成习惯

“形成习惯”，具体而言，写作者应坚持培养搜集、分析、选择和综合归纳材料的能力，逐渐形成多维的思维模式，提高语言驾驭能力，具有自己修改或互相修改文章的习惯，从而熟能生巧，达到提笔有感、格式准确、语感地道的境界。

知识链接

略解《黄帝内经》

《黄帝内经》分《灵枢》《素问》两部分，共计162篇，约14万字。它以黄帝、岐伯等人以问答的形式阐述病机病理，总结了春秋战国之前我国劳动人民与大自然和疾病做斗争的丰富经验。它是中国医学宝库中现存成书最早的一部医学典籍，也是中国汉族传统医学四大经典著作之一（《黄帝内经》《难经》《伤寒杂病论》《神农本草经》）。该书奠定了我国医学理论的基础，在对话中阐明医理，在医学写作史上实属首创，成为我国医用文体写作的源头，对后世医学应用文写作的发展影响深远。

第二节 应用文的特点与分类

学习目标

知识要求

1. 熟悉应用文的特点。
2. 了解应用文分类标准。

技能要求

1. 阅读应用文章能区分其类别。
2. 从职业情境切入，加深对应用文的理解。

扫码“学一学”

任务情境

在过去的语文课程学习中，我们写过记叙文、议论文、说明文。知道了记叙文的六要素是记叙文体特有的，论点、论据、论证是议论文的三要素，说明顺序、说明方法、说明特点是说明文文体特有的，那么你了解应用文具有哪些特点呢？

知识要点

一、应用文的主要特点

在各类文体中，每一类文体既有一般文章的共同属性，又有其各自的“个性”特点。曹丕在《典论·论文》中将当时各类文章归为八体，并提出“夫文体同而末异。盖奏议宜雅，书论宜理，铭诔尚实，诗赋欲丽”的说法，言简意赅地道出了各类文体特有的风格。通过以往的学习，我们对记叙文、议论文和说明文这三类文体的特点有了较为清楚的了解。应用文也有其突出的特点，主要体现在以下几方面。

（一）目的的实用性

应用文是随着人类社会的产生而产生，伴随着历史的发展而发展，是为满足社会生活、工作的实际需要而产生的一种文体，是依据公务活动或办理私事的实际需要，为处理工作中和生活中的实际问题、为达到某一具体目的而撰写的。因此，应用文的写作是须用才写，写必有用。所以实用性是应用文的最显著和最基本的特点，也是应用写作应遵循的首要原则。

其实用性可直接从它的写作效用上体现出来。例如党和国家制定的政策、法令等要达到发挥作用的目的，就需要用命令、决定、通知、通告等公文发布和传达，从而让人们知晓；一对情侣要结婚想让亲朋好友知晓，就需用“请柬”这种应用文才能达到目的。

应用文的实用性还体现在它的时效性上，其实用价值往往受到时间的限制，例如请柬、通知等。因此，行文要讲究时效，迟了就可能失效甚至误事。

（二）对象的特定性

应用文往往有明确的受文对象或特定的读者、读者群。如《某医院药剂科安全卫生管理制度》，其对象适用范围十分明确具体，药剂科相关人员必读；而请柬、信函等日常事务文书的读者对象已经具体到某一个人或某几个人。公文依据行文方向，行文时就对读者对象有了明确的限定，不是谁都可以读、可以看的。例如请示、报告等上行公文是写给上级部门的领导看的；通知、批复等下行公文是写给下级部门人员看的。因此，写作应用文时，一定要做到心中有明确的读者对象，充分考虑和研究读者心理，按照不同对象选择合适的用语和语气，才能写出更符合受文对象“口味”的文章，从而达到行文的目的。

（三）内容的真实性

应用文无论处理公务或私务，都要讲求实事求是，决不能弄虚作假，虚构编造，否则信息就会失真，价值就会丧失，甚至会给社会造成损害。真实是应用文的生命。因此，写作应用文一定要坚持实事求是的原则，要严格忠实地反映客观事物的本来面貌。做到观点正确、鲜明；情况、数据、细节都必须真实准确，一是一，二是二；不允许移花接木，更不允许凭空想象，无中生有。

（四）明确的工具性

应用文是信息传递的一种重要载体，一种基本工具，在社会政治、经济、文化、科技乃至日常生活各方面发挥工具性作用。尤其是公文，它是各级各类党政机关、社会团体、企事业单位等行使管理职能和业务职能的重要工具，是为国家政务、社会公务和公众事务服务的。刘勰说应用文是“政事之先务”（《文心雕龙·书记》），《党政机关公文工作处理条例》规定：“党的机关的公文，是党的机关实施领导、处理公务的具有特定效力和规范格式的文书，是传达贯彻党的路线、方针、政策，指导、布置和商洽工作，请示和答复问题，报告和交流情况的工具。”

（五）使用的时效性

应用文一般都是针对某一具体事项或具体问题而写作的，时间规定得很严格也很具体。作用时间是有限的，即只在一定时期内产生效用，超过时限便失去作用。原有文本将变成档案材料，其作用就发生了变化，例如会议通知，超过会议召开的时间，通知就失去了效用。有些应用文正是由发文日期来表示它的生效期限或正式执行的日期，有的应用文还明确规定了有效期限。例如有的公文标注的“特急”“加急”等紧急程度，它是对公文送达和办理的具体时限要求。因此，写作应用文一定要及时，在一定时限内完成写作任务，否则就会延误工作，甚至给工作造成损失。

（六）格式的模式性

应用文在长期的使用过程中，经过人们的不断改进与完善，逐步形成了相对固定的文本格式和语言表达方式。它们有大体相同或相近的体式，有约定俗成的语言句式、词语，规范化的行文格式。公文的要求更为严格，《党政机关公文处理工作条例》对公文的版式和公文体式作了明确规定。因此，写作应用文时，必须遵循惯用的格式；公文写作必须遵循中共中央办公厅、国务院办公厅等主管部门的有关规定，做到规范化、制度化、标准化。当然，公文格式的这种规范性、模式性有利于加强对公文的科学管理，提高公文写作质量和公文处理效率，更有效地发挥公文的作用。

二、应用文的分类

应用文的分类，由于依据的标准不同，划分的种类也不同。为使用方便，本书将从以下几方面对其进行划分。

（一）依据用途上划分，可将应用文分为公务应用文和私人应用文

党政机关、社会团体、企事业单位用来处理公务的文书就是公务应用文，也就是公务文书。例如：通知、通报、请示、药品检验报告等；个人、家庭用来处理私事的文书就是私人应用文，也就是私人文书。例如：遗嘱、自传、日记等。

（二）依据公务活动使用领域划分，可将公务应用文，即公务文书分为通用公务文书和专用公务文书

通用公务文书是指各级各类党政机关、社会团体、企事业单位在公务活动中普遍使用的公文。例如：通知、请示、计划、总结、会议记录、规章制度等。

专用公务文书是指一定行业的业务机关、专门的职能机关、组织在业务范围内，依据特殊需要专门使用的公文，又称之为专业文书。例如：司法文书（公证书、判决书）、财务文书（财务报表）、医药工作文书（病程记录——病历、药品检验报告）。它们都是法定机关与组织在公务活动中所形成和使用的，具有法定效力和规范体式并须经过一定处理程序处理的文书材料，是实施领导和管理、进行公务活动的专业工具。

（三）依据公务活动的内容，可将通用公务文书分为党政机关公文和通用事务文书

党政机关公文专指2012年4月16日中共中央办公厅、国务院办公厅联合发布的《党政机关公文处理工作条例》（以下简称《条例》）规定的决议、决定、命令、公报、公告、通告、意见、通知、通报、报告、请示、批复、议案、函、纪要共计15种公文。通用事务文书是指各行业管理和处理日常事务普遍使用的文书。例如：事务文书、社交礼仪文书等。

知识链接

应用文写作与文学创作的区别

1. 思维方式不同 应用写作以逻辑思维为主；而文学创作以形象思维为主。

2. 主旨表达方式不同 应用文的主旨表达鲜明、突出，一目了然。开门见山，开宗明义，是应用文写作的基本原则；而文学作品的主题常常表达含蓄、委婉，需要读者去感悟、领会。

3. 语言风格不同 应用写作的语言朴实无华，言简意赅；而文学作品的语言生动、形象，富有艺术感染力。

4. 真实性的内涵不同 应用写作讲求生活真实，即必须按照客观事物的本来面目进行写作；而文学创作讲求的是艺术的真实，允许以生活为基础进行虚构创作。

5. 作品发挥的功用不同 应用文对社会生活起直接的干预作用；而文学作品发挥的是审美、愉悦的怡情功能。

第三节 应用文的主旨与材料

学习目标

知识要求

1. 掌握表现应用文主旨的常用方法。
2. 熟悉对主旨的要求和选择材料的要求。
3. 了解应用文主旨和材料的概念、作用。

技能要求

1. 能正确提炼主旨。
2. 能及时搜集整理材料。

扫码“学一学”

任务情境

某医学院校为激励医学生树立崇高的理想，从楷模身上汲取正能量，准备邀请感动中国十大人物、被誉为“最美乡村医生”的周月华作专题报告。周月华双腿残疾，立足山区，服务乡亲，数十年如一日，将仁心仁术的温暖播散在大地之上，用生动的事迹诠释了大爱无言。如果你是周月华，该如何从众多的事迹中为专题报告选择体现上述主旨的材料？

知识要点

一、应用文的主旨

（一）主旨的概念和作用

主旨，在不同体裁的文章中称呼各异。在文学作品中常称为主题、主题思想（或中心思想）；议论文称为中心论点；说明类文章称为中心意思；应用文则称为主旨。应用文的主旨，是指应用文的行文目的、对客观事物的态度、认识和文本内容。即写作主体通过写入文章的全部材料所表达的基本思想和目的、意图。因此，应用文的主旨通常由两部分组成：一是写作主体的目的、意图，二是应用文的主要内容。但一些篇幅短小的应用文，如公告、任免通知，其主旨只写主要内容而不必写出写作意图。

主旨是应用文的灵魂和统帅，起着纲领的作用，应用文其他要素都要围绕着主旨进行，如材料的取舍、结构的安排、语言的运用、表达方式的选取。

主旨是否正确、深刻、新颖、独到直接关系到应用文质量的高低、价值的大小、社会作用的强弱、办事的成功与否，因此应用文的主旨是不可忽视的。

（二）对主旨的要求

应用文的主旨，应做到正确、鲜明、集中。

1. 正确　正确是对主旨最基本、最起码的要求。应用文主旨的正确主要体现在以下两方面：一是要正确反映现实社会的实际情况，全面而准确地解释事物的本质和规律，有利于社会的发展和工作的开展；二是必须符合党和国家的路线、方针、政策和法律、法规、规章，能够解决现实社会的矛盾和人民群众的问题。

2. 鲜明　鲜明是说应用文主旨的倾向性要清晰明白、态度明朗，不可含糊其辞，似是而非。赞成什么、反对什么、表扬什么、批评什么等要直截了当，否则就不便于读者准确理解并付诸实践。

3. 集中　集中，是指主旨要简明单一，只能确定一个主旨，并贯穿文章始终。因此，应用文的主旨都要求一文一旨，以保证主旨的统帅地位。

（三）应用文主旨的来源

主旨不是凭空而来的，文学作品的主题是作者经过对生活的观察、认识、分析、把握，从感性上升为理性之后归纳、提炼出来的。而应用文的主旨与文学作品的主题来源不同，应用文的主旨主要来自以下三方面。

1. 来自于本单位、本部门或个人处理公、私事务的需要　任何单位、部门在运行、发展过程中都会遇到各种各样的实际问题，如何解决和处理好问题，这就是公文主旨的来源之一。

2. 来自于党和国家的方针政策以及上级的文件　单位或部门要解决和处理好问题，就要制定政策、提出处理办法，其依据就是党和国家的方针政策以及上级的文件及其精神。我国机关、团体、企事业单位都是在党和国家的领导下进行工作的，因此任何机关、单位撰写公文都是依据党和国家的方针政策和法律、法规。

3. 来自于社会形势发展、社情民意需要　时代在不断发展，国内国际形势在不断变化，老百姓的需求随时代的变化而变化，因此撰写应用文确立其主旨应依据社会形势发展、社情民意需要。

（四）显示主旨的常用方法

1. 标题明旨 应用文的标题与主旨有着较为密切的关系，大多数应用文的标题直接揭示了主旨。例如：《某医科大学 2019 年度工作计划》《立足职业岗位 铸就人生梦想——某药业公司 2018 年度工作总结》，两标题均揭示了文章的主旨。

2. 篇首显旨 在应用文的第一段开头部分直截了当、开门见山地点明主旨。通告、通知、通报等常采用这种方法显示主旨。法律、法规、规章常常在第一章的第一条写明主旨。例如：《卫生部关于启用新的医用特殊物品出入境申请表的通知》的开头写道："为加强医用特殊用品出入境安全管理，规范工作流程，我部组织编制了新的医用特殊物品出入境申请表"。此通知的开头就是篇首显旨的方法。

3. 小标题明旨 小标题显旨适合篇幅较长、内容较多的应用文，写作者常常把文章划分成几个部分，每一个部分拟一个小标题来概括本段的主旨，全部小标题合在一起就是全文的主旨。例如：《某中医院 2018 年度工作总结》就运用了小标题明旨的方法，其小标题如下：

一、积极开展思想教育活动

二、深入开展行风政风活动，树立医院新形象

三、搞好业务工作，提高救治水平，在稳定中求发展

四、抓好骨干人员培训，提高业务技术水平

五、开展医疗义诊服务，帮助弱势患者群体

……（略）

4. 篇末点旨 有的应用文在正文的末尾点明主旨。例如：《某区卫计委关于表彰苏某等同志先进事迹的通报》正文结尾写道：

为了表彰先进，激励全区卫生系统干部职工在构建和谐社会中更加主动地发挥医务工作者的爱岗敬业，勇于奉献的主人翁精神，鼓励医务工作者向先进人物学习，我局决定在全区卫生系统中对苏某、宋某、秦某三位同志予以通报表扬。

以上几方面是应用文显示主旨常用的方法，其实显示主旨的方法远不止这几种，例如：开头和结尾综合显旨；按语、摘要点明主旨；内容重大转换处揭示主旨；有的应用文，特别是公文为了强调目的、意图，常常在文章中多处显示其主旨。

二、应用文的材料

（一）材料的概念和作用

材料有素材和题材之分，素材是指在写作前搜集、积累的原始资料，如事实、数据、领导讲话的观点、上级文件等；题材是指被写作者写到文章中用来体现、说明主旨的材料。材料有事实性材料和观念性材料之分。事实性材料，即客观存在的具体事物，包括人物、事件、数据等；观念性材料，即来源于事件，并从中得到印证的观点，包括文件、著作、领导讲话的观点、科学原理、定义，民间流传的谚语、格言、警句等。材料有直接材料和间接材料之分，从生活、工作中获取第一手材料称作直接材料；从书籍和资料中得来的材料称作间接材料。

材料在应用文中具有重要的作用，正如清代学者章学诚在《文史通义·文理》中所提出的“夫立言之要在于物”。材料是谋篇布局的基本要素，形成主旨的基础，是提出问题的依据。材料与主旨有着密切的关系，材料是文章的“血肉”，主旨是文章的“灵魂”，好的材料可以深化文章主旨。一篇应用文如果没有真实而具体的材料，主旨就是“空中楼阁”，应用文就无法发挥其作用。

（二）材料的搜集、整理

材料是应用文写作的前提和基础，只有掌握充分的材料，才能写出好的应用文，因此，写作应用文之前应注意广泛地搜集材料，并对搜集到的材料进行整理、归类。

应用文的写作者要建立自己的“材料仓库”，首先，要注意收集生活素材。对单位的工作、生活以及身边发生的事情处处留心，仔细观察，获取第一手资料，如此长期积累，就会搜集到丰富的材料。其次，要精心积累“书籍和资料中得来的材料”。图书馆、资料室、档案馆是获取写作材料的重要场所；现代科学技术迅速发展，如今的网络办公为我们检索、查阅资料提供了更为便捷的途径。

同时，要对“材料仓库”定期“清查”，首先，将收集到的材料进行鉴别、筛选，去伪存真；其次，将收集到的材料进行归类整理，并经常更新。只有这样，才便于查阅使用。

（三）应用文写作对选择材料的要求

搜集、占有材料是为了写作，写入文章的材料，应根据主旨的需要进行精心选择。如何选择材料呢？

1. 要选择真实准确的材料　写入应用文中的材料，无论是事实，还是数据、细节都一定要做到符合客观实际，不能胡编乱造、凭空想象。例如：表彰先进人物，姓氏、籍贯、单位、模范事迹等都要准确；新闻写作中时间、地点、人物、事件及因果都要交代准确。因此要求作者必须有科学严谨的态度和求真务实的作风。

2. 要选择切合主旨需要的材料　选择材料要能具体显示或说明观点，紧扣主旨，做到观点统帅材料，材料表现观点。选材不能离开主旨，这是使主旨集中、突出的基本条件。

3. 要选择有典型意义的材料　所谓“典型”就是要有代表性，能揭示事物本质，具有共性。选择具有典型意义的材料，能使主旨更深刻，使文章更具说服力。

4. 要选择新颖、有时代感的材料　写进应用文中的材料要能够反映客观事物的新面貌以及发展变化的新趋势，让读者感知到新思想、新经验；看到新事物、新人物、新成果。

知识链接

一次“危险”的写作

一个外号叫“文学家”的气象学校的毕业生，分配在一个水灾频繁的县里工作，负责报告汛情的工作。“文学家”到站不久，就给县里发回了第一份水情报告。县长一看，头两页都是“青山壁立，直指蓝天，沟壑深邃”这类描写。但读到快结尾的地方，才见“昨日狂雨一阵，烈马水位上升。山间雾气腾腾，雨量400毫升。”县长几乎是跑出办公室，连夜召集人组织防大汛。可汛期一直没到。县长又派人到水文站了解情况，才知是“文学家”一味堆砌辞藻，胡乱描写，把“雨量四个毫升”写成“400毫升”，扩大了一百倍！

扫码“学一学”

第四节 应用文的结构

学习目标

知识要求

1. 掌握应用文的结构类型。
2. 熟悉应用文结构的构成要素。
3. 了解应用文结构的概念、特点。

技能要点 能根据文种、内容正确选用应用文的结构类型。

任务情境

临近年底，正在某制药厂实习的黎明同学刚刚写完实习总结，又接到一个临时任务：草拟部门的年终总结。由于平时表现良好，得到大家喜欢，黎明深知这是领导对自己的器重和考验。面对大量相关的部门资料，他开始埋头加油了。你能区别这两种总结的异同吗？

知识要点

一、结构的含义及特点

应用文的结构是指应用文内部各要素组织构造、排列顺序及其所反映的外部形态。应用文各体文种在长期的写作实践中，基本形成了外在格式和内在要素序列的规范，一般不宜随意变动。因此，程式性和模式化是应用文结构的特点。这种结构模式，保证了应用文，特别是公文的权威性和统一性；有利于公文效用的发挥；也有利于应用文的写作和阅读。

二、应用文的基本结构形式

应用文的基本结构形式是应用文文章内部的组合层次、基本框架，即内容的安排方式。应用文常见的结构方式有纵式结构、横式结构、纵横交叉结构三种。

（一）纵式结构

1. 直叙式 这种结构是按时间先后顺序或按事物的发生、发展变化过程的顺序分阶段安排层次。每一阶段都是边举材料边亮观点，运用夹叙夹议的方法完成写作。例如一位医学生的总结，可分为在校理论学习和在医院实习两个阶段安排结构。

2. 递进式 这种结构是按事理的逻辑顺序安排层次。常用的有三种方式：一是按“叙事—说理—结论”的方式安排结构；二是按“提出问题—分析问题—解决问题”的方式安排结构；三是按“原因—结果”或者“结果—原因”的方式安排结构。报告、通报、总结等常用这种结构方式。

（二）横式结构

1. 并列式 这种结构是根据表现主旨的需要，把材料逐层分类归纳，各层次间呈现出一种并列关系，没有主次之分。一般法规、规章等条文式公文使用较多。

2. 总分式　这是一种按照辐射形式展开层次的方式。这种结构有两种形式：一是应用文的开头总写，主体部分分写，即先总括主旨（观点），再逐条分述；二是应用文的开头总写，主体部分分写，结尾总写，即先总括主旨（观点），再逐条分述，最后得出结论，简称“总—分—总”的模式。通知、通告等常用此种结构。

（三）纵横交叉结构

这种结构形式常用于时空变化较大、内容丰富、篇幅较长、层次较多的应用文。通常是以一种结构安排大层次，而以其他结构安排小层次。一篇应用文要么是以纵式结构为主，以横式结构为辅；要么是以横式结构为主，以纵式结构为辅。

三、应用文结构的构成要素

一般来说，应用文文本结构通常包括标题、正文、署名、成文日期四个要素。多数的公文在标题下有“主送机关”，礼仪文书有“称谓”。

（一）标题

应用文的标题大致有三种类型。

1. 公文式标题　由发文机关、事项、文种名称构成，发文机关与事项之间常以介词“关于”连接。例如：《教育部关于做好2018年全国成人高校招生工作的通知》《国务院关于消防情况的通报》《某区教委关于表彰优秀教育工作者的通报》等。公文一般不应只用文种作为标题（内部张贴或广播类除外）。

2. 四项式标题　是由公文式标题变通而形成的一种规范的标题形式，通常由单位名称、时限、事项、文种名称四个部分构成。例如：《某市妇幼保健院2018年工作计划》《某学校2018年工作总结》。这类标题常在计划、总结、法规、规章等文种中使用。这类标题也可根据情况不同使用省略形式，如个人计划或总结——《〈药用植物〉学习计划》；章程——《中国工会章程》等。

3. 新闻式标题　也称为文章式标题，一般有单式标题和复式标题两种。单式标题主要部分直接陈述主要事实，例如：《某县拟打造“中医药产业基地”》《88辆校车被责令限时整改》；复式标题一般包括正副标题两部分，正标题点明主旨、揭示意义、烘托气氛，副标题标明内容、范围和文种，或作补充说明，或陈述事实。例如：《妙手仁心泽被乡关　身残志坚情动人间——最美乡村医生周某报告会》《责任与我共成长——大学生心理辅导名师讲座》。

4. 论文式标题　此类标题一般有以论题为标题和以论点为标题两种，学术论文、部分调查报告常用这类标题。例如：《中医学专业人才岗位能力需求的调查与分析》《以创新能力培养为导向的生理学实验教学改革探析》。

（二）正文

正文一般包括开头、主体、结尾三部分。正文的各部分之间通过过渡与照应，使文章形成一个严密而完整的结构体系。

1. 开头　应用文的开头起着统领全文、揭示主旨的作用。大多数应用文是开门见山，点明旨意，也有少数标有“前言”或“引言”。常用的开头方式有以下几种：

（1）目的缘由式：常用“由于……”“因为……”“鉴于……”“为了……”“为……”

等句式领起下文或交代有关情况。通知、通告、决定等常用这种写法。例如《教育部关于完善教育标准化工作的指导意见》的开头写道：

为落实党中央、国务院关于标准化工作的决策部署，强化标准对加快教育现代化、建设教育强国、办好人民满意的教育支撑和引领作用，根据《中华人民共和国标准化法》(以下简称标准化法)、《中华人民共和国教育法》等法律法规，现就完善教育标准化工作提出如下意见……

（2）背景交代式：交代工作进行或活动开展的条件、背景情况等。总结、新闻等常用这种写法。例如《国家卫生计生委办公厅关于特色医院文化建设调研情况的通报》的开头写道：

2017 年底，卫生健康系统启动了特色医院文化建设工作。在前期全国 934 家医院申报基础上，2018 年 4 月至 5 月上旬，我委组织相关单位、业务主管社会组织以及国家中医药局成立 7 个调研组，奔赴 31 个省份 102 家医院开展了实地调研复核……

这样的开头陈述清楚行文的目的。

（3）依据式：以交代事项或要求的根据作为开头，常用“根据……”“依据……”或者“遵照……”等句式领起下文。批复、规章、通知等文种常用这种开头方式。例如《国家卫生和计划生育委员会通告》的开头写道：

根据《卫生系统电子认证管理办法（试行）》和卫生系统电子认证服务体系建设系列技术规范的要求，经我委认真复核和测试，现公布河南省信息化发展有限公司为第五批通过国家卫生计生委复审、测试的数字证书认证服务机构……

（4）引文式：一般在文章开头直接引用上级的文件精神或下级的来文，常用“你单位《……》文件收悉。”然后引出下文。批复和复函常用这种开头方式。例如：《××市人民政府关于增拨道路建设资金的批复》的开头：

你县《关于增拨道路建设资金的请示》(×县〔2017〕×号）收悉。经研究……

（5）概述式：一般在文章的开头简要介绍基本情况，使读者建立整体印象。通报、总结、报告、调查报告、会议纪要等文种常用这种开头方式。例如：《教育部办公厅 财政部办公厅关于做好 2014、2015 年高等学校本科教学改革与教学质量工程工作的指导意见》的开头写道：

根据《教育部 财政部关于“十二五”期间实施“高等学校本科教学质量与教学改革工程”的意见》(教高〔2011〕6 号)，自 2011 年起，启动实施了本科教学工程，对于推进本科教学改革起到了很好的示范推动作用。但是，在工程实施过程中各高校工作进展不平衡，部分高校存在重立项轻建设、资金执行相对较慢等问题。为进一步做好本科教学工程各项工作，确保取得预期成效，现就 2014、2015 年本科教学工程实施工作提出如下意见……

应用文的开头方式是多种多样的，除了上述五种外，还有提出问题、表明观点、阐明意义等等。同时还需要说明的是，大多数情况下应用文的开头方式常常是两种或者两种以上的结合运用。交代原因与说明依据；概述情况与陈述目的等。例如：《国家卫生计生委办公厅关于严肃查处不合格涉及饮用水卫生安全产品的通知》的开头：

近日，媒体报道了国家质检总局在“净水器产品质量执法打假‘质检利剑’集中行动”中检查发现的净水器质量不合格问题（产品及生产企业名单见附件）。为进一步加强监管，维护人民群众健康，现将不合格产品信息通报各地，并将有关工作要求通知如下……

上述例文运用了概述情况与陈述目的的开头方式。

2. 主体　主体是应用文正文的核心部分，材料在这里集中，观点在这里展开，主旨在这里突显。因此，需要处理好以下三个问题：

（1）层次：是文章所表达意思的展开次序，能体现作者的安排和步骤。请参考“应用文的基本结构形式”一节的内容。

（2）过渡：是指文章层次段落之间的连接和转换方式，具有承上启下的作用，使文章的前后衔接更自然。应用文在结构上的过渡有以下几种情况：

一是由总到分，或者由分到合时；

二是文章内容从一个方面（或层次）转换到另一个方面（或层次）时；

三是由一种表达方式转换到另一种表达方式时。

用于过渡的具体方式有三种：一是运用过渡词，例如：“由此可见”“综上所述”“然而”等；二是运用过渡句，例如：“现将有关事宜通知（或函告、通报、通告等）如下”；三是过渡段，一般用于篇幅较长，且前后两段的意思存在大跳跃的文章。

（3）照应：是指文章中不相邻的层次段落之间的关照与呼应。其作用使文章前后内容相互映衬，有助于突出主旨。一般有以下几种照应方法：

一是首尾照应，即开头和结尾相呼应。

二是题文照应，即点题。应用文的标题常常是主旨的集中体现，行文中不断点题，使标题与文章内容相呼应。

三是前后照应，即前伏后应、前呼后应。行文中多处照应。

过渡与照应都是文章不同层次段落之间内在联系的表现形式，其作用是使文章结构严谨，文气贯通，浑然一体。

3. 结尾　应用文的结尾要求简洁明快、深化主旨。常用的结尾方式有：

（1）期请式：提出期待、请求指示、批准或给予帮助。常用此种结尾方式的文种是请示、请批函。如“当否，请批示”。

（2）指令式：多用于下行文。常用“希认真贯彻执行”“望研究执行”等。在批转、转发通知中应用较多。例如：《国家卫生计生委办公厅关于贯彻实施〈传染病医院建筑设计规范〉的通知》的结尾写道：“地方各级卫生计生行政部门要结合实际，认真组织《规范》的学习、宣传和贯彻活动，确保辖区内相关医疗卫生机构及有关单位从事建设管理和设计人员全面掌握、准确理解并认真执行《规范》，进一步做好传染病医院建设工作，促进医疗卫生事业科学发展。”

（3）规范式：有的应用文用模式化的习惯用语结尾，例如：通知、通告等常用“特此……”，书信的结尾常用“此致敬礼”或“祝……”等。

（4）总结式：对全文的主要观点或问题进行归纳总结，点明主旨，加深读者印象。总结、学术论文多用此结尾。

（5）号召式：发出号召、指出方向、提出希望，从而深化主旨。多用于总结、通报、贺信、演讲稿等。

（6）自然式：应用文内容交代完就自然收尾，以提高办文效率。多用于计划、规章制度、药品说明书等。

应用文也可正文的主体意尽文止，无须写结尾。

四、应用文的结构类型

应用文结构的类型，指应用文文章结构在外部形态上所表现出的形式。应用文写作不仅要求作者必须安排好结构，而且要求在文面上鲜明、清晰地展现结构，因此，在写作过程中，作者依据应用文内容的繁与简、篇幅的长与短形成了不同的文面结构类型。大体有以下类型。

（一）独段式（篇段合一式）

正文全文的内容只有一个自然段，一个段落就是一篇完整的文章。通常把写作目的或缘由、行文事项、结语三大内容不提行写成一段，这种形式常用于内容简单、篇幅极短的公文，例如：简短的公告、命令、通知等。值得注意的是，规范的篇段合一式的结语不能提行，否则就成为两段式了。

（二）两段式

内容简单、篇幅简短的公文常用这一形式。这种外部结构形式一般用于以下三种情况：写作目的、缘由和行文事项各为一自然段，结语部分省略；写作目的、缘由和行文事项写成一自然段，结语部分单独列为一自然段，成为两段式；在转发、发布性文书或答复性文书中将转发、发布对象、态度即批准、同意转发、发布有关文件的名称和态度或将答复对象列为一自然段，把转发、发布的执行意见、要求或答复事项及结尾列为另一自然段。

（三）三段式

这是篇幅简短的应用文一种比较规范的外部结构形式。正文把写作目的缘由、行文事项、文章结语分为三个自然段。三段式中，文章重点部分往往在中段即行文事项部分，这一段篇幅一般比开头段和结尾段长些。

（四）多段式

它用于内容稍多、篇幅稍长的应用文，总段数在四个自然段以上。一般是开头、结尾分别单独成段，主体部分分别写成几个自然段，各自然段不分条列项。自然段之间的逻辑关系应清晰、明了。内容特多、篇幅很长的公文，一般不宜采用多段式。

（五）条文式

这是应用文基本结构形式横式结构中简单列举式的体现。法规、规章和职能部门的一些行业文书，不少都使用这种形式。全文从头到尾都用条文组织内容，显得眉目清楚，排列有序，简洁明了。应用文中的条文式结构，一般可采用以下几种。

1. 章断条连式　适用于内容多、篇幅长的法规、规章。这是以章为序划分为有关法规、规章的层次，各章下的“条”不依章断开另起开头，而是连续编号。例如：《公共场所卫生管理条例实施细则》共五章四十三条（第一章　总则——第一条至第八条、第二章卫生管理——第九条至第二十五条……）。这样排序便于执行承办时援引有关条文。章下可分条，极少数还在章下分节，节下再分条。章、节、条均用小写汉字数目表示，如第一章、第一节、第一条。条下可分款，款不带序数，一个自然段就是一款。条下也有项。项冠以带圆括号的汉字数码，如（一）、（二）等。项下可分目，目冠以阿拉伯数字，如1、2等。

2. 总分条文式　这是应用文基本结构形式横式结构中总分并列式的体现。这是应用文用得较多的一种外部结构形式，文章开头部分（即引言部分）先总说或概述情况，或说明写作目的、依据、原因，或阐明主旨，摆出结论。主体部分则分条文分述有关内容，这是文章重点部分。条文的层级结构序数，像条文式的写法一样。有的在分条之后还有一个总说的结尾，则成了总说——分说——总说的结构。公文、规章、合同、总结、计划等文书，都常采用这种结构。

3. 条文并列式 适用于内容不太多、篇幅不太长的法规、规章和其他公文。若是法规、规章层级稍多的，可分条、项、目，分别用“第一条”“（一）”标示；例如：《医疗卫生机构开展临床研究项目管理办法》共二十八条，其中：

第十二条 临床研究项目经伦理审查通过后，由医疗卫生机构临床研究管理部门提交临床研究管理委员会审核。有以下情形之一的，不得予以立项审核：

（一）违反法律、法规、规章的相关规定；

（二）违背伦理原则或科研诚信原则；

（三）研究前期准备不足，临床研究时机尚不成熟；

（四）相关药品、医疗器械可能存在质量缺陷……

应用文条文层次序数，第一层则为“一、”，第二层为“（一）”，第三层为“1.”，第四层为“（1）”。

不管采用上述哪一类的条文式，一般都把写作原因、依据、适用范围等开头部分的内容放在第一、二条或总说，而把结尾部分的内容写在最后一两条。中间各条则写有关规定、要求、事项等主体内容。写作时，应注意条文内容单一、完整，条文前后排列要符合逻辑。

（六）小标题式

为使观点鲜明，根据应用文结构安排，给划分出的每一部分拟一个小标题，全部小标题加以集中，就是文章的结构提纲和基本内容。有的小标题前面有序号，有的没有序号。小标题或提示本条内容范围，或揭示本条内容中心。这样也便于读者把握文章重点。

（七）表格式

这是应用文不同于其他文体所特有的一种结构形态。表格式的公文通常有两种形式。一是由职能机关或企事业管理部门事先印制好的有关文件表格式规范文本，例如会计的财务报表；二是由作者单位临时撰制的表格式文书。运用表格文书显得简明、直观，比只用文字叙述说明效果更好。如果能对统计数据加以适当说明，对其中主要的、突出的数据、变化明显的数据加以必要的分析，能使表格式文书的表达效果更好。有时，一份文书中还从不同角度编制几个统计表格，使反映的情况、说明的问题更加全面、客观。

（八）不成文式

这是应用文特别是告启类文书所特有的一种外部形态。它不像一般文章那样有完整的结构内容，从其外部形态看来也不像传统的文章样式，语言表述方式也有其特殊性，通常运用图文相间的形式或者图标形式。典型的不成文式如有些广告、海报等类告启文书，所要告知的重点突出、鲜明，事项清楚、简明，语言简洁、生动、形象、直观，有的还图文相映，更有吸引力。运用这种形式撰写告启文书时，值得注意的有两点：一是告启事项要周全，不要把该说的内容漏掉了，以致使阅读者不能获得完整、有用的信息；二是要注意重点明确，不要因图害己，让图画冲淡、掩盖了主要内容。

知识链接

国家党政机关新旧公文格式区别（节选）

1. 党政机关公文处理工作条例是全新的首次统一党政机关公文处理规范标准。

2. 在“文种”方面，在《国家行政机关公文处理办法》的13个文种基础上，增加了党委的“决议”和“公报”两个文种，共15个文种。

3. 在“格式”方面，取消了主题词；行政公文也要署发文机关名称。

4. 在公文拟制方面，要求“重要公文”由主要负责人签发。

5. 在行文规则方面，增加“不得以本机关负责人名义向上级机关报送公文”。

6. 在公文管理方面，增加发文立户的规定。

第五节　应用文的语言要求与表达方式

学习目标

扫码“学一学”

知识要求

1. 掌握应用写作中的专门化、模式化语言。
2. 熟悉应用写作常用的表达方式。
3. 了解应用文的语言要求。

技能要求

1. 能根据文种、内容正确选用表达方式。
2. 能运用规范的语言写作应用文。

任务情境

老舍先生说：“世界上最好的文字也就是最精炼的文字。”据说法国伟大作家雨果把他的书稿《悲惨世界》寄给一个出版商后，隔了一段时间没有消息，便写了一封信给编辑部，信上只写了一个“?”，那个出版商的回信也只有一个“!”，大意为这将是一部惊世之作，可以出版。这恐怕是世界上最短的信了。对应用文语言运用的要求是对学习者的最基本的要求，一篇内容不周详、语言表述不准、语意模糊的应用文，绝不可能在现实生活或工作中发挥其应有的作用。

知识要点

应用文的语言是表达主旨、说明事理的重要工具，是处理公私事务活动时思维的直接体现，具有一定惯用格式。叶圣陶先生说：“公文不一定要好文章，可是必须写得一清二楚，十分明确，句稳词妥，通体通顺，让人家不折不扣地了解你说的是什么。”应用文文体的实用性、体式的规范性等特点，决定了其在语言运用方面的独特风格。

扫码“看一看”

一、应用文的语言要求

（一）语言运用的基本要求

应用文的性质、特征和作用，决定了其语言风格与文学创作有显著的差异——应用文语言应力求做到准确、简明、得体、朴实。

1. 准确 是指语言表达与实际或预期相符合，表达不可含糊其辞，模棱两可。这是应用文语言的最基本，也是最高要求。应用文写作，从谋篇布局到遣词造句，都要注意真实准确，实事求是，不可主观臆造。如要求注意同义词与近义词的区别、区别词语的感情色彩、使用书面语言、避免使用病句和歧义句等。以下是一篇题为《小肠出血的临床分析》的医学论文中的一段，加点的词语就体现了用词的准确性。

小肠大约 6~7 米长，位于消化道的中段，是胃肠中最难检查确诊的部分；再者，由于小肠出血病因多样、病情复杂，因此，目前很难对小肠出血进行精确的诊断。

2. 简明 是指语言表达干净简练，言简意明，从而使文章篇幅短小精悍，提高办文效率。应用文行文时，务必排除废话、空话、套话，紧扣主旨，必要时还可使用缩略语及专用词语，援引数据及图表等进行说明。语言的缩略是交际和写作中的常见现象。如：“卫计委”（中华人民共和国卫生和计划生育委员会）“医保”（医疗保险）“中宣部”（中共中央宣传部）“十三五”（中华人民共和国国民经济和社会发展第十三个五年规划纲要）。列举数据和绘制图表较文字直观，在某些情况下使用也可达到行文简洁的目的，但要注意引用材料的准确性和表述的精确性。下面是一篇调查报告的其中一段：

我市共有乡镇 132 个，村（居）委会 3914 个，常住人口 549.07 万。其中农业人口 380 万，户数 141.74 万，农民人均纯收入 6221 元。乡镇卫生院 155 个，村卫生室 2838 个，乡村医生 3273 人。自开展新农医试点工作以来，截至今年 12 月底，全市参保乡镇 109 个，占 83%，参保村 2694 个，占 69%，参保人数达 275.4 万人，占全市农业人口的 76.4%。

这段叙述，列举数据使得行文简洁而富于说服力。

3. 得体 语言得当、恰如其分谓之得体。应用文要根据行文目的、收文对象来选择相应的语言，使之和谐一致。具体而言，应用文语言得体需特别注意以下三方面：

一是写请示、报告等上行文时，不必过多宣传议论，应尊重而不阿谀，恭敬而不讨好，可用“提请”“敬请”“报请”“送请”“呈报”“报批”等词语。

二是写给下级单位的通知、决定等下行文时，应明确可行、谦和有度，可用“务希”“希予”“必须”“必需”“务必”“务须”等词语。

三是与平行机关往来函件的平行文，应以礼相待，互相尊重，可用“函邀”“函请”“拟”等词语。

4. 朴实 是指应用文语言讲求质朴无华、通俗易懂、平白直叙。在陈述事件、说明问题、讲清道理的过程中，慎用文学描写、艺术手法来夸大或缩小真实情况。简而言之，应用文要做到文实相符、文如其事、反映客观实际。

（二）应用文语言的模式化

应用文在长期的写作实践中，形成了一些约定俗成的语句。同样类型的话在使用位置、使用功能和目的上固定了下来，形成应用文特有的模式化表达。这种表达不允许个人进行爱恶喜好的更改，否则就是表达不专业、不得体。具体而言，有以下几种情况：

1. 表开起词语 指用在正文的全篇或段落的开端表示行文目的、依据、原因等的词语。如“兹、兹因、兹介绍、兹定于、兹；欣闻、欣悉、欣逢、欣值；据报、据了解、据核实、据、根据；关于、为了；按照、遵照、依照；现将、前接；悉、敬悉、均悉、经由；由于、鉴于、随、随着”等。

2. 表称谓词语 应用文中一般性称谓用语，如“本（厅）、我（市）、该（县）、你（区）、各有关部门”等，用于上对下、下对上、平行机关或不相隶属的机关、单位之间；表尊重的称谓，如“贵（市）、贵（单位）”等用语多用于下对上、不相隶属的机关、单位之间。

3. 表引叙词语 指应用文中引用相关文件并使对方知晓的用语。如“见告、收悉、得悉、已悉、示知、下情上传、上情下达”等。

4. 表公布词语 指应用文中表示将法令、文告等公布时，对社会宣告的用语。如“公布、发布、颁布、颁发、布告、明令”等。

5. 表态词语 应用文中表示肯定或否定做决断的用语。如“同意、基本同意、照此办理、系、确系、果系、均系、不当、不妥、不法、不宜、不符、不力、为好、为宜、为妥”等。

6. 表批转词语 公文中表明对下级来文批示意见或向下批转、转发公文的词语。如有“批示、审批、核阅、批转、转发、印发、发布、公布、周知、函发、下发、下达”等。

7. 表尊敬词语 公文中对行文对象表示礼貌敬重的用语，多用于开头或结尾处。如“请、奉告、奉悉、拜会、拜读、承蒙、鼎力支持、大力协助、呈送、报请、拜谒、见示、见教、见谅、函邀、函请、拟”等。

8. 表强调词语 公文中表示突出强调的用语。如“必须、必需、务必、务须、务期、特此、特予、特请、不得、严禁、严词、鉴于、基于”等。

9. 表审核词语 指公文中表示审查核实的用语。如“审核、审查、审阅、审定、审议、审批、审处、核实、核定、核对、核准、查明、查照、查处、查办、查实、查访、查询、查对、追究、复议、复核、复查”等。

10. 表过渡用语 前以一介词结构承接上文，后用一固定句式引起下文。如“根据……特作如下决定”“为了……提出如下意见”。承启用语的上文一般较简短，下文是文中的主体，并多用条款形式表达。

11. 表结尾用语 也称之为“结语”，用于表示全文结束。如请示的结语可用“以上请示当否，请批复”“妥否，请批示”“上述意见如果可行，请批准”等；报告的结语可用“以上报告如有不当，请指示”“以上报告如无不当，请批转各地执行”等；又如属常用事务文书的书信，结尾处有以下这些惯常表达：“匆此先复，余容后禀”“奉恳之事，乞速复为荷”“叩请金安”“临书仓促，不尽欲言”“顺颂商祺”“纸短情长，再祈珍重”“尊意如何，请即示知”等。

二、应用文的表达方式

表达方式指反映客观事实、表达思想、抒发感情、说明问题时所使用的语言方法和手段，它是文章构成的一种形式要素。表达方式主要有五种：记叙，主要用于交代人物的经历和事件的发展变化以及陈述场景、空间的转换；议论，主要用于作者对某个对象发表见解、表明观点立场的方式；说明，主要用于介绍事物的形状、性质、特征等；描写，主要用于描绘对象的状貌、情态（包括心理、语言、动作、神态等）；抒情，主要用于抒发和表现作者的感情。

应用文的表达方式，主要用前三种，即记叙、议论和说明。描写和抒情除了在广告、演讲稿、欢迎词等少数文种中有时使用外，基本不使用。

（一）记叙

记叙是写作中最基本、最常见的一种表达方式。在应用文写作中，为目的的实用性所规定，记叙常用概述，不做细致、具体的描述，务必开门见山、平铺直叙，以期达到明白晓畅之目的。叙述方式方面，以顺序为主，有时也用倒叙、插叙和补叙。叙述人称方面，第一人称常用“我（我们）”“本”表示；第二人称用“贵（单位、校）”“你（你们）”等表示；第三人称用“该（部门、公司）”“他（他们）”等表示。记叙常用于计划、总结、调查报告等文种。如下面一段简介：

孙思邈公元581年出生于陕西耀县的一个农民家庭。他从小就聪明过人，长大后受道家学说影响，在太白山研究道教经典，探索养生术，同时也博览众家医书，研究古人医疗方剂。孙思邈以"济世活人"作为终生事业，重视民间的医疗经验，不断积累走访，并及时记录，完成其著作《千金要方》。唐朝建立后，孙思邈接受朝廷的邀请，与之合作开展医学活动。公元659年完成世界上第一部国家药典《唐本草》。公元682年孙思邈无疾而终。根据史志、本草、《道藏》等文献，以及陕西省耀县药王山有关碑刻，孙思邈的著作80余种，今多亡佚。

这段简介直接运用了记叙的表达方式，清晰地叙述了“药王”孙思邈的生平经历。

（二）议论

应用文的议论，应通过翔实的论据对论题进行严密论证。一般都采用理论的论证方式，从正面证明作者的观点、主张和立场。可夹叙夹议，常用的议论方法有例证法、引证法、喻证法、归纳法、比较法、因果法等。请看题为《开放医生多点执业对民营医院发展的作用》一文的一段：

民营医院的兴起，是我国卫生事业上的一个重大改变，能缓解老百姓反应的“看病难、看病贵”的问题。同时，由于体制问题，民营医院的医疗技术发展有所限制。推进医生“多点执业”有利于医疗资源的优化配置，有利于发展民营医院，进而缓解老百姓“看病难、看病贵”的问题。目前，民营医院更多救治的是一些常规病，对于疑难杂症接触较少，且现有技术也不具备救治的条件。医院医疗技术的提高更多是依靠医生，而民营医院缺少的就是专家和技术成熟的医生。医生“多点执业”的实行，让高水平的医生到民营医院坐诊、手术、会诊，使优质的医疗技术资源得到共享，从而加快民营医院年轻医生的成长，整体提高医疗水平，促进非公立医院的发展。

文章用了对比论证的方法，把实施“多点执业”政策前后的效果进行对比；同时，用例证法论证“多点执业”的医生带动民营医院发展的有效方式。整个过程有理有据，论证得有条不紊。

（三）说明

应用文的说明，是用简明扼要的文字于介绍具体事物或抽象事理，如植物、山川、建筑、意识、概念、思想等。说明可为叙述做好铺垫，为议论提供依据。常用的说明方法有列数字、作比较、举例子、作引用、分类别等。在应用文的诸多文种中，总结、简报、调查报告、工作报告、表彰、处分决定或通报有关人员或单位，常用说明；法规、规章和专用书信，以及启事、经济合同、广告等，也常用说明。请看题为《基层医院药剂科工作的探索》一文的一段：

在药剂科的建设中，药剂科信息化至关重要。它是指医院药剂科采用信息技术，以不断提高其管理能力及日常工作效率。药剂科信息化建设主要包括药剂科管理信息系统和临床药物信息系统两部分。前者是内部信息的系统化，提高行政管理的工作效率；后者是收集和处理与临床相关的药品和医疗信息，如处方点评系统、合理用药管理系统等，辅助临床医生据侧，提高医护人员的工作效率。

文章运用了比较法进行说明，比较管理信息系统和临床药物信息系统的差异；同时，运用举例法具体说明亚健康临床药物信息系统运用的场合。

知识链接

26字的演讲

瞿秋白在1929年北伐战争时期，应国民革命军政治部主任取将军邀请，在广州中山纪念堂给带全军政工人员做宣传工作报告。与会者对他早有耳闻，并充满期待。出人意料的是瞿秋白只说了一句话："宣传关键是一个'要'字，鲁智深三拳打死镇关西，拳拳打在'要'害上"。瞿讲完飘然走下讲台，全场两千多听众愕然，寂静几秒，突然爆发出雷鸣般经久不息的掌声。只26字的演讲，比介绍人介绍词还少22字，语出惊人，堪称佳话。

目标检测

一、判断题

扫码"练一练"

1. 应用文可有一个主旨或多个主旨。(　　)

2. 应用文写作者应对收集到的材料进行鉴别、筛选、去伪存真。(　　)

3. 主旨是应用文写作的前提和基础。(　　)

4. 表态词语可用"同意、确系、不妥、为宜"等。(　　)

5. 真实性是应用文的最显著和最基本的特点。(　　)

6. 公文式标题由发文机关、事项、文种名称构成，发文机关与事项之间常以介词"关于"连接。(　　)

7. 议论是应用文写作中最基本、最常见的一种表达方式。(　　)

8. 应用文可用于处理公务活动或办理私事。(　　)

9. 材料是否正确、深刻、新颖、独到直接关系到应用文质量的高低、价值的大小、社会作用的强弱。(　　)

10. 应用文的主旨必须符合党和国家的路线、方针、政策和法律、法规、规章。(　　)

11. 条文层次序数，第一层则为"一、"，第二层为"（一）"，第三层为"1."，第四

层为"①"。( )

12. 应用文可以根据需要掺杂作者个人的思想感情。( )

13. 某篇应用文使用的过渡句是"下面把有关事情广泛地告知"。( )

14. 材料是文章的"血肉",主旨是文章的"灵魂",好的材料可以深化文章主旨。( )

15. 应用文中常见的过渡性词语有"由此可见"、"综上所述"等。( )

16. 写作应用文时,一定要按照不同对象选择合适的用语和语气,才能写出更符合受文对象"口味"的文章,从而达到行文的目的。( )

17. 某单位撰写的应用文结语是"以上意见妥当不妥当,请来信回答我们"。( )

18. 撰写上行文时态度应尊重而不阿谀,恭敬而不讨好。( )

19. 某篇应用文的标题是《立通药业公司通知新品研发工作要认真抓好》。( )

20. 正确是对应用文主旨最基本、最起码的要求。( )

二、单项选择题

1. 应用文一般使用( )

A. 陈述句　　B. 感叹句　　C. 祈使句　　D. 疑问句

2. 应用文的语言要求不包括( )

A. 简明　　B. 准确　　C. 得体　　D. 形象

3. 应用文中表审核的词语不包括下列哪项( )

A. 核定　　B. 见告　　C. 查办　　D. 复议

4. 现行的《党政机关公文处理条例》的发布时间是( )

A. 1987 年　　B. 1997 年　　C. 2012 年　　D. 2001 年

5. ( )是应用文的灵魂和统帅,起着纲领的作用。

A. 结构　　B. 材料　　C. 标题　　D. 主旨

6. 应用文中一般性称谓用语不包括( )

A. 本(厅)　　B. 我(市)　　C. 该(县)　　D. 贵(单位)

7. 下列缩略语使用不正确的是( )

A. 卫计委(卫生和计划生育委员会)

B. 医改(医疗改革)

C. 发改委(国家发展与改革委员会)

D. 三支一扶(支农、支工、支医、扶贫)

8. 应用文常用的开头方式是交代目地缘由,一般少用( )领起下文

A. 由于　　B. 因为　　C. 根据　　D. 鉴于

9. 应用文常用的结尾方式不包括( )

A. 期请式　　B. 指令式　　C. 规范式　　D. 疑问式

10. 叶圣陶先生对于如何形成写作能力的方法不包括( )

A. 得其道　　B. 历练　　C. 发挥想象　　D. 形成习惯

11. 以下应用文标题属于新闻式标题的是( )

A.《情系未来　共话成长——药学系名师专题讲座》

B.《浅析中药用药安全性策略》

C.《不同产地牡丹皮质量分析研究》

D.《某区卫生局关于开展第六届优秀教育技术科研成果评选活动的通知》

12. 下列文种不能用作下行文的是（　　）

A. 通知　　B. 决定　　C. 批复　　D. 函

13. 不可用于应用文结语的是（　　）

A. 妥否，请批示

B. 以上报告如无不当，请批转各地执行

C. 希望你们尽最大努力支持

D. 上述意见如果可行，请批准

14. 与平行机关往来函件的平行文不可用的词语是（　　）

A. 函邀　　B. 必须　　C. 函请　　D. 拟

15. 通用公务文书不包括以下哪项（　　）

A. 病历　　B. 通知　　C. 请示　　D. 计划

16. 应用文中层次段落之间的照应方式不包括以下哪种（　　）

A. 首尾照应　　B. 题文照应　　C. 前后照应　　D. 反复照应

17. 2012 年 4 月颁布的《党政机关公文处理工作条例》规定公文文种为（　　）

A. 12 种　　B. 13 种　　C. 14 种　　D. 15 种

18. 常用独段式结构的应用文不包括（　　）

A. 纪要　　B. 决定　　C. 命令　　D. 通知

19. 表示审核的词语不包括（　　）

A. 核定　　B. 下达　　C. 审阅　　D. 查实

20. 号召式结尾方式不具有以下哪种作用（　　）

A. 富有鼓动性　　B. 指出方向　　C. 补充说明　　D. 提出希望

三、多项选择题

1. 对应用文主旨的要求有（　　）

A. 正确　　B. 鲜明　　C. 集中

D. 庄重　　E. 得体

2. 应用文的特点有（　　）

A. 目的的实用性　　B. 对象的特定性

C. 内容的真实性　　D. 明确的工具性

E. 使用的时效性

3. 应用文主要的表达方式有（　　）

A. 议论　　B. 记叙　　C. 说明

D. 描写　　E. 抒情

4. 应用写作与文学创作的不同之处在于（　　）

A. 思维方式不同　　B. 主旨表达方式不同

C. 语言风格不同　　D. 作品发挥的功用不同

E. “真实性”的内涵不同

5. 应用写作包括五个基本要素（　　）

A. 写作主体　　B. 写作受体　　C. 写作客体
D. 写作载体　　E. 写作本体

6. 应用文中引用相关文件并使对方知晓用语有（　　）
A. 公布　　B. 得悉　　C. 收悉
D. 颁发　　E. 奉告

7. 应用文的时效性主要表现（　　）
A. 快读　　B. 快审　　C. 快写
D. 快发　　E. 快办

8. 应用文选择材料的要求有（　　）
A. 真实可靠　　B. 有典型意义　　C. 生动形象
D. 切合主旨需要　　E. 新颖、有时代感

9. 应用文的主旨主要来自于（　　）
A. 作者对生活的观察、认识、分析、把握
B. 本单位、本部门或个人处理公、私事务的需要
C. 党和国家的方针政策以及上级的文件
D. 社会形势发展、社情民意需要
E. 个人将感性认识上升为理性认识之后再归纳、提炼

10. 应用文常用的开头方式有（　　）
A. 目地缘由式　　B. 交代背景式　　C. 依据式
D. 引文式　　E. 概述式

四、改错题

根据应用文语言要求“简明”的特点，修改这份某药材种植基地所写的应用文正文。

今年秋天天气真是怪！眼看着满园药材就要成为累累硕果，但正当丰收的喜悦快要来临之际，绵绵细雨却是不请自来！种植基地的农民兄弟倒霉了，至少也有200亩田地绝收，直接经济损失起码十万余元。请上级帮助我们渡过难关，真心希望你们伸出援助之手，请给予10万元救助款。

五、写作练习

谈谈如何学好应用文写作这门课，请把你的建议、愿望、要求写下来，字数在500字左右。

第二章

党政机关公文基础知识

第一节　党政机关公文的概述

学习目标

知识要求

1. 掌握党政机关公文的分类标准。
2. 熟悉公务文书、公文、党政机关公文、文件的概念。
3. 了解党政机关公文的特点与作用。

技能要求

1. 能分辨通用公文与专用公文。
2. 能正确判断公文的类别。

扫码“学一学”

任务情境

有一天上课前，一位同学拿着一份《高等学校学生行为准则》、一份带有红色文头的《关于给×××等考试违纪学生处分的决定》和一份《公证书》说：“老师，学长说这三份是属于不同的公文，我不知它们有哪些不同?”老师问：“它们的作用都知道吗?你知道它们的不同吗?三份公文各自都有什么作用呢?”

知识要点

一、公文、公务文书、党政机关公文的概念

公文有广义和狭义之分。

广义的公文就是公务文书，是指党政机关、社会团体、企事业单位用来处理公务的文书。在处理公务活动中，公务文书在使用领域有通用公务文书和专用公务文书之分。请示、报告、通知、计划、总结、会议记录、规章制度等属于通用公务文书；公证书、判决书等司法文书以及病历、药品说明书、药品检验报告等医药工作文书属于专用公务文书，又称之为专业文书。

狭义的公文就是党政机关公文，是指党政机关实施领导、履行职能、处理公务的具有特定效力和规范体式的文书，是传达贯彻党和国家的方针政策，公布法规和规章，指导、

布置和商洽工作，请示和答复问题，报告、通报和交流情况等的重要工具。依据 2012 年 4 月 16 日中共中央办公厅、国务院办公厅联合发布，从 2012 年 7 月 1 日起施行的《党政机关公文处理工作条例》（以下简称《条例》）规定，党政机关公文的种类有决议、决定、命令、公报、公告、通告、意见、通知、通报、报告、请示、批复、议案、函、纪要共计 15 种，又称作法定公文，红头文件。

在日常生活中，人们常把公文称作文件，有时也称作“红头文件”，这就说明党政机关公文与其他公务文书在文本格式上的特有性。

二、党政机关公文的特点

（一）法定的权威性

公文是由依法建立的机关、团体、单位（公文的作者）在法定的职权范围内为行使职权而制发的，不能越权行文、违法违章行文。公文是在代表机关发言，代表了制发机关的法定权威。下行的党政机关公文具有法定的指挥权威性和法定效力，受文单位和有关人员必须按公文要求严格执行。中共中央和国务院制发的文件，代表了中国最高领导机关的权威。

（二）执行的强制性

公文在法定的时间、空间范围内，对受文对象的行为能产生不同程度的强制性影响，具有强制阅读、强制执行或强制复文等执行效力。公文的这种强制性，来源于发文机关的法定权威性，来源于公文本身的公务性和规定性。受文对象不接受这种强制，就意味着失职或渎职。

（三）明确的时效性

公文是针对某一具体事项或具体问题而制发的，时间规定得很严格也很具体。公文的效用是与时间性联系在一起的，即只在一定时期内产生效用，超过时限便失去作用，原有文本将变成档案材料，其作用就发生了变化，例如：会议通知，超过会议召开的时间，通知就失去了效用。公文的时效性主要表现在三方面：快写、快发、快办。因此，拟制、办理公文一定要及时，尤其是处理紧急情况的“加急”和“特急”文件，对时间的要求更高，绝对不能延误时间，否则会给工作造成损失。

（四）处理程序的规定性

《条例》规定：公文处理由公文拟制、公文办理、公文管理组成。公文拟制包括公文的起草、审核、签发等程序，公文办理包括收文办理、发文办理和整理归档。公文管理是指党政机关公文由文秘部门或者专人统一管理。每一份公文都必须经过规定的程序处理。

（五）文种的固定性

在公文写作和公文处理中，把性质和用途相同的公文并为同一种公文，对每一种公文规定固定的名称，这就是文种。文种是公文必不可少的组成部分，每种公文都必须在其标题中标明文种。《条例》规定：党政机关公文的文种只有决议、决定、命令、公报、公告、通告、意见、通知、通报、报告、请示、批复、议案、函、纪要共计 15 种。文种名称固定、种类限定，撰写党政公文只能按规定正确选择文种。按规定选用文种，既能为撰写与处理公文提供方便，也有利于维护公文的权威性、严肃性，保证公文的有效性。

（六）格式的规范性

依据《条例》规定，中华人民共和国国家质量监督检验检疫总局、中国国家标准和管理委员会于 2012 年 6 月 29 日发布了《党政机关公文格式》，对公文的用纸、印制装订和公文各要素的编排格式都进行了明确的规范。标准化的公文格式，有助于体现公文的法定性、权威性和严肃性，有利于加强对公文的科学管理，提高公文写作质量和公文处理效率，更有效地发挥公文的作用。

三、党政机关公文的分类

根据不同的标准，可以将公文分为不同的类别。

1. 根据公文的行文关系和运行方向，可将公文分为上行文、平行文、下行文三类。

上行文是下级机关向所属上级机关报送的公文，如：请示、报告等。

平行文是同级机关或不相隶属的机关之间来往联系的公文，如：函、议案。

下行文是上级机关向下级机关下达的公文，如：命令、通知、通报、批复等。

2. 根据公文的阅读范围，可将公文分为：公布公文、内部公文、涉密公文三大类。

公布公文：指内容不涉及秘密、可以对外公开发布的公文，主要有对外公开公文和限国内公开公文两种。

内部公文：指内容不宜对社会公开，只限于机关内部使用的公文。

涉密公文：指内容涉及国家秘密，泄露出去会使国家的安全和利益遭受损害的公文。

3. 根据公文的涉密程度，可将涉密公文分为秘密、机密、绝密三类。

4. 根据对公文的办理时限，可将公文分为：平件、加急、特急件三类。

5. 根据公文的来源，可将公文分为：收文、发文。

6. 根据对公文的处理方式，可将分为：阅件、办件。

阅件即阅知性公文，指只需按规定交有关部门、有关人员阅知的收文。

办件即承办性公文，指必须交有关部门、有关人员及时办理（或答复或贯彻执行）的收文。

7. 根据物质载体的角度分，有纸质文件、电子文件等。

四、党政机关公文的作用

党政机关公文在加强党和政府与人民群众的联系，提高机关工作效率，促进社会经济发展等方面起着重要作用。具体地说，它有以下五个方面的作用：

（一）规范和约束作用

《党政机关公文处理工作条例》是中共中央办公厅、国务院办公厅联合发布的，经过国家最高权力机关或最高管理机关颁布的公文，即是法规性文件，法规性文件都是依据《宪法》制定的，一经制定和发布生效，就具有法律效力，人人必须遵守，不得违反。党政机关公文以及机关、社会团体、企事业单位制定的规章制度，或具有行政效力，或具有组织效力与纪律效力，对人的行为具有约束作用，违反规章制度就是违政违纪行为。

（二）领导与指导作用

党政机关公文是管理党和国家事务的一种重要工具，是传达贯彻党和政府的方针政策及各项指令的书面载体，它可以记录和传达领导机关的意图、工作安排。公文发给下级机关后，下级机关就要认真地贯彻执行；上级机关对下级机关请示的问题通过批复表达看法和态度，提出指导性的意见和措施，指导下级机关工作。因此公文是上级机关领导与指导下级机关的一种工具。

（三）传达与教育作用

党和政府机关制定、颁布的各项法律和法令，传达的就是党和国家的方针、政策；党政公文是党和政府方针、政策的具体化，具有较强的政策性、理论性和实践活动的指导性，对于提高广大干部、群众的认识水平，启发觉悟，统一思想，起着明显的宣传教育作用；机关单位之间的互通情报、交流经验，公文中的通报、决定等文种，经常表彰先进模范人物，批评、惩处犯错误的人，这对广大干部与群众，也起了教育作用。

（四）联系与知照作用

国家各级党政机关以及人民团体在处理日常工作时，经常运用公文与上下级以及不相隶属机关进行联系，或通知事项，或处理问题，上级机关用决定、指示、意见等给下级机关传达意图与要求；下级机关用报告、请示等文种向上级机关反馈意见、问题和情况；平级机关或不相隶属机关之间通过公文商洽事务、协同事项。公文在各级党政机关以及人民团体开展正常而有序的工作起着上传下达，相互沟通与协调的作用。

（五）凭证与依据作用

机关公务活动中形成的各种公文，都是各项工作的历史记录，记载了大量有关政治、经济、文化、教育、科学、技术等方面的情况，每件公文都反映着制发机关的意图，收文机关均要依照公文的内容要求，作为贯彻执行或处理工作的依据。有些重要公文在发挥现实作用后，还具有历史作用，被永久保存下来，成为具有重大价值的档案材料和历史凭证，作为各级机关工作人员研究工作、解决问题的参考，也是编史、修志的凭证和依据。

知识链接

中国共产党与中央人民政府公文处理文件的变迁

1931 年中国共产党制定了第一个《文件处理办法》

1942 年陕甘宁边区政府颁布了《陕甘宁边区政府新公文程式》

1951 年 9 月 29 日中央人民政府政务院颁布了《公文处理暂行办法》

1981 年 2 月 27 日国务院办公厅发布了《国家行政机关公文处理暂行办法》

1987 年 2 月 18 日国务院办公厅发布了《国家行政机关公文处理办法》

1993 年 12 月 21 日国务院办公厅发布了《国家行政机关公文处理办法》

1996 年 5 月 3 日中共中央办公厅颁布了《中国共产党机关公文处理条例》

2000 年 8 月 24 日国务院办公厅公布了《国家行政机关公文处理办法》

2012 年 4 月 16 日中共中央办公厅、国务院办公厅联合印发了《党政机关公文处理工作条例》

注：1. 新发布的公文处理文件从施行之日起，原公文处理文件同时废止。

2. 1996 年 5 月 3 日–2012 年 6 月 30 日，《中国共产党机关公文处理条例》与《国家行政机关公文处理办法》同时作为公文写作、公文处理的指导性文件。

第二节 党政机关公文的拟制

学习目标

知识要求

1. 掌握公文拟制的程序、公文起草的技能要求。
2. 熟悉选择公文文种的依据、草拟文稿与修改文稿的方式。
3. 了解公文拟制的概念、交拟与草拟提纲的内容。

技能要求

1. 写作时能运用公文文种的选择依据，正确使用文种。
2. 能按公文拟制的程序完成公文的拟制。

扫码“学一学”

任务情境

某医学院校要新开设中药制药技术专业，办公室的小王根据领导要求草拟了一份公文，送交办公室李主任审阅，主任进行了增添、删减，小王将修改后的稿子重新打印一份送到校长办公室，校长审核签署后，小王按公文管理和印制要求，将其制作成了红头文件，复核后呈递给上级机关。你知道这份“公文”的形成要经过哪些程序吗？

知识要点

党政机关公文拟制是指草拟、撰写公文，并将草拟的公文送交领导审核、签发，包括公文的起草、审核、签发三个程序。

一、起草

公文起草是指写作者根据领导的意图执笔为文的过程，又称草拟公文、也叫拟稿。通常情况下，起草的最初形态是草稿。草稿完成后，往往需要进一步修改、润饰，直至定稿。

一般公文起草要经过交拟、选择文种、草拟提纲、草拟文稿、修改文稿，直到送审的过程。

（一）交拟

领导向撰稿人员布置拟稿任务，交代写作意图、写作要求和有关事项，这一过程就是交拟。交拟是撰制公文的起点，是传达领导意图、要求的必要环节，是公文质量的首要保证，重要步骤。无论是领导还是撰写人员，都要重视交拟。

交拟的内容包括以下四项：

1. 说明写作目的、意图 介绍写作背景，让撰稿人明确“为什么写”。

2. 交代写作要点 包括文稿的基本思想，主要的观点、意见、办法。有时还应介绍领导的思路和对文稿框架的大体设想等。让撰稿者明确“主要写什么”。

3. 交代拟稿时间 何时完成草稿、修改、定稿。让撰稿者明白“写作要求”。

4. 提供参考材料　即为撰稿人提供需要参考的上级文件，本机关、本系统的有关文件、材料，以及其他机关材料等。

（二）选择文种

起草公文时，该如何选择恰当与规范的文种呢？

1. 要熟悉党和国家有关领导机关关于公文处理规定以及国家的有关法律、法规从而选择恰当、规范的文种。

2. 要依据公文作者（发文机关）与主要受文者（即主送机关）的工作关系。只有当作者是公文受文者的上级机关时，才能选用具有规定性、领导指导性、公布性的下行文种。当作者是公文受文者的下级机关时，才能选用呈报性的上行文种。当作者与公文受文者是同级或不相隶属关系时，则只能选用商洽性的平行文种。

3. 要依据作者权限：有一些文种对使用者的权限有明确规定，如作者不具备规定的法定权限，则不能使用这些文种，如命令、决议、公告等。

4. 要依据行文目的和行文要求：每一种文种都有特定的适用范围，只在实现某一行文目的和要求方面有效。因此，应选取最有利于表达和实现其行文目的、行文要求的文种。

5. 要注意区分容易混淆的文种：公文中有的文种之间既有相似之处，又有不同之处，既有联系又有区别，使用时容易混淆。要注意正确区分一些容易混淆的文种。如：决定和决议，公告和通告，事项性通知和通告，请示和报告，请示和请批函等。

（三）草拟提纲

一般篇幅较长、内容较复杂的公文，都应先草拟提纲。

写作者在选定了文种，明确了公文行文意图，熟悉了有关情况，确定了公文主旨，并掌握了相关写作材料后，就可以草拟提纲。提纲是将公文写作构思物化成具体写作内容的重要中介环节。有了纲明目细的写作提纲，写作起来就能条理清楚、主次分明，避免盲目和可能出现的混乱，从而提高文稿写作质量，加快文稿写作速度。

提纲的内容，一般应包括：标题、主旨句、层次与段落的安排、各部分的观点句和主要材料、关键部分的内容、开头结尾及过渡照应方式等等。

提纲的形式有两种：条文式和图表式。

条文式提纲是指用分条列项来编排内容，这种提纲可以将公文内容编写得详细、清晰、具体，因而更接近公文的雏形。

图表式提纲则是用树状图和表格的方式显示文稿的总体框架与局部关系以及结构层次，因而具有系统性、直观性，能清楚显示文稿的总体思路，各层次间的关系、内容的详略和重点材料等。

提纲可详可略，篇幅短、内容少的文稿，提纲可以粗略一些，篇幅长、内容多的文稿，提纲则应详细一些。经过反复修改、扩充的细纲，甚至就是未来文稿的雏形。提纲上的文句就是文稿中要用的重要句子或关键语句，起草时对提纲加以连缀、扩展就成文了。

（四）草拟文稿

公文文稿的草拟有两种方式：个人草拟和集体草拟。

篇幅短小，容量少的公文由一人独立草拟；篇幅长、容量大的公文是由起草小组集体草拟，如工作报告、调查报告、会议大型讲话稿等。《条例》规定：重要公文的起草工作应由机关负责人主持、指导。集体草拟有利有弊，有利的是集体起草能集思广益，发挥写作班子的整体优势，加快写作速度，提高公文文稿的质量，不足的是容易出现文稿内容交叉重复、层次深浅不一以及语言风格不协调等问题。鉴于此，集体起草除了要明确分工、分头执笔、一人负责总撰外，每个参与者都必须做到：动笔前，心中有全局，尽可能地把有关问题讨论清楚，看法统一；写作中，对新出现的情况和问题，要及时通气，随时协调，反复讨论，认真研究，修改提纲，取得共识。

（五）修改文稿

公文文稿修改是确保公文质量必不可少的环节。常言说：文章是改出来的。要让草拟的公文文稿具有极强的政治性和实用性，体现机关单位的意见和整体思维的成果，发挥最佳的社会功用，文稿草拟者必须具有高度责任感来对待文稿的修改，要将草拟的文稿中存在的偏差、错误和不足，消除在定稿之前。

1. 公文文稿修改的范围 从内容看，首先是公文的主旨是否符合党和国家的路线、方针、政策和国家的法律、法规，符合人民的根本利益，符合事理；其次主旨与观点是否一致，材料能否说明观点。从形式看，公文的结构层次是否清晰，格式有无问题，语言、标点符号等有无毛病、错误。如果不符合、不一致、不清晰、有问题甚至错误，就必须进行修改。

2. 公文文稿修改的原则和方法

（1）要注重全面，着眼内容。

（2）要借助调查研究，听取意见。

（3）要进行换位思考，注重效果。

（4）要采用增、删、改、调等适当的方式。

（5）要正确使用修改符号。

（六）公文起草的技能要求

（1）符合党的理论路线方针政策和国家法律法规，完整准确体现发文机关意图，并同现行有关公文相衔接。

（2）一切从实际出发，分析问题实事求是，所提政策措施和办法切实可行。

（3）内容简洁，主题突出，观点鲜明，结构严谨，表述准确，文字精练。

（4）文种正确，格式规范。

（5）深入调查研究，充分进行论证，广泛听取意见。

（6）公文涉及其他地区或者部门职权范围内的事项，起草单位必须征求相关地区或者部门意见，力求达成一致。

二、公文的审核

审核是指公文文稿在签发前对文稿进行的审校、复查、修改。审核是保证公文质量的重要环节，是协助领导把好公文质量关的重要措施。《条例》规定：“公文文稿在签发前，应由发文机关办公厅（室）进行审核。需要发文机关审议的重要公文文稿，审议前由发文机关办公厅（室）进行初核。”

经审核修改后的文稿，即送本机关领导人审批签发。

审核的要求：

（1）行文理由是否充分，行文依据是否准确。

（2）内容是否符合党的理论路线方针政策和国家法律法规；是否完整准确体现发文机关意图；是否同现行有关公文相衔接；所提政策措施和办法是否切实可行。

（3）涉及有关地区或者部门职权范围内的事项是否经过充分协商并达成一致意见。

（4）文种是否正确，格式是否规范；人名、地名、时间、数字、段落顺序、引文等是否准确；文字、数字、计量单位和标点符号等用法是否规范。

（5）其他内容是否符合公文起草的有关要求。

三、公文的签发

《条例》规定："公文应当经本机关负责人审批签发。重要公文和上行文由机关主要负责人签发。党委、政府的办公厅（室）根据党委、政府授权制发的公文，由受权机关主要负责人签发或者按照有关规定签发。签发人签发公文，应当签署意见、姓名和完整日期；圈阅或者签名的，视为同意。联合发文由所有联署机关的负责人会签。"

知识链接

公文的稿本

公文在形成过程中，常有多种文稿（文本）产生，称之为公文的稿本，它们在内容、外观形式，特别是效用方面均有不同之处。

1. 草稿　草稿是指草拟成文的未定稿，是供讨论、修改、审核或征求意见使用的非正式文稿。因此，草稿又称为讨论稿、修改稿、送审稿、征求意见稿。都不具备正式公文的效用。

2. 定稿　定稿亦称原稿、底稿，是经过审核签发或会议讨论通过的最后完成稿，是制作公文正本的标准依据，具备正式公文的法定效用。因而有极大的权威性。

3. 正本　正本是指根据定稿，按照党政机关公文格式印制、发给主送机关以供其贯彻执行或办理的，并有各种生效标志的，具有法定效用的正式公文文本。

加盖了发文机关印章的翻印和复印文本与正本一样，也具有法定效用。

正本还有试行本、暂行本、修订本等多种特殊形式的文本，还有少数民族文字的文本

4. 副本　副本是指与正本同时印制出来主要用于抄送、传阅办理的文本，或经发文机关批准、授权翻印复制的文本。二者加盖了发文机关印章，同样具有法定效力。

副本还有再现正本内容及全部或部分外形特征的公文复制本或正本的复制，用于存查、知照等。

第三节 公文格式

学习目标

知识要求

1. 掌握公文格式各要素及其编排规则。
2. 熟悉公文的特定格式及其编排规则。
3. 了解公文的用纸与排版、印刷装订格式。

技能要求

1. 能辨识公文要素及格式的正误。
2. 能正确编排、装订公文。

扫码“学一学”

任务情境

不同时期与不同文种的公文其要素与格式在编排规则上是不同的，请比较下面三份文件的截图，看看它们有哪些共同点与不同点？你知道公文有哪些要素吗？标注的方法与行文的规则是什么吗？

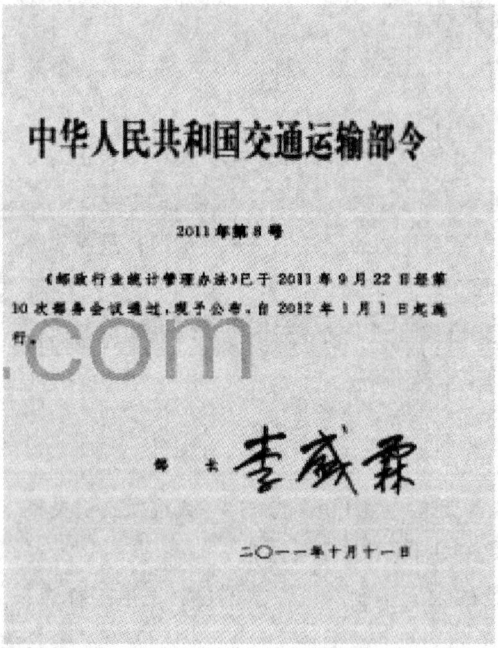
中华人民共和国交通运输部令

2011年第8号

《邮政行业统计管理办法》已于2011年9月22日经第10次部务会议通过，现予公布，自2012年1月1日起施行。

部长 李盛霖

二〇一一年十月十一日

№ 003402

中共中央办公厅文件

中办发〔2012〕14号

★

中共中央办公厅 国务院办公厅
关于印发《党政机关公文处理工作条例》的通知

各省、自治区、直辖市党委和人民政府，中央和国家机关各部委，解放军各总部、各大单位，各人民团体：

《党政机关公文处理工作条例》已经党中央、国务院同意，现印发给你们，请遵照执行。

中共中央办公厅
国务院办公厅
2012年4月16日

（此件发至县团级）

— 1 —

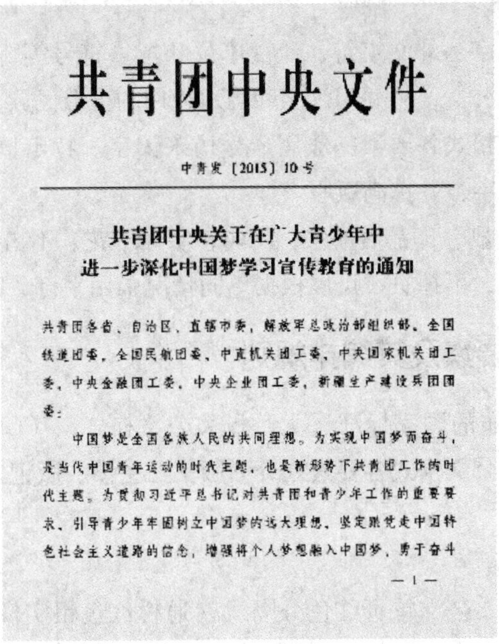

共青团中央文件

中青发〔2015〕10号

共青团中央关于在广大青少年中
进一步深化中国梦学习宣传教育的通知

共青团各省、自治区、直辖市委，解放军总政治部组织部、全国铁道团委、全国民航团委、中直机关团工委、中央国家机关团工委、中央金融团工委、中央企业团工委、新疆生产建设兵团团委：

中国梦是全国各族人民的共同理想。为实现中国梦而奋斗，是当代中国青年运动的时代主题，也是新形势下共青团工作的时代主题。为贯彻习近平总书记对共青团和青少年工作的重要要求、引导青少年牢固树立中国梦的远大理想、坚定跟党走中国特色社会主义道路的信念，增强将个人梦想融入中国梦，勇于奋斗

—1—

知识要点

《党政机关公文格式》（2012 年 6 月 29 日发布的《国标》、GB/T 9704—2012）规定了党政机关公文通用的纸张要求、排版和印制装订要求、公文格式各要素的编排规则，并给出了公文的式样。适用于各级党政机关制发公文。其他机关和单位的公文可以参照执行。

什么是公文格式呢？公文格式是指党政机关、团体、企事业单位常用公文正本的组成部分和文面格式。其内容包括：公文用纸格式，公文的排版、印刷、装订格式和公文组成要素的排列顺序及标注规则以及公文的特定格式等。

公文格式具有规范性和确定性的特点。按照《条例》和《党政机关公文格式》的规定，公文的组成部分是确定的，不能随意更换改变、增删；公文格式是有统一规定的，各级机关、单位、团体都必须按确定的、规范的格式撰制、印发公文。只有这样，才有利于提高公文处理和公文写作的质量、效率，发挥公文的效力。

一、公文用纸规格

党政机关公文用纸幅面采用国际标准的 A4 型纸，其成品幅面尺寸为：210mm × 297mm。特殊形式的公文用纸幅面，根据实际需要确定。

公文用纸分为两个区域：一是可以书写、印刷文字、图形等符号的版心（图文）区，二是页边区。公文用纸天头（上白边）为 37mm±1mm，公文用纸订口（左白边）为 28mm±1mm，版心尺寸为 156mm×225mm（不含页码）。天头（上白边）比地脚（下白边）宽，订口（左白边）比翻口（右白边）宽，这样既美观，又便于使用。

公文的用纸式样（图 2-1）。

二、公文的排版、印刷装订格式

（1）公文排版的所有文字符号从上到下、从左至右依次横写横排，少数民族文字可按

其习惯书写、排版。

公文使用的汉字、数字、外文字符、计量单位和标点符号等，按照有关国家标准和规定执行。民族自治地方的公文，可并用汉字和当地通用的少数民族文字。

如无特殊说明，公文格式各要素一般用 3 号仿宋体字。特定情况可以作适当调整。一般每面 22 行，每行 28 个字，并撑满版心。

（2）公文采用双面印刷，印品着墨实、均匀；字面不花、不白、无断划。

（3）公文应左侧装订，不掉页。可以根据不同情况采用平订、骑马订。

三、公文格式各要素及其编排规则

2012 年 6 月 29 日发布的国家标准《党政机关公文格式》（GB/T 9704—2012）规定，党政机关公文将版心内的公文格式各要素划分为版头、主体、版记三部分。

页码位于版心外。

（一）版头部分

扫码“看一看”

版头部分，也称文头，公文首页红色分隔线（通栏红色粗实横线，宽度等同版心，即 156mm）以上的部分称为版头，包括份号、密级和保密期限、紧急程度、发文机关标志、发文字号、签发人、版头中的分隔线。

1. 份号　份号即公文印制份数的顺序号。涉密公文需标注份号，一般用 6 位（000001）3 号阿拉伯数字，顶格编排在版心左上角第一行。

2. 密级和保密期限　密级即涉密等级。密级分为“绝密”“机密”“秘密”三个等级，涉及国家秘密的公文应当标明密级和保密期限。

如只需标注密级用 3 号黑体字，顶格编排在版心左上角第二行。如需密级和保密期限同时标注。用 3 号黑体字，顶格将密级编排在版心左上角第二行，在密级之后用“★”与保密期限隔开，用阿拉伯数字标注保密期限。

3. 紧急程度　紧急程度是指公文送达和办理时限要求，根据紧急程度公文应当分别用“特急”“急件”标注。

如紧急程度单独使用则顶格编排在版心左上角第一行；如公文同时需标注份号、密级和保密期限、紧急程度，则按照份号、密级和保密期限、紧急程度的顺序自上而下分行排列。即紧急程度则标注在版心左上角第三行。用 3 号黑体字。

4. 发文机关标志　俗称“公文名称”。其构成形式有两种：一是由发文机关全称或规范简称加“文件”组成，例如：《×××人民政府文件》；二是只使用发文机关名称或规范简称，例如《×××人民政府》。发文机关标志居中排布，上边缘至版心上边缘为 35mm，推荐使用小标宋体字，颜色为红色，以醒目、美观、庄重为原则。

联合行文时，可以同时并用联合发文机关名称，也可单独用主办机关名称，如果联署发文机关名称，一般应当将主办机关名称排列在前；如有“文件”二字，应当置于发文机关名称右侧，以联署发文机关名称为准上下居中排布。

5. 发文字号　发文字号是指发文机关对其所制发的公文编排的顺序号码。由发文机关代字、年份、序号构成。其编排形式是不同类型的公文，发文字号的编排位置是不同的。平行文、下行文发文字号编排在发文机关标志下空二行位置，居中排布。上行文的发文字号居左空一字，与最后一个签发人姓名处在同一行。信函式格式的公文其发文字号顶格居版心右边缘编排在第一条红色双线下。

机关（单位）代字（以下简称机关代字）指机关、单位全称的简缩语。机关代字文字要简洁，一般以两三个字组成，例如：中共中央办公厅机关代字是“中办”，四川省卫生厅办公室机关代字是“川卫办”。年份、发文顺序号用阿拉伯数字标注；年份应标全称，如“2015”，用六角括号“〔〕”括入；发文顺序号每年从1号开始，按先后顺序编到当年最后一份文件为止，序号前不加“第”字，不编虚位（即1不编为01），在阿拉伯数字后加“号”字。

一件公文只有一个发文字号；几个机关联合发文，只标明主办机关发文字号；在同一地域（例如同一区）内，不能有重复的机关代字。

6. 签发人　签发人是指代表机关核准并签发公文的领导人。上行文应当标注签发人姓名。由“签发人”三字加全角冒号和签发人姓名组成。位于发文机关标志下空二行位置，居右空一字，与发文字号同一行，“签发人”三字用3号仿宋体字，签发人姓名用3号楷体字。

如有多个签发人，签发人姓名按照发文机关的排列顺序从左到右、自上而下依次均匀编排，一般每行排两个姓名，回行时与上一行第一个签发人姓名对齐，发文字号与最后一个签发人姓名处在同一行。

7. 版头中的分隔线　发文字号之下4mm处居中印一条与版心等宽的红色分隔线。

（二）主体部分

主体部分是公文首页红色分隔线（不含）以下、公文末页首条分隔线（不含）以上的部分。包括标题、主送机关、正文、附件说明、发文机关署名、成文时间和印章、附注、附件。

1. 标题　标题是对公文主要内容准确、简要的概括。由发文机关、事由和文种三部分构成。位于红色分隔线下空二行位置，分一行或多行居中排布；回行时，要做到词意完整，排列对称，长短适宜，间距恰当，标题排列应当使用梯形或菱形。一般用2号小标宋体字。

标题应标注发文机关，不能只用事由和文种名称。事由应力求简明、扼要、醒目。发文机关名称应写全称或者规范化简称。

几个机关联合行文，标题中应将牵头、主办的机关排列在前。

2. 主送机关　主送机关是指公文的主要受理机关，也称为主送单位、主送对象、受文对象。主送机关负实际办理或答复责任，应当使用机关全称、规范化简称或者同类型机关统称。位于标题下空一行，居左顶格编排，回行时仍顶格，如主送对象稍多时，应按其性质、级别和有关规定或惯例依次排列，中间用顿号或逗号分隔，最后一个机关名称后标全角冒号。如主送机关名称过多导致公文首页不能显示正文时，应当将主送机关名称移至版记。

上行文原则上只写一个主送机关；普发性的下行文主送对象可使用统称，如“各区（市）县人民政府”之类。除特殊情况外，一般不宜使用“各有关单位”之类不明确的模糊称呼。有些周知性公文如公告、通告、公报等，可不写主送对象。决定、决议、纪要等文种通常也不在正文前写明主送对象，而可在文尾主题词之下抄送栏内抄送机关的上方标明“主送”或者“分送”的机关单位。

3. 正文　正文是公文的主体，用来表述公文的内容。位于主送机关名称下一行，每个自然段左空二字，回行顶格。文中结构层次序数依次可以用“一、”“（一）”“1.”“（1）”标注；一般第一层用黑体字、第二层用楷体字、第三层和第四层用仿宋体字标注。一般用3号仿宋体字。

正文中，人名、地名、数字、引文要准确。引用公文应当先引标题，后引发文字号，并将发文字号用圆括号括入。引用外文应当注明中文含义。使用国际组织外文名称或其缩写形式，应当在第一次出现时注明准确的中文译名。

公文首页必须显示正文。

4. 附件说明 附件说明是公文附件的顺序号和名称。公文如有附件，在正文下空一行左空二字编排“附件”二字，后标全角冒号，一份附件，只标注附件名称；如有多个附件，使用阿拉伯数字标注附件顺序号（如“附件：1. ××××××”）；附件名称后不加标点符号。附件名称较长需回行时，应当与上一行附件名称的首字对齐。

5. 发文机关署名、成文日期和印章

发文机关署名、加盖印章及成文时间合称为落款。

（1）加盖印章的公文：发文机关署名，署发文机关全称或者规范简称。

成文日期，是署会议通过或者发文机关负责人签发的日期；联合行文时，署最后一个机关负责人签发的日期。一般右空四字编排，印章用红色，不得出现空白印章。

单一机关行文时，一般在成文日期之上、以成文日期为准居中编排发文机关署名，印章端正、居中下压发文机关署名和成文日期，使发文机关署名和成文日期居印章中心偏下位置，印章顶端应当上距正文（或附件说明）一行之内。

联合行文时，一般将各发文机关署名按照发文机关顺序整齐排列在相应位置，并将印章一一对应、端正、居中下压发文机关署名，最后一个印章端正、居中下压发文机关署名和成文日期，印章之间排列整齐、互不相交或相切，每排印章两端不得超出版心，首排印章顶端应当上距正文（或附件说明）一行之内。

（2）不加盖印章的公文：有特定发文机关标志的普发性公文和电报可以不加盖印章。

单一机关行文时，在正文（或附件说明）下空一行右空二字编排发文机关署名，在发文机关署名下一行编排成文日期，首字比发文机关署名首字右移二字，如成文日期长于发文机关署名，应当使成文日期右空二字编排，并相应增加发文机关署名右空字数。

联合行文时，应当先编排主办机关署名，其余发文机关署名按顺序依次向下编排，每排最多编排3个。

（3）加盖签发人签名章的公文：单一机关制发的公文加盖签发人签名章时，在正文（或附件说明）下空二行右空四字加盖签发人签名章，签名章左空二字标注签发人职务，以签名章为准上下居中排布。在签发人签名章下空一行右空四字编排成文日期。

联合行文时，应当先编排主办机关签发人职务、签名章，其余机关签发人职务、签名章依次向下编排，与主办机关签发人职务、签名章上下对齐；每行只编排一个机关的签发人职务、签名章；签发人职务应当标注全称。

签名章一般用红色。

（4）成文日期中的数字：用阿拉伯数字将年、月、日标全，年份应标全称，月、日不编虚位（即1不编为01）。

（5）特殊情况说明：当公文排版后所剩空白处不能容下印章或签发人签名章、成文日期时，可以采取调整行距、字距的措施解决：

6. 附注　附注是指公文印发传达范围或联系方式等需要说明的事项。如“（此件发至××级）”或“（联系人及电话）”等。

附注居左空两字加圆括号编排在成文日期下一行。

7. 附件　附件是指对公文正文的说明、补充或者参考材料。其自身本来是一个相对独立的实体，一旦被一件正式公文规定为附件后，即成为该公文的一个组成部分，如无专门说明，其效用与正件相同。

附件应当另面编排，并在版记之前，与公文正文一起装订。“附件”二字及附件顺序号用3号黑体字顶格编排在版心左上角第一行。附件标题居中编排在版心第三行。附件顺序号和附件标题应当与附件说明的表述一致。附件格式要求同正文。

如附件与正文不能一起装订，应当在附件左上角第一行顶格编排公文的发文字号并在其后标注“附件”二字及附件顺序号。

公文的式样（图2-2，图2-3，图2-4）。

（三）版记部分

版记部分是指公文末页首条分隔线以下、末条分隔线以上的部分称为版记。包括版记中的分隔线、抄送机关、印发机关和印发日期部分。

1. 版记中的分隔线　版记中的分隔线与版心等宽，首条分隔线和末条分隔线用粗线（推荐高度为0.35mm），中间的分隔线用细线（推荐高度为0.25mm）。首条分隔线位于版记中第一个要素之上，末条分隔线与公文最后一面的版心下边缘重合。

2. 抄送机关　抄送机关是指主送机关外需要执行或知晓公文的机关、单位和组织。

如有抄送机关，一般用4号仿宋体字，在印发机关和印发日期之上一行、左右各空一字编排。“抄送”二字后加全角冒号和抄送机关名称，回行时与冒号后的首字对齐，最后一个抄送机关名称后标句号。

如需把主送机关移至版记，除将“抄送”二字改为“主送”外，编排方法同抄送机关。既有主送机关又有抄送机关时，应当将主送机关置于抄送机关之上一行，之间不加分隔线。

抄送机关应用全称或规范化简称或者同类型机关统称，不宜笼统地写“各有关单位”之类。应严格控制抄送范围，可送可不送的不抄送，完全无关的坚决不送。一般也不抄送个人。

3. 印发机关和印发日期　公文的印送机关和印送日期。一般用4号仿宋体字，编排在末条分隔线之上，印发机关左空一字，印发日期右空一字，用阿拉伯数字将年、月、日标全，年份应标全称，月、日不编虚位（即1不编为01），后加“印发”二字。

版记中如有其他要素，应当将其与印发机关和印发日期用一条细分隔线隔开。

（四）页码

一般用4号半角宋体阿拉伯数字，编排在公文版心下边缘之下，数字左右各放一条一字线；一字线上距版心下边缘7mm。单页码居右空一字，双页码居左空一字。公文的版记页前有空白页的，空白页和版记页均不编排页码。公文的附件与正文一起装订时，页码应当连续编排。

公文的式样（图2-5，图2-6，图2-7，图2-8，图2-9，图2-10）。

四、公文的特定格式

公文的特定格式包括信函式格式、命令格式、纪要格式三类。

（一）信函式格式

函件是用于处理日常事务的平行文或下行文，如函、一般事项的通知、批复等，而且使用频率很高。这种公文通常使用专门函件版头，即信函式格式，其用法如下：

1. 发文机关标志使用发文机关全称或者规范化简称，居中排布，上边缘至上页边为30mm，推荐使用红色小标宋体字。联合行文时，使用主办机关标志。

2. 在发文机关标志下4mm处印一条红色双线（上粗下细），距下页边20mm处印一条红色双线（上细下粗），线长均为170mm，居中排布。

3. 如需标注份号、密级和保密期限、紧急程度，应当顶格居版心左边缘编排在第一条红色双线下，按照份号、密级和保密期限、紧急程度的顺序自上而下分行排列。（一般来说，“信函式”公文很少同时出现这三项）。

4. 发文字号顶格居版心右边缘编排在第一条红色双线下。

5. 标题与其上最后一个要素相距二行，居中编排。

6. 首页不显示页码，其后由第2页始标识。第2页后不再标识红色双线。

7. 版记不加印发机关和印发日期、分隔线，位于公文最后一面版心内最下方。

公文的式样（图2-11）。

（二）命令（令）格式

命令（令）是国家行政机关发文的最高级形式，它是一种极具权威性、重要性的公文。其格式要求如下：

1. 发文机关标志由发文机关全称加“命令”或“令”组成，居中排布，上边缘至版心上边缘为20mm，推荐使用红色小标宋体字。

2. 在发文机关标志下空二行居中编排令号，前加“第”字，即“第××号”。令号下空二行编排正文。

3. 签发人职务、签名章和成文日期的编排［本节三（二）5.（3）］。

公文的式样（图2-12）。

（三）纪要格式

1. 纪要标志由“××××纪要”组成，居中排布，上边缘至版心上边缘为35mm，推荐使用红色小标宋体字。

2. 主体部分包括标题和正文，其标注要求与公文格式一致。

3. 标注出席人员名单，一般用3号黑体字，在正文或附件说明下空一行左空二字编排“出席”二字，后标全角冒号，冒号后用3号仿宋体字标注出席人单位、姓名，回行时与冒号后的首字对齐。标注请假和列席人员名单，除依次另起一行并将“出席”二字改为“请假”或“列席”外，编排方法同出席人员名单。

4. 纪要格式可以根据实际制定　一般情况是在纪要标志下空2行居中标注编号，前加“第”字，即“第×号”。编号的编制按年度为限，自第1号开始，依次编制。有的机关发文不多，也可与公文一同编写发文字号。在编号下空1行版心左边缘顶格标识印发机关（部门），一般是该机关、单位的办公室或文秘部门。在印发机关同一行版心右边缘顶格标识印发日期。在印发机关和印发日期下 4mm 处划一条与版心等长的红色分隔线。

公文的式样（图 2-13）。

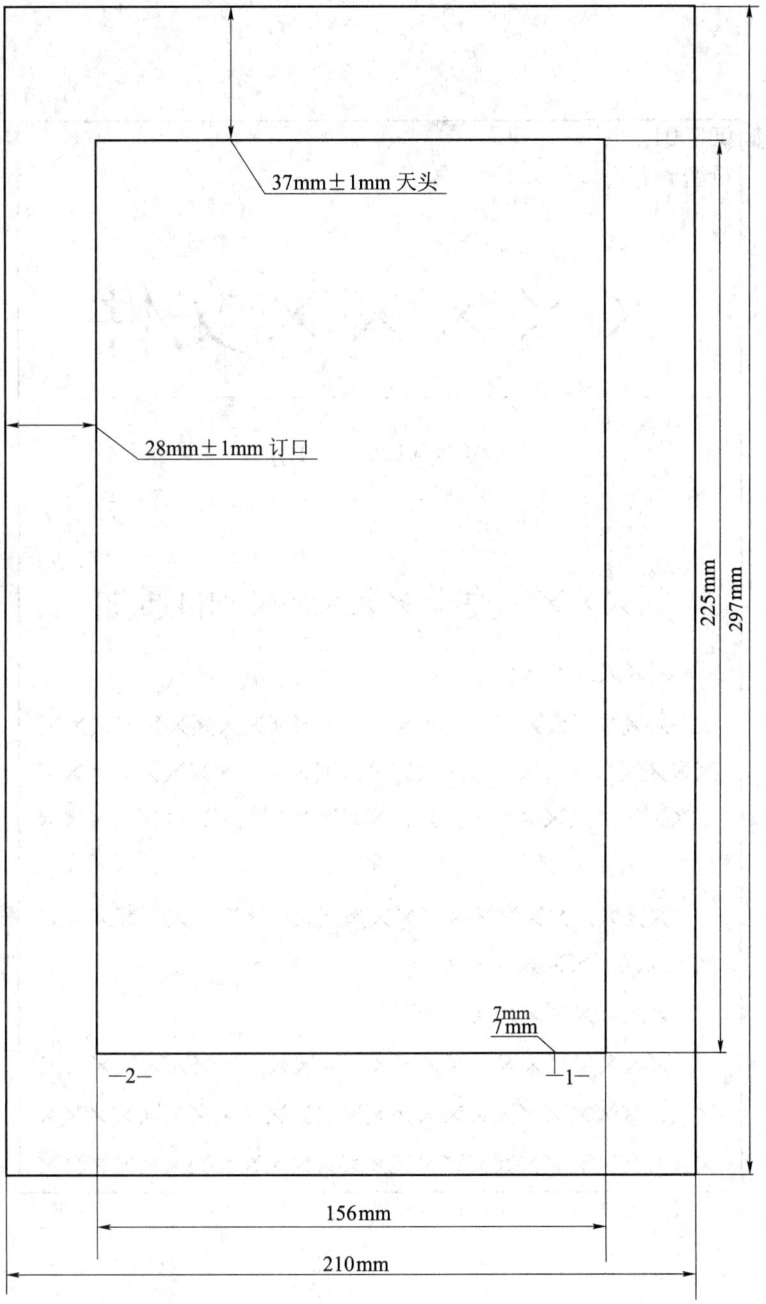

图 2-1 A4 型公文纸页边及版心尺寸

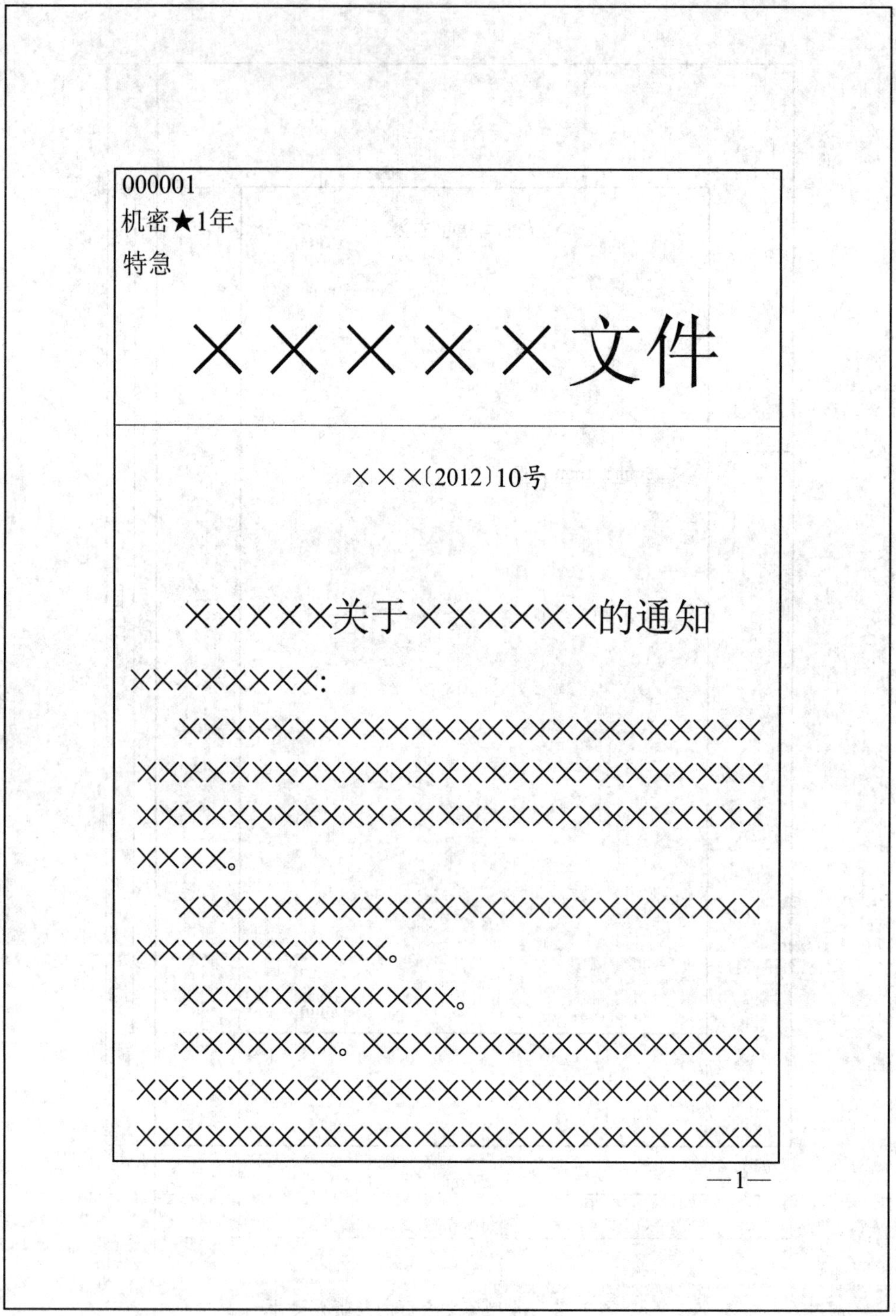

000001
机密★1年
特急

××××××文件

×××〔2012〕10号

×××××关于××××××的通知

×××××××××：

××××××××××××××××××××××××××
××××××××××××××××××××××××××××
××××××××××××××××××××××××××××
××××。

××××××××××××××××××××××××××
××××××××××××。

×××××××××××××。

×××××××。×××××××××××××××××
××××××××××××××××××××××××××××
××××××××××××××××××××××××××××

—1—

注：版心实线框仅为示意，在印刷公文时并不印出。

图 2-2　公文首页版式

000001
机密★1年
特急

××××××
× × × 文件
××××××

×××〔2012〕10号

××××××关于×××××××的通知

××××××××:

×××××××××××××××××××××××××。

×××。

××××××××××××××××××××××××××。

—1—

注：版心实线框仅为示意，在印刷公文时并不印出。

图 2-3 联合行文公文首页版式 1

000001
机　密
特　急

××××××
×　×　×
××××××

签发人：×××　×××
×××〔2012〕10号　×××

××××××关于×××××××的请示

××××××××：
　　×××××××××××××××××××××××××××
×××××××××××××××××××××××××××××
×××××××××××××××××××××××××××××
××××。
　　×××××××××××××××××××××××××××

— 1 —

注：版心实线框仅为示意，在印刷公文时并不印出。

图 2-4　联合行文公文首页版式 2

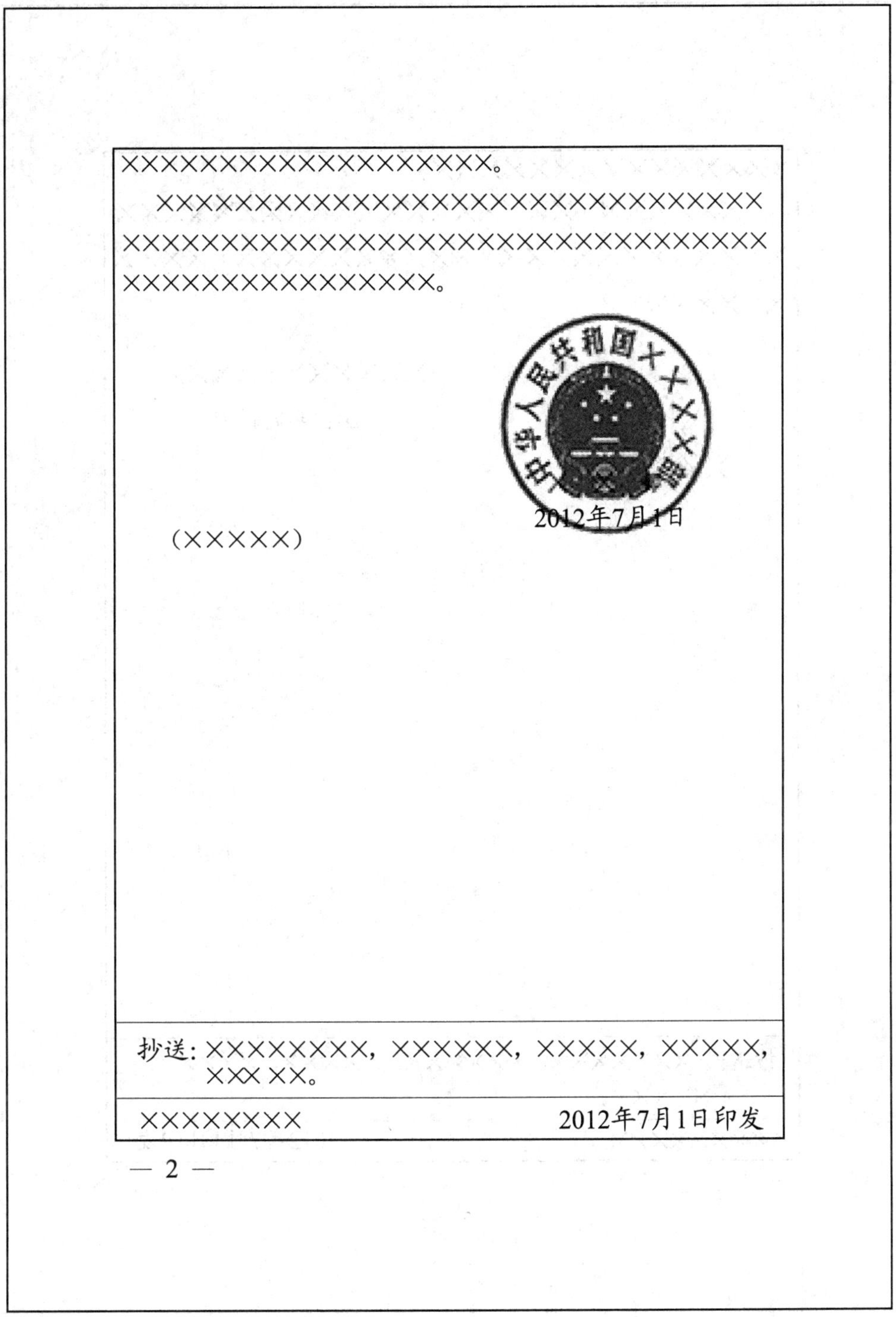
××××××××××××××××××××。

　　××。

2012年7月1日

（×××××）

抄送：×××××××××，××××××，×××××，×××××，×××××。

×××××××××　　2012年7月1日印发

— 2 —

注：版芯实线框仅为示意，在印刷公文时并不印出。

图 2-5　公文末页版式 1

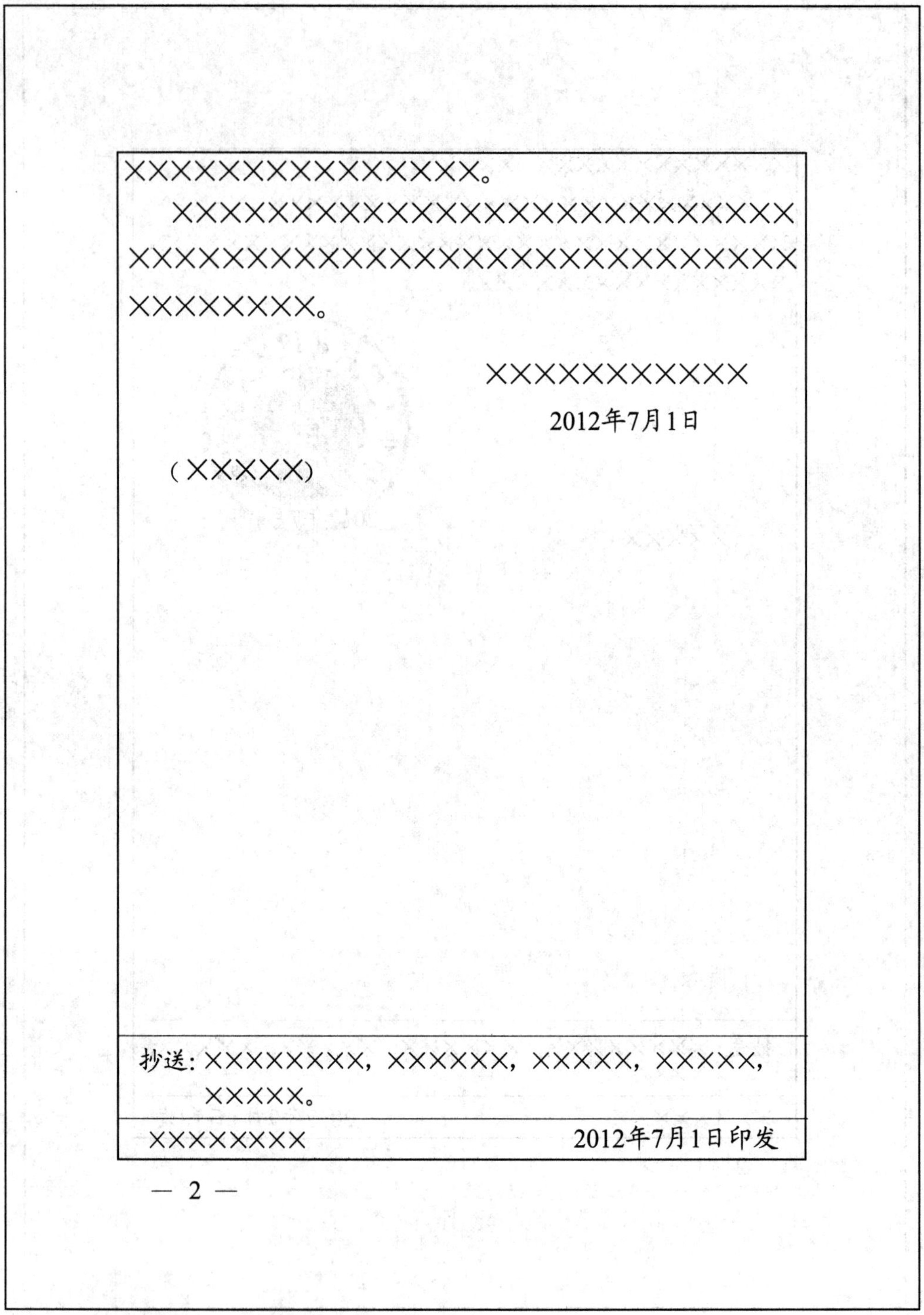

注：版心实线框仅为示意，在印刷公文时并不印出。

图2-6　公文末页版式2

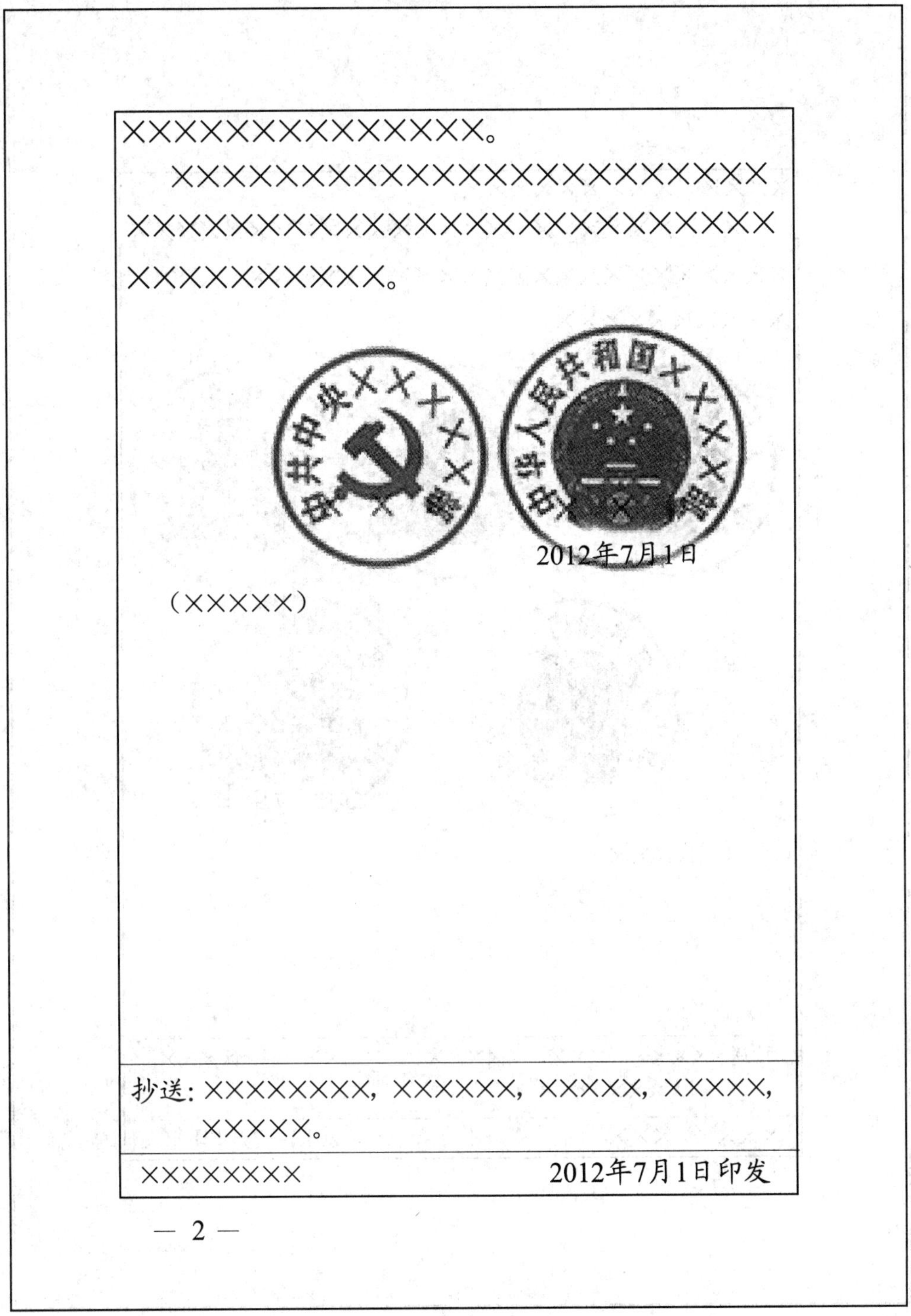
××××××××××××××。

××。

2012年7月1日

（×××××）

抄送：××××××××，××××××，×××××，×××××，×××××。

××××××××　　2012年7月1日印发

— 2 —

注：版心实线框仅为示意，在印刷公文时并不印出。

图 2-7　联合行文公文末页版式 1

××××××××××××××。

××。

2012年7月1日

（×××××）

抄送：××××××××，××××××，×××××，×××××，×××××。

×××××××××　　2012年7月1日印发

— 2 —

注：版心实线框仅为示意，在印刷公文时并不印出。

图2-8　联合行文公文末页版式2

××××××××××××××。

××。

附件：1. ××××××××××××××××××××××××××
××××××
2. ××××××××××××××

×××××××
×　×　×　×
2012年7月1日

（×××××）

— 2 —

注：版心实线框仅为示意，在印刷公文时并不印出。

图 2-9　附件说明页版式

附件2

××××××××××××××

　　×××××××××××××××××××××××
×××××××××××××××××××××××××
×××。

　　×××××××××××××××××××××××
×××××××××××××××××××××××××
×××××××××××××××××××××××××
×××××××××××××××××××××××××
×××××××××××××××××××××××××
××××××××××××××。

抄送：××××××××，××××××，×××××，×××××，
　　　×××××。

×××××××××　　　　2012年7月1日印发

— 4 —

注：版心实线框仅为示意，在印刷公文时并不印出。

图 2-10　带附件公文末页版式

中华人民共和国×××××部

000001　　　　　　　　　　　　　　×××〔2012〕10号

机　密

特　急

×××××关于×××××××的通知

××××××××：

××××××××××××××××××××××××××
××××××××××××××××××××××××××××
××××××××××××××××××××××××××××
×××××××××××××××××××××××××。

××××××××××××××××××××××××××
××××××××××××××××××××××××××××
××××××××××××××××××××××××××××
××××××××××××××××××××××××。

××××××××××××××××××××××××××
××××××××××××××××××××××××××××
××××××××××××××××××××××××××××
××××××××××××××××××××××××××××
××××××××××××××××××××××××××××
××××××××××××××××××××××××××××
×××××××××××××××××××××××××。

注：版心实线框仅为示意，在印刷公文时并不印出。

图 2-11　信函格式首页版式

××××××令

第×××号

××××××××××××××××××××××××××
×××××××××××××××××××××××××××
×××××××××××××××××××××××××××
××××××××××××××××××××××××。

部　长　×××

2012年7月1日

— 1 —

注：版心实线框仅为示意，在印刷公文时并不印出。

图 2-12　命令（令）格式首页版式

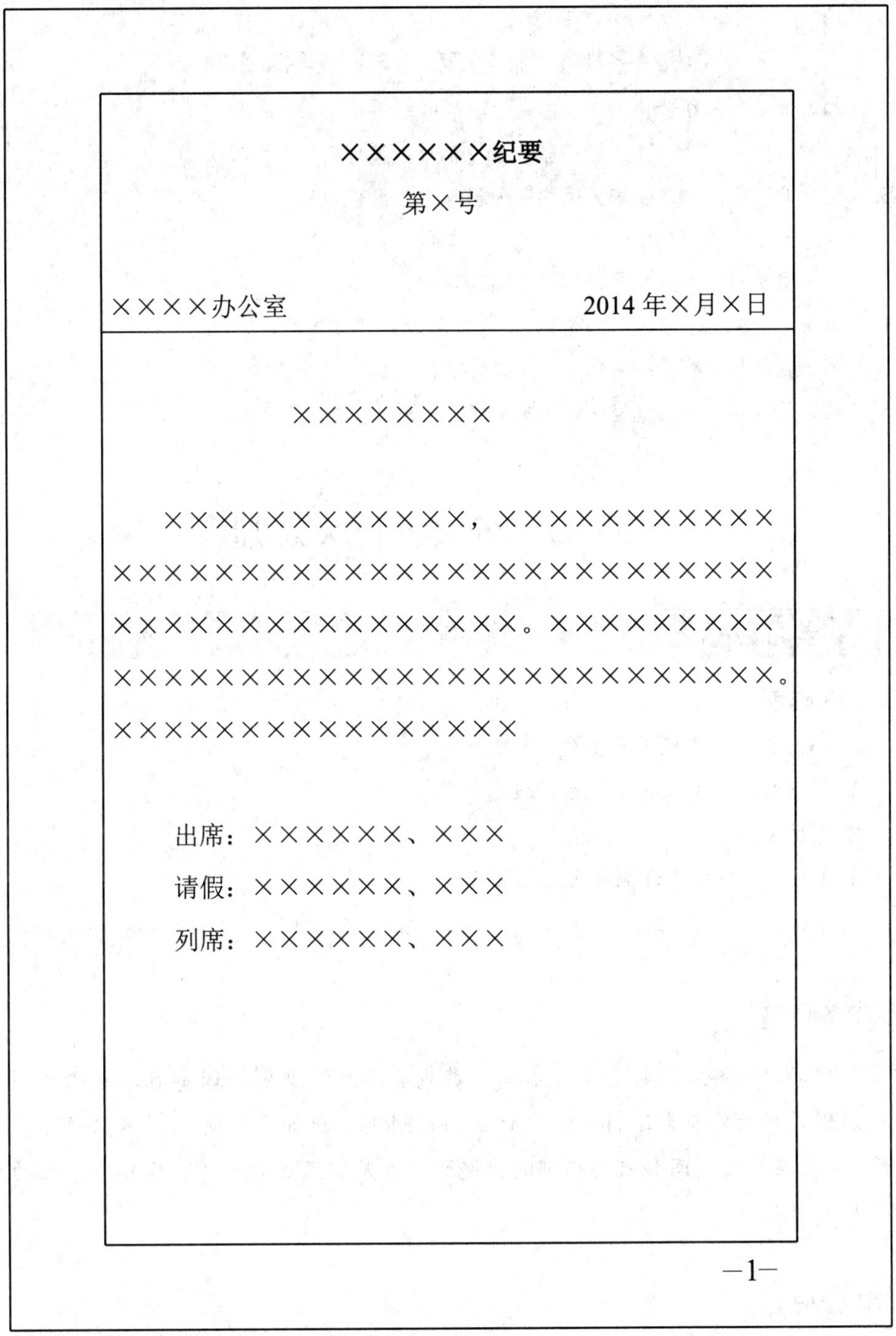

××××××纪要

第×号

××××办公室　　　　2014年×月×日

××××××××

××××××××××××，×××。××××××××××××××××××××××××××××××××××××。××××××××××××××××

出席：××××××、×××

请假：××××××、×××

列席：××××××、×××

—1—

注：版心实线框仅为示意，在印制公文时并不印出

图 2-13　纪要首页版式

知识链接

机关名称的"规范简称"与"全称"举例

1. "中共中央"的全称是中国共产党中央委员会。
2. "中宣部"或"中共中央宣传部"的全称是中国共产党中央委员会宣传部。
3. "国务院"的全称是中华人民共和国国务院，即中央人民政府。
4. "××省委"的全称是中国共产党××省委员会。
5. "××省政府"的全称是××省人民政府。
6. "共青团中央"的全称是中国共产主义青年团中央委员会。
7. "团市委"的全称是共青团××市委员会。
8. "国家卫健委"的全称是中华人民共和国国家卫生健康委员会。

第四节　公文的行文规则

学习目标

扫码"学一学"

知识要求

1. 熟悉公文行文规则的主要内容。
2. 了解公文行文及行文规则的概念。

技能要求

能在写作与行文中遵循公文的行文规则。

任务情境

许多同学喜欢玩游戏，打篮球，都知道游戏有游戏的规则、球赛有球赛的规则，做人有做人的原则。事物要正常运行，不可缺少的是规则，正如名言所说"不以规矩，不成方圆"。那么公文在机关之间和机关内部的传递运转也是少不了规则的。你知道公文的行文应遵循哪些规则吗？

知识要点

公文的行文是指公文在机关之间和机关内部的传递运转。行文规则是指公文在运行过程中所应遵循的各种规定。依据中共中央办公厅、国务院办公厅于 2012 年 4 月 16 日联合发布的《党政机关公文处理工作条例》，公文的行文规则的主要内容是：

1. 行文应当确有必要，讲求实效，注重针对性和可操作性。

2. 行文关系根据隶属关系和职权范围确定。一般不得越级行文，特殊情况需要越级行文的，应当同时抄送被越过的机关。

3. 向上级机关行文，应当遵循以下规则：

（1）原则上主送一个上级机关，根据需要同时抄送相关上级机关和同级机关，不抄送下级机关。

（2）党委、政府的部门向上级主管部门请示、报告重大事项，应当经本级党委、政府同意或者授权；属于部门职权范围内的事项应当直接报送上级主管部门。

（3）下级机关的请示事项，如需以本机关名义向上级机关请示，应当提出倾向性意见后上报，不得原文转报上级机关。

（4）请示应当一文一事。不得在报告等非请示性公文中夹带请示事项。

（5）除上级机关负责人直接交办事项外，不得以本机关名义向上级机关负责人报送公文，不得以本机关负责人名义向上级机关报送公文。

（6）受双重领导的机关向一个上级机关行文，必要时抄送另一个上级机关。

4. 向下级机关行文，应当遵循以下规则：

（1）主送受理机关，根据需要抄送相关机关。重要行文应当同时抄送发文机关的直接上级机关。

（2）党委、政府的办公厅（室）根据本级党委、政府授权，可以向下级党委、政府行文，其他部门和单位不得向下级党委、政府发布指令性公文或者在公文中向下级党委、政府提出指令性要求。需经政府审批的具体事项，经政府同意后可以由政府职能部门行文，文中须注明已经政府同意。

（3）党委、政府的部门在各自职权范围内可以向下级党委、政府的相关部门行文。

（4）涉及多个部门职权范围内的事务，部门之间未协商一致的，不得向下行文；擅自行文的，上级机关应当责令其纠正或者撤销。

（5）上级机关向受双重领导的下级机关行文，必要时抄送该下级机关的另一个上级机关。

5. 同级党政机关、党政机关与其他同级机关必要时可以联合行文。属于党委、政府各自职权范围内的工作，不得联合行文。

党委、政府的部门依据职权可以相互行文。

部门内设机构除办公厅（室）外不得对外正式行文。

知识链接

公文格式常见错误情况

1. 没有发文机关标志（非红头文件）。
2. 发文字号不规范。
3. 上行文（请示、报告）没有签发人。
4. 公文标题缺要素、用词不当。
5. 正文错别字、层次不当、字体、字号不规范；引用公文形式不正确。
6. 附件格式不规范。
7. 日期格式不规范。
8. 抄送不规范（抄送领导个人、内部抄送、乱抄送）。
9. 版记要素不全或多余。

扫码"练一练"

目标检测

一、判断题

1. 党政机关公文就是公务文书。(　　)

2.《××县医院关于商洽放射影像技术人员进修的函》是平行文。(　　)

3. 根据公文的阅读范围，可将涉密公文分为秘密、机密、绝密三类。(　　)

4. 根据处理方式，可将公文分为：阅件、办件。《××学校关于实施春蕾工程情况的报告》是阅件；《××医院关于修建门诊取药大厅的请示》是办件。(　　)

5. 党政机关可以根据工作需要自行拟定公文的文种。(　　)

6. 会议通知具有明确的时效性。(　　)

7. 学校下发的《关于给×××等考试违纪学生处分的决定》既具有教育的作用又具有凭证的作用。(　　)

8. 党政机关公文的拟制是指草拟、撰写、制作公文。(　　)

9. 草拟提纲的形式有条文式和图表式两种。(　　)

10. 篇幅长、容量大的公文常常由个人草拟。(　　)

11. 公文文稿的修改只需修改内容。(　　)

12. 秘密等级和保密期限，在版心右上角第一行。(　　)

13. 发文字号中的序号不编虚位，不用"0"占空位，(即1不编为001)，序号前也不写"第"，而命令文种中的令号前则要加"第"字，即"第×号"。(　　)

14. 上行文、平行文、下行文发文字号都位于发文机关标志下居中排一行。(　　)

15. 公文的标题应由发文机关、事由、文种构成。(　　)

16. 上行文原则上只写一个主送机关。(　　)

17. 凡重要公文都要标注签发人。(　　)

18. A、B、C机关准备联合发文，但就处理某一问题发生争议，A机关是主办机关，为提高办事效率，以免耽误公事，经A机关领导人同意，以A、B、C三机关名义制发出了文件。(　　)

19. 印发日期用阿拉伯数字将年、月、日标全，为了与成文日期区别，年份应标全称，月、日可编虚位（即1编为01）。(　　)

20. 部门内设机构都可以对外正式行文。(　　)

二、单项选择题

1. 下列公文属于专用公文的是（　　）

A. 通知　　B. 计划　　C. 公证书　　D. 请示

2.《党政机关公文处理工作条例》规定：党政机关公文共有多少种？(　　)

A. 13　　B. 15　　C. 16　　D. 18

3. 根据文件来源，在一个机关内部可将公文分为（　　）

A. 收文、发文　　B. 上行文、平行文、下行文

C. 通用公文、专用公文　　D. 本机关制发的和内部使用的公文

4. 撰制公文的起点是（　　）

A. 交拟　　B. 拟稿　　C. 起草　　D. 选择文种

5. ××市食品药品监督管理局拟行文请求该市人事局批准录用×××等5人为国家公务员，应该使用的文种是（　　）

A. 请示　　B. 报告　　C. 函　　D. 请示报告

6. 发文机关标志组成正确的是（　　）

A. 只能有发文机关全称或规范简称加“文件”组成

B. 只能使用发文机关全称或规范简称

C. 既可使用A，也可使用B

D. 只用“文件”二字

7. 发文字号的三要素是指（　　）

A. 机关代字、年份和份数号

B. 机关代字、签批人和顺序号

C. 编号、事由和主题词

D. 机关代字、年份和发文顺序号

8. 北京大学2014年首次发文的字号应写成（　　）

A. 北京大学〔14〕1号　　B. 北大〔14〕一号

C. 北大〔2014〕1号　　D. 北大〔2014〕第1号

9. 下列公文标题正确的是（　　）

A. 共青团中央办公厅关于举办首届中国青年APP大赛的通知

B. 关于举办首届中国青年APP大赛的通知

C. 共青团中央办公厅举办首届中国青年APP大赛通知

D. 通知

10. 下列引文方法正确的是（　　）

A. 根据国发〔2005〕3号文的规定

B. 根据《国务院关于企业职工养老保险制度改革的决定》（国发〔2005〕3号）的规定

C. 根据《国务院关于企业职工养老保险制度改革的决定》的规定

D. 根据国务院2005年×月×日决定的规定

11. 党政机关公文成文时间的正确写法是（　　）

A. 2012年01月02日　　B. 2012年10月20日

C. 二〇一二年十月二十日　　D. 二零一贰年十月二十日

12. 下列不属于公文组成必备项目的是（　　）

A. 标题　　B. 发文字号

C. 抄送机关　　D. 发文机关

13.《关于开展“国家资助　助我成长”专题征文活动的通知》只有一份附件，其附件说明标注正确的是（　　）

A. 附件：如文

B. 附件：1. 学生征文推荐表

C. 附件：《学生征文推荐表》

D. 附件：学生征文推荐表

14. 一般公文的生效日期是指（　　）

A. 成文的具体日期　　B. 实际发文日期

C. 会议通过或领导签发的日期　　D. 收到公文日期

15. 加盖印章时，应做到（　　）

A. 上压正文，下不压发文机关署名和成文日期

B. 既压正文，又压发文机关署名和成文日期

C. 顶端应当上距正文一行之内，下压发文机关署名和成文日期

D. 上不压正文，下不压发文机关署名和成文日期

16. 主送机关移至版记时（　　）

A. 使用“抄送”二字左顶格，主送机关名称右顶格编排

B. 使用“主送”二字左顶格，主送机关名称右顶格编排

C. 使用“抄送”左空一字，主送机关名称右空一字编排

D. 使用“主送”左空一字，主送机关名称右空一字编排

17. 信函式格式发文字号编排正确的是（　　）

A. 居中编排在红色分隔线之上

B. 居左顶格编排在红色分隔线之上

C. 顶格居版心右边缘编排在第一条红色双线下

D. 居中编排在第一条红色双线下

18. 为了维护政令统一，凡下行公文（　　）

A. 都要请求上级

B. 都要和有关机关协商

C. 内容涉及其他机关的职权范围时，行文前应与其协商一致

D. 都与有关部门联合行文

19. 下列关于“党委、政府的部门之间”行文规则的规定正确的是（　　）

A. 党委、政府的部门是各自独立的，不能行文

B. 党委、政府的部门依据职权可以相互行文

C. 党委、政府的部门可以联合行文

D. 党委、政府的各部门都可以向下级党委、政府发布指令性公文

20.《××乡镇中心卫生院关于增购〈国家基本药物目录〉外药物的请示》抄送正确的是（　　）

A. 主送给市医改办，抄送给××市人民政府

B. 主送给市医改办，抄送给××乡镇中心卫生院药房

C. 主送给市医改办，抄送给市卫生局

D. 主送给市医改办，抄送给乡镇中心卫生院院长

三、多项选择题

1. 下列党政机关公文哪些是上行文（　　）

A. 请示　　B. 函　　C. 报告

D. 通报　　E. 议案

2. 党政机关公文的特点（ ）

A. 具有权威性和强制性 B. 具有生动性和形象性

C. 明确的时效性 D. 处理程序的规定性

E. 文种的固定性和格式的规范性

3. 下面关于公文作用的说法中，不正确的是（ ）

A. 公文能够逾越时空限制，有效传递信息

B. 公文必须履行法定生效程序，因而具有重要的凭证作用

C. 公文可以杜绝官僚作风，提高行政办事效率

D. 有些公文不必履行生效程序，即可产生法定效用

E.《中共中央关于加强精神文明建设的决定》具有宣传教育作用

4. 党政机关公文拟制包括哪三个程序？（ ）

A. 公文的起草 B. 公文的办理

C. 公文的审核 D. 公文的签发

E. 公文的管理

5. 起草公文选择文种的依据有（ ）

A. 依据国家有关领导机关关于公文处理规定以及国家的有关法律、法规

B. 依据公文作者与主要受文者的工作关系

C. 依据作者权限

D. 依据行文目的和行文要求

E. 依据公文篇幅长短

6. 篇幅较长、内容较复杂的公文，应先草拟提纲，提纲的形式有（ ）

A. 条文式 B. 分段式 C. 图表式

D. 说明式 E. 分析式

7. 公文的审核是指公文文稿在签发前对文稿进行的（ ）

A. 审校 B. 审批 C. 复查

D. 修改 E. 圈阅

8. 下列关于公文格式表述不正确的是（ ）

A. 联合行文时，只标明主办机关发文字号

B. 凡是公文，都必须加盖印章

C. 需会议讨论通过的公文，其成为日期以会议通过日期为准

D. 发文机关必须用全称，不能使用简称

E. 首页可不显示正文

9. 公文的特定格式包括（ ）

A. 排版格式 B. 信函式格式

C. 命令格式 D. 会议纪要格式

E. 用纸格式

10. 党政机关公文将版心内的公文格式各要素划分为哪三部分？（ ）

A. 版头 B. 主体 C. 版记

D. 页码 E. 附件

四、阅读分析题

阅读下文，按文后要求做题。

红石乡政府公文①

金红（2014）18号②

红石乡人民政府关于拨款修建马岭至牛洞公路的请示报告③

马岭、五坪、中峰、牛洞是我乡的贫困村，总人口七千多。制约这四个村脱贫致富的主要原因之一是交通闭塞，致使经济、文化生活落后，盛产的桐籽、杉木、李子、桃子、板栗不能变成商品。据估算，这几项经济作物若能运出销售，即可使四村群众人均收入500~600元。广大群众强烈要求修公路，渴望早日脱贫，表示愿意有钱出钱，有物出物，有力出力。

经测算，拟修建的马岭至牛洞公路全长37公里，共需经费65万元，我乡已集资25万元，尚缺40万元。恳请县政府体谅我们的困难，拨款解决。此致敬礼！

附件：如文④

金阳县红石乡人民政府

2014. 10. 21

主题词：公路　建设　资金　报告

报：县财政局、县交通局

送：马岭、五坪、中峰、牛洞村⑤

红石乡人民政府办公室　　　　　　　　　　二〇一四年十月二十一日印发

（一）请把文中标注了①~⑤序号的公文格式组成部分的名称，写在下面对应的序号内

①　　　　　　　　　　②

③　　　　　　　　　　④

⑤

（二）文中至少有10处格式和语言上的错误，请一一指出。

①

②

③

④

⑤

⑥

⑦

⑧

⑨

⑩

第三章

常用党政机关公文写作

第一节　决定　通报

学习目标

知识要求

1. 掌握决定、通报的构成要素。
2. 熟悉撰写决定、通报的技能要求。
3. 了解决定、通报的概念、用途、特点等。

技能要求

1. 能从格式、内容、语句上辨别决定、通报的正误。
2. 能写规范的决定、通报。

扫码“学一学”

决　定

任务情境

2014年，立仁医药连锁有限公司新增门店26家，总数达到了77家，区域龙头地位更加牢固，随着连锁网点的增加及服务质量的提高，其综合实力及品牌影响力大大提升。过去的一年，虽然有各种不利因素的影响，但通过大家的努力，销售额及利润继续保持快速、稳定增长。在一年的工作中涌现出了多个先进集体和个人。公司决定对优秀药店、优秀店长和优秀员工进行表彰，你知道决定怎么写吗？

知识要点

一、决定的概念

决定是国家机关、社会团体、企事业单位对重要事项或重大行动做出具有规定性、强制性和领导、指导性的公文。一般来说，只有事关全局、政策性强、任务艰巨、执行时间较长的重要工作，才适合使用“决定”行文。

二、决定的特点

（一）具体性

决定中的安排必须是明确具体的、切实可行的；不可抽象、笼统。

（二）决策性

所决定的事项，都是直接为决策服务的；非决策性的问题，不用决定行文。

（三）重大性

只有对“重大问题”“重要事项”“重大行动”做出安排时，才能使用决定这一文种；一般性的问题、事项、行动，则不宜使用决定这一文种。

三、决定的分类

根据具体用途和内容的不同，决定一般有以下两类。

（一）知照性的决定

知照性的决定是指将决定事项知照给有关单位和人员的决定。如表彰决定、处分决定、机构设置决定、人事安排决定、发布法规性事项或对某一具体事项做出安排的决定等。

（二）指挥性决定

指挥性决定是对于重要事项或者重大行动做出安排的决定。常见的有规定性决定、规范性决定、指导性决定、指示性决定、具有有关法令性质的决定、处理重大问题的决定和安排重要行动的决定等。

构成要素及格式模板

一、构成要素

决定一般由标题、主送机关、正文和落款四部分组成。

二、格式模板

构成要素	模　板
标题：由发文机关、决定事由、文种构成	**×××关于××××××××的决定**
主送机关：	××××：
正文： 1. 决定缘由 2. 决定事项 3. 决定要求	×××××××××××××××××××× ×××，×××××××××××××××××××。 ×××××××××××××××××××× ×××，×××××××××××××××××××。 ××××××××××××××××××××。
落款： 1. 署名、印章 2. 成文日期（阿拉伯数字）	发文机关署名（加盖印章） ××××年××月××日

三、决定各部分的格式、内容和写法要求

（一）标题

1. 单一式标题，由发文机关名称、事由和文种组成。

2. 正副标题形式，正题同单一式标题一样，副题需写明什么时间、什么会议通过的本决定。

（二）主送机关

决定的主送机关为应该知照的单位或群体，但需要多级向下行文或者直接下达给人民群众的决定是没有主送机关的，逐级向下行文才有主送机关。

（三）正文

一般由发布的理由（包括根据、原因、目的等）、决定的事项、结尾三部分组成。

1. 发布的理由 是决定正文的开头部分，其内容主要是交代为什么发布决定或根据什么发布决定，以便使人们明白发布决定的必要性。

2. 决定的事项 是决定的主体部分。不同的决定在写法上不尽相同：法规性决定，着重写明针对不同性质、不同类型的问题，应采取什么样的处理方法或对解决所决定的问题提出具体的要求。部署性决定，着重写明部署任务的原则或为完成任务而应该采取的具体措施。表彰性决定要写出表彰对象的名称、先进事迹和贡献、表彰的形式（授予称号、授勋、奖章、证书、物质奖等）。批评性决定应写出违纪人员的简历、所犯错误的主要事实、对错误的定性以及处理决定。任免性决定及宣告性决定内容都比较简单，前者只需写明对何人任免何种职务即可；后者中将告知人们的重要事情叙述清楚即可。如果内容复杂、涉及的问题较多、篇幅较长的决定，写主体部分时可将内容分条列项，逐一写出。

3. 结尾部分 往往是围绕所决定的事项提出要求、希望或号召。这一部分并非所有决定都有，通常多用于表彰性决定。

（四）落款

正文结束，在右下方署名署时并盖公章。成文时间用阿拉伯数字标识，年、月、日俱全。如果决定的标题采用的是正副标题形式，决定的最后也可不写落款。

写作技能要求

一、原由要准确、合理

决定的原由是事项的依据、理由。写作时要注意交代清楚，简明扼要，有理有据，令人信服。泛泛而谈，根据不足，说理不清的原由没有说服力，不可取。

二、事项要明确、清楚

一般来说，内容比较复杂的决定，事项要一条一条地表述，把主要的、重要的放在前面，次要的放在后面。结构要合理，层次要分明，内容要合乎逻辑。

例文评析

【例文 1】

关于表彰××公司成立十周年创业标兵、劳动模范的决定

（标题：2012 年 7 月 1 日之前的公文，标题可以由事由和文种两要素构成）

各集团、公司：（决定的主送机关可多个）

今年 9 月 8 日是××公司挂牌成立十周年喜庆日。十年来，在省委、省政府和省国资委的正确领导下，在上级各部门的支持关心下，在公司董事会、党委的率领下，公司全体干部职工团结拼搏、开拓进取、艰苦创业，发扬“团结创新、坚韧不拔、勇争一流”的企业精神，始终坚持“发展高于一切，创新重于一切”的经营理念，使××公司的面貌发生了巨大变化，取得重大的改革发展成果，企业连续多年被评为全国 500 强、广东 50 强，并正以更加骄人的姿态、稳健的步伐向前迈进。在十年的改革发展历程中，公司涌现出了一大批锐意改革，勇于进取，勤奋工作，业绩突出，富有时代精神的模范人物。为表彰先进，树立典型，进一步推动××事业的科学发展，在今年公司成立十周年之际，经各单位层层评选推荐，××公司董事会、党委决定，授予陈子召等 20 名同志“××公司创业标兵”称号；授予回立敏等 176 名同志“××公司劳动模范”称号。（决定的事项清楚）

希望受表彰的××公司创业标兵和劳动模范，戒骄戒躁、发扬成绩、再接再厉，继续发挥先锋模范作用，以高度的责任感和使命感，开拓创新，真抓实干，为开创××公司改革发展新局面，再创佳绩，再立新功。公司所属企业和广大干部员工要以这些先进典型为榜样，学习他们努力践行科学发展观，认真贯彻中央和省委有关搞好国有企业的精神，坚定搞好国有企业的信心和决心；学习他们始终把党和人民的利益放在首位，识大体、顾大局，为企业的改革发展稳定和国有资产保值增值而勤奋工作的优秀品质；学习他们解放思想，与时俱进，勇于探索，敢为人先，为企业的改革发展争当先锋的创新意识；学习他们严于律己，清正廉洁，奋发进取，团结协作，牢记宗旨，心系企业的优良作风；学习他们爱岗敬业，扎实工作，勤于学习，刻苦钻研，勇挑重担，争创一流，在平凡的工作中创造出不平凡业绩的奉献精神。要以更加饱满的热情和昂扬的斗志，立足本职，爱岗敬业，扎实工作，创先争优，不断提高各级领导班子和干部员工队伍的创造力、凝聚力和战斗力，为××公司实现又好又快发展做出新的更大的贡献！

（围绕所决定的事项提出要求、希望）

附件：××公司成立十周年创业标兵、劳动模范名单

（附件说明标注规范：1 份附件单独一行，附件标题后未加标点符号）

（广东省××资产经营有限公司印章）

二〇一〇年九月六日

（因是2012年7月1日以前的公文，落款无须署名，只加盖印章；成文日期要用汉字小写）

【例文2】

××区监察局关于解除××行政警告处分的决定

（标题：由发文机关名称、事由和文种三要素构成）

（决定可以不写主送机关）

××，男，土家族，大学文化，××市人，1980年11月出生，处分前系××区社会事业管理局打击传销工作办公室工作人员。2011年5月23日，××因违反公务员职业道德，被××区监察局给予行政警告处分。鉴于××在受处分期间表现良好，参照《中华人民共和国公务员法》第五十八条、第五十九条之规定，经研究，××区监察局同意按期解除××的行政警告处分。

（××区监察局印章）

二〇一一年五月二十三日

（因是2012年7月1日以前的公文，落款无须署名，只加盖印章；成文日期要用汉字小写）

通　报

任务情景

为规范药品广告发布秩序，严厉打击违法发布药品广告行为，国家食品药品监督管理局对2010年2至3月份全国各大报纸发布的药品广告进行了监督检查，并就检查中发现的某省生产企业违法发布药品广告的有关情况进行了通报，你知道批评性通报怎么写吗？

知识要点

一、通报的概念

通报是上级机关把工作情况、经验教训、正反典型，通报给下级机关时使用的一种告知性公文。

二、通报的特点

（一）真实性

通报所反映的内容必须真实可信，实事求是，只有真实的通报，才具有生命力和说服力。

（二）典型性

指通报的内容是典型的事件、人物，或具有普遍意义的重要情况，以此来总结经验教训，指导各方面工作。

（三）时效性

通报的发出是为了教育人或沟通信息，所以就必须抓住时机，及时通报先进经验、反面典型或相关信息，以学习先进、推广经验，揭露错误、引起鉴戒，把握信息、指导工作。

三、通报的种类

通报根据其性质、内容和目的，一般可分为表彰性通报、批评性通报、情况通报三种。

（一）表彰性通报

主要用于表彰好人好事，公布先进集体、先进个人的表彰结果，介绍经验，树立典型，以达到宣传先进，推动工作的目的。

（二）批评性通报

主要用于批评错误，纠正不良倾向，教育人们引以为戒，以防止类似问题发生。

（三）情况通报

多用于交流有关方面主要工作进展情况，以引起人们的广泛重视，同时，也为领导决策提供参考。

构成要素及格式模板

一、构成要素

通报的结构一般由标题、主送机关、正文、落款组成。

二、格式模板

构成要素	模　　板
标题：由发文机关、通报事由、文种构成	**××××关于××××××××的通报**
主送机关：发文对象	××××：
正文： 1. 通报基本情况	××××××××××××××××××××××××××××，现就有关情况通报如下：
2. 通报分析和评论	××××××××××××××××××××××××××，×××××××××××××××××××××。
3. 提出要求	××××××××××××××××××××××××××，×××××××××××××××××××××。
落款： 1. 署名、印章 2. 成文日期（阿拉伯数字）	发文机关署名（加盖印章） ××××年××月××日

三、通报各部分的格式、内容和写法要求

（一）标题

由发文机关名称、事由和文种构成。

（二）主送机关

即受文对象。普发性的通报可不写主送机关。

（三）正文

正文是通报的主体部分。因通报的种类不同，写法也不相同。

表彰性通报，要写清事情的时间、地点、人物、事件、结果。

批评性通报要分析事件发生的原因、性质，提出处理意见。

情况通报先写明事件的基本情况，进行分析和评论，最后提出指导性或参考性的意见。

（四）落款

正文结束，在右下方署名署时并盖公章。成文时间用阿拉伯数字标识，年、月、日俱全。

写作技能要求

一、行文要及时

通报的时效性较强，写作要及时迅速。

二、事例真实、典型

通报所据应当是真人真事，要调查、核对事实，做到准确无误。应注意事例的典型性。

三、注意掌握政策

注意政策界限，使处理意见与事实、政策相一致。

例文评析

【例文】

关于对我省生产企业违法发布药品广告情况的通报

（标题：2012 年 7 月 1 日之前的公文，标题可以由事由和文种两要素构成）

各省辖市食品药品监督管理局：　　　　（主送机关）

为规范药品广告发布秩序，严厉打击违法发布药品广告行为，国家食品药品监督管理局对 2010 年 2 至 3 月份全国各大报纸发布的药品广告进行了监测检查，现就检查中发现我省生产企业违法发布药品广告的有关情况通报如下：

在 2010 年 2 月 1 日至 3 月 31 日期间，我省河南禹州市药王制药有限公司、安阳中智药

业有限责任公司、郑州羚锐制药股份有限公司、河南百年康鑫药业有限公司、河南明善堂药业有限公司、郑州益圣药业有限公司、河南省安阳市第一制药厂、鹤壁市中药有限公司、郑州福瑞堂制药有限公司、洛阳远洋生物制药有限公司、开封大宋制药有限公司、河南华茸堂药业有限公司、新乡佐今明制药股份有限公司、郑州韩都药业集团有限公司、安阳路德药业有限责任公司、河南中杰药业有限公司等16家生产企业违法发布药品广告（见附件），并被国家局予以通报，严重损害了我省形象，造成了不良影响。

（正文：陈述被批评的主要事实）

经研究，现对以上违法发布药品广告的行为予以告诫：

一、以上企业立即停止刊播违法药品广告，并认真学习《药品管理法》和《广告法》，查找原因，严格内部管理，进行整改，保证不再次发生类似情况，否则，将依法撤销该药品的广告审批文号，一年内不受理该品种的广告审批申请。整改情况于6月15日前由企业负责人送报我局药品流通监管处。

二、以上违法发布药品广告的生产企业将被列入我省不诚信企业黑名单。不诚信企业在申报药品广告审批材料的同时，并以书面形式做出以下承诺：一是广告申报资料必须是真实的、可信的，不得有任何虚假内容；二是必须严格按照审批内容进行刊播，不得有任何篡改和变更；三是必须采取有效措施，对本企业刊播的广告进行监督；四是一旦发现违法药品广告，企业应无条件承担违法广告所有责任，接受广告监管部门的一切处罚和行政处理决定；五是追究发布违法广告相关人员的责任，并按照药监部门的要求，通过媒体向社会发布消除不良影响的更正通知。

三、各省辖市局要督促辖区内违法发布药品广告的生产企业进行整改，加强教育，坚决杜绝类似情况的发生。

（提出整改措施及要求）

附件：严重违法药品广告明细表

（河南省食品药品监督管理局印章）

二〇一〇年六月二日

（因是2012年7月1日以前的公文，落款无须署名，只加盖印章；成文日期要用汉字小写）

知识链接

奖惩性决定与表扬批评性通报的区别

1. 表彰行文选用规格不同　有法规、条例、规章为依据的奖惩事项用决定。一般有典型意义的事项用通报。

2. 行文目的和文种的性质不同　决定是指挥性公文，行文目的是告知事项，有很强约束力。通报是知照性公文，其行文目的不是贯彻执行，而是让人们了解情况、交流信息、提高认识，有宣传教育作用。

3. 写作要求、要领不同 决定，行文一般较简单，虽然分依据、事项、结尾三部分，但用语准确、不作展开，行文文字简洁。通报则常常兼用叙述、说明和议论，有较强的感情色彩，根据需要陈述事实，分析意义，做出评价，使人了解情况，受到教育。决定侧重于将结构公布于众，结尾不一定提出希望和要求。通报结尾要提出希望要求，以发挥教育警戒作用。

第二节 通告 通知

扫码“学一学”

学习目标

知识要求

1. 掌握通告、通知的构成要素。
2. 熟悉撰写通告、通知的技能要求。
3. 了解通告、通知的概念、用途、特点等。

技能要求

1. 能从格式、内容、语句上辨别通告、通知的正误。
2. 能写规范的通告、通知。

通 告

任务情景

中华医院管理学会曾对全国270家各级医院进行了专项调查，据统计，全国有73.33%的医院出现过患者及其家属用暴力殴打、威胁、辱骂医务人员等事件。当医院内出现寻衅滋事、扰乱医疗机构正常秩序等行为时，仅仅是由医院保卫处人员出面解决，但其无执法权和处罚权，不仅难以对相关行为进行制止，也缺少一定威慑作用。2012年4月，卫生部、公安部联合发出通告，明确由警方依据《治安管理处罚法》，对医闹、号贩等扰乱医院正常秩序的七种行为予以处罚，乃至追究刑责。你知道通告的写法吗？

知识要点

一、通告的概念

通告是国家机关、社会团体、企事业单位广泛使用的告知性公文，用于公布社会各方面应当遵守或周知的事项。

二、通告的特点

（一）规范性

通告所告知的事项常作为各有关方面行为的准则或对某些具体活动的约束限制，具有行政约束力甚至法律效力，要求被告知者遵守执行。

（二）业务性

常用于水电、交通、金融、公安、税务、海关等主管业务部门工作的办理、要求或事务性事宜，内容带有专业性、事务性。

（三）广泛性

告知范围广泛，适用范围也很广泛。不仅在机关单位内部公布，而且向社会公布。其内容可涉及社会生活各方面，因而各级机关、企事业单位、社会团体都可以使用。此外，通告的发布方式多样，可通过报刊、广播、电视公布，也可以张贴和发文，使公告内容广为人知。

三、通告的种类

通告从内容上可分为法规性通告和知照性通告两类。

（一）法规性通告

在一定范围内，针对某一方面问题公布政策法规性或规范意见，并提出相应要求，使行政机关、单位和个人广为周知并强制遵守。

（二）知照性通告

只在向群众公布应遵守事项的具体事务时使用，仅要求有关党政机关、单位和个人广为周知和遵照执行，多是一些一般性的事务性事项。

构成要素及格式模板

一、构成要素

通告的结构一般由标题、正文、落款组成。

二、格式模板

构成要素	模　　板
标题：由发文机关、事由、文种构成	**××××关于××××××××的通告**
正文： 1. 通告缘由 2. 通告事项 3. 通告结语	××××××××××××××××××××××××。 ××××××××××××××××××××××××。 特此通告。
落款： 1. 署名、印章 2. 成文日期（阿拉伯数字）	发文机关署名（加盖印章） ××××年××月××日

三、通告各部分的格式、内容和写法要求

（一）标题

由发文机关名称、事由和文种构成。

（二）正文

1. 通告的原由　主要阐述发布通告的背景、根据、目的、意义等。通告常用的特定承启句式“为……，特通告如下”或者“根据……，决定……，特此通告”引出通告的事项。

2. 通告事项　通告事项是通告全文的核心部分，包括周知事项和执行要求。

3. 结语　用“特此通告”或“本通告自发布之日起实施”表达。

（三）落款

正文结束，在右下方署名署时并盖公章。成文时间用阿拉伯数字标识，年、月、日俱全。

写作技能要求

一、条理分明，层次清晰

如果内容较多，可采用分条列项的方法；如果内容比较单一，也可采用贯通式方法。

二、明确具体

需清楚说明受文对象应执行的事项，以便于理解和执行。

通告事项是面对大众的，应简洁明了，叙述清楚，通俗易懂，便于掌握。

例文评析

【例文】

中华人民共和国卫生部 中华人民共和国公安部
关于维护医疗机构秩序的通告

（标题：由发文机关名称、事由和文种三要素构成）

为有效维护医疗机构正常秩序，保证各项诊疗工作有序进行，依照国家有关法律法规的规定，特通告如下：

（正文　开头　交代通告的目的、依据、内容）

一、医疗机构是履行救死扶伤责任、保障人民生命健康的重要场所，禁止任何单位和个人以任何理由、手段扰乱医疗机构的正常诊疗秩序，侵害患者合法权益，危害医务人员人身安全，损坏医疗机构财产。

二、医疗机构及其医务人员应当坚持救死扶伤、全心全意为人民服务的宗旨，严格执

行医疗管理相关法律、法规和诊疗技术规范，切实加强内部管理，提高医疗服务质量，保障医疗安全，优化服务流程，增进医患沟通，积极预防化解医患矛盾。

三、患者在医疗机构就诊，其合法权益受法律保护。患者及家属应当遵守医疗机构的有关规章制度。

四、医疗机构应当按照《医院投诉管理办法（试行）》的规定，采取设立统一投诉窗口、公布投诉电话等形式接受患者投诉，并在显著位置公布医疗纠纷的解决途径、程序以及医疗纠纷人民调解组织等相关机构的职责、地址和联系方式。患者及家属应依法按程序解决医疗纠纷。

五、患者在医疗机构死亡后，必须按规定将遗体立即移放太平间，并及时处理。未经医疗机构允许，严禁将遗体停放在太平间以外的医疗机构其他场所。

六、公安机关要会同有关部门做好维护医疗机构治安秩序工作，依法严厉打击侵害医务人员、患者人身安全和扰乱医疗机构秩序的违法犯罪活动。

七、有下列违反治安管理行为之一的，由公安机关依据《中华人民共和国治安管理处罚法》予以处罚；构成犯罪的，依法追究刑事责任：

（一）在医疗机构焚烧纸钱、摆设灵堂、摆放花圈、违规停尸、聚众滋事的；

（二）在医疗机构内寻衅滋事的；

（三）非法携带易燃、易爆危险物品和管制器具进入医疗机构的；

（四）侮辱、威胁、恐吓、故意伤害医务人员或者非法限制医务人员人身自由的；

（五）在医疗机构内故意损毁或者盗窃、抢夺公私财物的；

（六）倒卖医疗机构挂号凭证的；

（七）其他扰乱医疗机构正常秩序的行为。

（正文　主体　逐一交代通告的具体内容、执行要求及其他事项，一目了然）

本通告自公布之日起施行。

（中华人民共和国卫生部公章）（中华人民共和国公安部公章）

二〇一二年四月三十日

（因是2012年7月1日以前的公文，落款无须署名，只加盖印章；成文日期要用汉字小写）

通　知

任务情境

随着食品药品监管部门职能的调整变化，药品、医疗器械和保健食品广告审查工作已全部纳入食品药品监管部门职责范围，各地原有的广告审查专用章已不适合现有工作需要，而且部分地区使用的广告审查专用章存在名称、规格和形状不规范等问题。为了加强管理，国家药监局下发了《关于规范统一各地广告审查专用章的通知》，你知道通知怎么写吗？

知识要点

一、通知的概念

通知是国家机关、社会团体、企事业单位日常使用范围最广的告知性公文，用于批转、转发、传达、要求、任免等。

二、通知的特点

（一）功能的多样性

在下行文中，通知的功能是最为丰富的。它可以用来布置工作、传达指示、晓谕事项、发布规章、批转和转发文件、任免干部等等，总之，下行文的主要功能，它几乎都具备。

但通知在下行文中的规格，要低于命令、决议、决定、指示等文体。用它发布的规章，多是基层的，或是局部性的、非要害性的；用它布置工作、传达指示的时候，文种的级别和行文的郑重程度，明显不如决定、指示。

（二）运用的广泛性

通知的发文机关，几乎不受级别的限制。大到国家级的党政机关，小到基层的企事业单位，都可以发布通知。

通知的受文对象也比较广泛。在基层工作岗位上的干部和职工，接触最多的上级公文就是通知。而且通知虽然从整体上看是下行文，但部分通知（如晓谕事项的通知）也可以发往不相隶属机关。

（三）一定的指导性

通知这一文体名称，从字面上看不显示指导的姿态，但事实上，多数通知都具有一定程度的指导性。用通知来发布规章、布置工作、传达指示、转发文件，都在实现着通知的指导功能，受文单位对通知的内容要认真学习，并在规定时间内完成通知布置的任务。

个别晓谕性的通知，特别是通知作为平行文发布的时候，可以没有指导性或只有微弱的指导性。

（四）较强的时效性

通知是一种制发比较快捷、运用比较灵便的公文文种，它所办理的事项，都有比较明确的时间限制，受文机关要在规定的时间内办理完成，不得拖延。

三、通知的种类

（一）工作通知

政策性通知：指示性或规定性公文。

禁令性通知：禁止或制止妨害国家与人民利益行为的公文。

工作通知带有强制性、指挥性和决策性。凡是上级机关对下级机关、单位就某项工作、某方面工作发出指示、提出要求、做出安排，不宜采用命令和指示行文时，就可以使用这种通知。

（二）会议通知

召开会议的通知是会议通知。这是通知中应用广泛、内容单一、格式简单的一类，以下行为主，也可平行。

（三）批转、转发、发布性通知

批转性通知：上级批转下级公文。

转发性通知：下级机关照转上级文件，同级或不相隶属的机关之间转发文件。

发布性通知：告知受文单位并要求执行的事项。发布规章的通知根据不同情况，可以分为发布、印发（公布）两种。一般说来，公布比较重要的规章用发布，公布一般性的、暂行或试行的规章用印发。

（四）任免通知

任免聘用干部的通知是任免通知，用于任免干部、聘用有关人员。

（五）知照性通知

用于下级、平级了解情况或公布某些专门事项。这类通知主要起知照性作用，设置机构、启用印章、更正文件、迁址办公等专门事项，均用这类通知。

构成要素及格式模板

一、构成要素

通知的结构一般由标题、主送机关、正文、落款组成。

二、格式模板

构成要素	模　　板
标题：由发文机关、通知事由、文种构成	**××××关于××××××××的通知**
主送机关：发文对象	××××：
正文： 1. 通知缘由、根据 2. 通知事项 3. 通知执行要求	×××××××××××××××××××× ×××，现就有关事项通知如下： ×××××××××××××××××××××××××。 ×××××××××××××××××××××××××。
落款： 1. 署名、印章 2. 成文日期（阿拉伯数字）	发文机关署名（加盖印章） ××年××月××日

三、通知各部分的格式、内容和写法要求

（一）标题

1. 由发文机关名称、事由和文种构成。如果通知的内容紧急或重要，可在标题中“通知”两字前加上“紧急”或“重要”两字。

2. 只用文种，即“通知”。限单位内部日常工作中使用的事务性通知。

（二）主送机关

主送机关即被通知的单位或个人，顶格写于标题下、正文前。普发性通知，可以省略主送机关。

（三）正文

由开头、主体和结尾三部分组成。开头主要交代通知缘由、根据；主体说明通知事项；结尾提出执行要求。不同种类的通知，其写法有所不同，下面介绍工作通知、会议通知和批转、转发、发布性通知的写法。

1. 工作通知 通常采用总分条文式结构。

（1）通知缘由：或介绍背景，分析形势；或肯定成绩，指出问题；或说明依据，阐明发通知的目的、意义或指导思想。注意：不宜写得过详过细。

（2）通知事项（主要部分）：写明做什么、怎么做，即写明工作任务、原则规定、执行要求、具体措施、注意事项等。

（3）通知要求（结尾部分）：提出要求、希望。有的通知不写这部分，通知事项言尽文止。

2. 会议通知 分两类情况

（1）比较简单的会议，它的事项不大，涉及的单位特定，只需把开会的议题、时间、地点、出席人员等写成一个自然段。

（2）较为复杂的会议通知，它的内容事关重大，会期较长，参加人员较多，组织准备工作也较复杂，应具体写明以下内容：①召开会议的目的、主持单位和会议名称；②会议内容；③会议安排；④与会人员范围；⑤与会要求：如入场凭证，报到时间及地点，与会者须携带的有关会议材料，与会人员要做的准备工作等。

会议通知要提前发文，以便有关人员做好准备。

3. 批转、转发、发布性通知 其正文包括两个部分：批转、转发对象和批注意见。

（四）落款

正文结束，在右下方署名署时并盖公章。成文时间用阿拉伯数字标识，年、月、日俱全。

写作技能要求

1. 要拟定一个明晰恰当的标题。通知的性质及功用决定了在写作时必须十分关注其标题的拟制，要使读者一看标题便知通知什么或要求做什么事情。

2. 对于非周知性的通知，应一律写明主送机关名称，不论被通知的机关为几个，都应这样做。

3. 不论是哪种类型的通知，其事项部分都要写得符合实际，切实可行；应知应办的事项要交代清楚，文字要简练准确，语气要恳切庄重。

4. 在撰写转发性通知的标题时，常会遇到几个“通知”重复出现，其他的“通知”一律去掉，只保留文件发源处的一个文种“通知”。例如《××市司法局转发司法厅转发司法部关于××（事由）的通知的通知的通知》。可将标题简化为《××市司法局转发司法部关于××（事由）的通知》。若是转发通知以外的其他文种，则应该保留其文种，如：《××市司法局转发司法厅转发司法部关于××（事由）的通报的通知的通知》标题可简化为：《××市司法局转发司法部关于××（事由）的通报的通知》。

例文评析

【例文1】

食品药品监管总局办公厅
关于规范统一各地广告审查专用章的通知

（标题：由发文机关名称、事由和文种三要素构成）

各省、自治区、直辖市食品药品监督管理局：

随着食品药品监管部门职能的调整变化，药品、医疗器械和保健食品广告审查工作已全部纳入食品药品监管部门职责范围，各地原有的广告审查专用章已不适合现有工作需要，而且部分地区使用的广告审查专用章存在名称、规格和形状不规范等问题。

（正文　开头　交代通知的缘由）

为进一步规范广告审查管理工作，总局决定从2015年1月1日起，各省（区、市）食品药品监管部门统一使用新的广告审查专用章，原广告审查专用章同时废止。新的广告审查专用章由各省（区、市）食品药品监管部门自行到当地公安机关指定的单位刻制。

新的广告审查专用章直径为4.2厘米，中央刊五角星，五角星外刊机关名称，前段自左而右环行为省（区、市）食品药品监管部门名称，后段自左而右横排为广告审查专用章字样（式样见附件）。

各省（区、市）食品药品监管部门要切实加强对广告审查专用章的管理，认真履行广告审查职责，依法严格审查药品、医疗器械和保健食品广告。

自2015年1月1日起，各地使用原广告审查专用章签发的证明文件视为无效文件。

（正文　主体　交代通知的执行要求，执行要求完备具体，既有概括的要求，又有具体安排）

附件：广告审查专用章式样图案

（附件说明标注规范：1份附件单独一行，附件标题后未加标点符号）

食品药品监管总局办公厅

2014年12月17日

（2012年7月1日以后的公文，署名并加盖印章；成文日期用阿拉伯数字）

【例文2】

国务院办公厅转发国务院体改办等部门关于城镇医药卫生体制改革指导意见的通知

各省、自治区、直辖市人民政府，国务院各部委、各直属机构：

国务院体改办、国家计委、国家经贸委、财政部、劳动保障部、卫生部、药品监管局、中医药管理局《关于城镇医药卫生体制改革的指导意见》已经国务院同意，现转发给你们，请认真贯彻执行。（正文先写明转发文件的名称，接着表明对转发文件的态度、意见以及执行要求。行文条理清楚，简明扼要。）

附件：关于城镇医药卫生体制改革的指导意见

（国务院办公厅印章）

二○○○年二月二十一日

（2012年7月1日以前的公文，只加盖印章；成文日期用汉字小写）

知识链接

通告和通知的区别

1. 通告是在一定范围内公布应当遵守或周知事项时使用的文种，其主要特点是知照性、专业性、约束力。具有规范性、广泛性和业务性的特点。周知性通告：传达告知业务性、事务性事项，一般没有执行要求；规定性通告：公布国家有关政策、法规或要求遵守的约束事项，告知对象必须严格遵照执行。

2. 通知是向特定受文对象告知或转达有关事项或文件，让对象知道或执行的公文。是运用广泛的知照性公文，下达指示、布置工作、传达有关事项、传达领导意见、任免干部、决定具体问题，都可以用通知。上级机关对下级机关可以用通知；平行机关之间有时也可以用通知。

第三节　请示　批复

学习目标

知识要求

1. 掌握请示、批复的构成要素。
2. 熟悉撰写请示、批复的技能要求。
3. 了解请示、批复的概念、用途、特点等。

技能要求

1. 能从格式、内容、语句上辨别请示、批复的正误。
2. 能写规范的请示。

请 示

任务情境

某二级甲等综合性医院，现使用的电子胃镜是2000年购置，已超期使用多年（正常使用年限为7~8年），近年该设备故障频发，前来就诊的胃病患者又越来越多，因而无法保证临床工作正常需求，严重影响了医院诊疗服务的正常开展。同时，也给患者就医带来诸多不便。为了解决上述问题，医院领导召开会议进行研究，大家一致认为向上级申请拨款购买一台电子胃镜迫在眉睫。据了解购买一台电子胃镜约需45万元。请你代表医院写一份请示，你知道请示的基本写法吗？

扫码“学一学”

知识要点

一、请示的概念

请示是用于下级机关、单位向上级机关、单位请求指示、批准的一种上行文。

请示主要用于以下几个方面：

（一）本机关无权解决的重要事项

1. 对上级领导机关颁布的方针、政策、法规、规章以及决定、指示等，不够明确或有不同理解，需上级做出明确解释和答复。

2. 从本地区、本部门的实际情况出发，需要对上级的某项政策、规定变通处理。

3. 工作中出现了新情况、新问题需要处理而无法可依、无章可循需实际做出明确指示。

（二）本机关无力解决的具体困难与问题

（三）按上级机关和主管部门有关政策规定必须履行审批程序的事项

如：人员编制、机构设置与调整、经费预算以及对于重大事件（事故）和人员的处理。

二、请示的特点

（一）超前性

请示必须在办理事项之前行文。得到上级机关批准后才能付诸实施，不可“先斩后奏”或“边斩边奏”。

（二）针对性

只有本机关无权决定或无力解决而又必须解决的事项，才可以用“请示”行文。请求上级机关给予指示、决断或者答复、批准，因而请示有很强的针对性。

（三）单一性

即一份请示只能请求指示、批准一件事或解决一个问题，且主送机关只能有一个。

三、请示的分类

根据请示的不同内容和写作意图分为三类。

（一）请求指示的请示

此类请示一般是政策性请示，用于下级机关需要上级机关对原有政策规定做出明确解释，对变通处理的问题做出审查认定，对如何处理突发事件或新情况、新问题做出明确指示等。

（二）请求批准的请示

此类请示是下级机关针对某些具体事宜向上级机关请求批准的请示，主要目的是为了解决某些实际困难和具体问题。

（三）请求批转的请示

下级机关就某一涉及面广的事项提出处理意见和办法，需各有关方面协同办理，但按规定又不能指令平级机关或不相隶属部门办理，需上级机关审定后批转执行，这样的请示就属此类。

构成要素及格式模板

一、构成要素

请示是由标题、主送机关、正文和落款组成的。

二、格式模板

构成要素	模　板
标题：由发文机关、事由、文种构成 **主送机关：**直接上级 **正文：** 1. 请示缘由 2. 请示事项 3. 请示结语 **落款：** 1. 署名、印章 2. 成文日期（阿拉伯数字） 附注：	**××××关于××××××××的请示** ××××： 　　××××××××××××××××××××××××××，现就有关问题请示如下： 　　××××××××××××××××××××××××。 　　特此请示，请批复。 发文单位署名（加盖印章） ××××年××月××日 （联系人姓名、电话）

三、请示各部分的格式、内容和写法要求如下：

（一）标题

由发文机关名称、事由和文种三项构成。如：《××县人民政府关于××的请示》。

（二）主送机关

请示的主送机关是指负责受理和答复该文件的机关，应当使用机关全称、规范化简称或者同类型机关统称。如：各省、自治区、直辖市人民政府，国务院各部门、各直属机构。每件请示原则上只写一个主送机关，不能多头主送。

（三）正文

其结构一般由缘由、事项、结语组成。

1. 请示的缘由　即请示的理由或根据。这部分内容要求：实事求是，有理有据，说明充分，条理清楚，开门见山。比较复杂的原由必须写明必要的事实和数据，原因讲的客观、具体，理由讲的合理、充分，上级机关才好及时决断，予以有针对性的批复。

2. 请示事项　即向上级机关提出的给予或指示或批准或支持和帮助的具体内容，也是陈述缘由的目的所在。要求事项具体，有可行性，有可操作性，内容要单一，只宜请求一件事。如果内容比较复杂，则分条列项写。用语要明确、得体，不能含糊其辞。

3. 请示结语　应另起段，习惯用语一般有“特此请示，请予批准”“当否，请批示”“妥否，请批复”“以上请示，请予审批”或“以上请示如无不妥，请批转各地区、各部门研究执行”等。请示结尾绝不能缺少以上类型的惯用语。结语不能写成“妥否，请批准”。

（四）落款

正文结束，在右下方署名署时并盖公章。成文时间用阿拉伯数字标识，年、月、日俱全。

写作技能要求

一、一文一事

撰写请示，只能一文一事，不可一文数事。

二、单头主送

请示只能主送给一个直接的上级领导机关或者主管部门，不能主送给两个以上的领导机关。受双重领导的机关向上级机关行文，应当写明主送机关和抄送机关，由主送机关负责答复其请示事项。

三、不越级请示，不送领导个人，不抄送下级

请示一般情况下不能越级请示。如果因特殊情况或紧急事项必须越级请示时，要同时抄送越过的直接上级机关；请示一般不直接送领导个人，个别领导直接交办的事项除外；请示行文时不得同时抄送下级。

四、应有附注

请示应标明附注，附注应写明联系人姓名与电话号码，联系人一般是发文单位的办公厅（室）主任。

例文评析

【例文1】

××县医院关于拨款购买电子胃镜的请示

（标题：由发文机关名称、事由和文种三要素构成）

××县人民政府：（请示的主送单位只能一个）

我院现为二级甲等综合性医院，前来就诊的胃病患者较多，但我院现使用的电子胃镜为2000年购置，已超期使用（正常使用年限为7~8年）。近年，该设备故障频发，无法保证临床工作正常需求，导致一些患者被迫去较远的医院就诊，不但给患者就医带来诸多不便，加重其经济负担，也严重影响了我院诊疗服务的正常开展。（请示的理由客观、充分）

为确保我院临床工作需要和我县胃病患者就医需求，现急需购买电子胃镜一台，约需资金45万元。特请求上级拨款45万元。（请示事项具体、明确）

（这是一篇请求批准的请示，语言简洁、明了，表达清楚。）

特此请示，请批复。（使用规范的结束语）

（××县医院印章）

二〇一一年三月二十日

（因是2012年7月1日以前的公文，落款无须署名，只加盖印章；成文日期要用汉字小写）

【例文2】

××县食品药品监督管理局
关于举办药械人员法律法规业务知识培训班的请示

（标题：由发文机关名称、事由和文种三要素构成；标题较长，分行排列）

××市食品药品监督管理局：（主送给直接上级机关）

为进一步规范全县药品、医疗器械市场秩序，提高药械经营和使用者的法律意识和业务素质，做到依法经营、守法经营、合理用药，确保人民群众用药安全有效，经研究拟定在三月至四月份分片分区分期举办食品药品法律法规、业务知识学习培训班，培训对象为全县药械经营和使用单位的从药械、涉药械人员，预计培训人数为500人，培训主要内容为食品药品法律法规，有关业务知识，培训期间收取每位参训人员培训费120元，考试费50元（根据闽价［2008］费372号文件规定标准收取费用），此次培训已列为从药械人员继续教育培训主要内容，并给予记录学分。

（以行文目的为请示的缘由，且充分、得体；请示事项具体、清楚）

特此请示，请批复。

（结语规范）

附件：1. 2013 年××县食品药品监督局药械人员培训计划

2. 2013 年××县食品药品监督管理局药械人员培训主要内容

（附件说明标注规范：两份附件分列两行，用阿拉伯数字标出序号，附件标题后未加标点符号）

××县食品药品监督管理局（印章）

2013 年 2 月 28 日

（2012 年 7 月 1 日以后的公文，署名并加盖印章；成文日期用阿拉伯数字）

（联系人：×××，联系电话：××××××××××）

（附注位于正文左下方，成文日期下空一行排列）

批　复

任务情境

某卫生厅向国家卫生计生委提交了一份《关于牛蒡能否作为普通食品原料使用的请示》，国家卫生计生委给予了明确批复，你知道批复要注意哪些方面吗？

知识要点

一、批复的概念

批复是“答复下级机关的请示事项”时使用的文种。是用于答复下级机关请示事项的公文。它是机关应用写作活动中的一种常用公务文书。

二、批复的特点

（一）行文具有被动性

批复的写作以下级的请示为前提，它是专门用于答复下级机关请示事项的公文，先有上报的请示，后有下发的批复，一来一往，被动行文，这一点与其他公文有所不同。

（二）内容具有针对性

批复要针对请示事项表明是否同意或是否可行的态度，批复事项必须针对请示内容来答复，而不能另找与请示内容不相关的话题。因此批复的内容必须明确、简洁，以利下级机关贯彻执行。

（三）效用的权威性

批复表示的是上级机关的结论性意见，下级机关对上级机关的答复必须认真贯彻执行，不得违背，批复的效用在这方面类似命令、决定，带有很强的权威性。

（四）态度的明确性

批复的内容要具体明确，不能有模棱两可的语言，使得请示单位不知道如何处理。

三、批复的分类

根据批复的内容和性质不同，可以分为审批事项批复、审批法规批复和阐述政策批复等三种。

构成要素及格式模板

一、构成要素

批复一般由标题、主送机关、正文和落款构成。

二、格式模板

构成要素	模　　板
标题：由发文机关、事由、文种构成	**××××关于××××××××的批复**
主送机关：报送请示的机关	××××：
正文：1. 批复引语 2. 批复意见 3. 批复要求 4. 批复结语	××××××××××××××××××××××。 ××××××××××××××××××××××。 ××××××××××××××××××××××。 特此批复。
落款：1. 署名、印章 2. 成文日期（阿拉伯数字）	发文机关署名（加盖印章） ××××年××月××日

三、批复各部分的格式、内容和写法要求

（一）标题

由发文机关名称、事由和文种构成。在事由中一般将下级机关及请示的事由和问题写进去。

（二）主送机关

主送机关一般只有一个，是报送请示的下级机关。其位置同一般行政公文，写于标题之下，正文之前，左起顶格。批复不能越级行文，当所请示的机关不能答复下级机关的问题而需要向更上一级机关转报"请示"时，更上一级机关所作批复的主机关不应是原请示机关，而是"转报机关"，如果批复的内容同时涉及其他的机关和单位，则要采用抄送的形式送达。

（三）正文

正文包括批复引语、批复意见和批复要求三部分。批复引语要点出批复对象，一般称收到某文，或某文收悉。要写明是对于何时、何号、关于何事的请示的答复，时间和文号可省略。

批复意见是针对请示中提出的问题所做的答复和指示，意思要明确，语气要适当，什么同意，什么不同意，为什么某些条款不同意，注意事项等都要写清楚。批复要求（可以单独算作结尾），是从上级机关的角度提出的一些补充性意见，或是表明希望、提出号召。如果同意，可写要求；不同意，亦可提供其他解决办法。

（四）落款

正文结束，在右下方署名署时并盖公章。成文时间用阿拉伯数字标识，年、月、日俱全。

写作技能要求

一、依法及时

批复既是上级机关指示性、政策性较强的公文，又是对下级单位请求指示、批准的答复性公文，因此，撰写批复要慎重及时，根据现行政策法令及办事准则，及时给予答复。

撰写时，不管同意与否，批复意见必须十分清楚明白，态度明朗。不能含糊其辞，模棱两可，以免下级无所适从。

二、一文一批复

批复必须有针对性的一文一批复，请示要求解决什么问题，批复就答复什么问题。

需要指出的是，在全面推进依法行政的今天，“批复”这种带有较为明显的计划经济“人治”色彩的公文种类，各级行政机关应当慎用。从既有的批复定义和使用实际看，批复是“答复下级机关请示事项”时使用的文种。依法行政讲究职权法定，每个行政机关都有自己独立的法定职责，需要经过“请示”而为的事项越来越少，上级行政机关面对请示，要看是否有必要“批复”。对于应当由下级机关“依法独立行使职权”并独立承担责任的事项，虽有请示也不应批复（即使需要指导也应采用其他方式）。这便于明晰职权，分清责任，推进依法行政，同时也可以避免文牍主义，提高行政效率。

例文评析

【例文 1】

关于同意筹建景德镇健民大药房连锁有限公司的批复

（标题：由发文事由和文种构成，2012 年 7 月 1 日之前的公文发文机关可省略）

景德镇健民大药房连锁有限公司：　　（主送给报送请示的下级机关）

你公司《关于申请筹建景德镇健民大药房连锁有限公司的请示》已收悉。经研究，同意你公司筹建药品零售连锁企业。

拟办企业名称为：景德镇健民大药房连锁有限公司；

拟设注册地址：景德镇昌广新区临街二楼写字楼 1 号楼；

拟设仓库地址：景德镇昌广新区临街二楼写字楼 2 号楼；

拟任法定代表人：夏勇兵；拟任企业负责人：夏勇兵；

拟任质量负责人：张新义；

拟任质量管理机构负责人：李秀萍；

拟经营范围：中药饮片、中成药、化学药制剂、抗生素制剂、生化药品、生物制品。

接此批复后，请你公司根据上述批准筹建的内容，按照国家食品药品监督管理局《药品经营许可证管理办法》《江西省核发〈药品经营许可证〉（零售连锁）验收标准细则（暂行）》和《药品经营质量管理规范》的有关要求，在 3 个月内完成筹建，并按程序向我局提出验收申请，经我局组织人员验收合格，核发《药品经营许可证》。你公司凭《药品经营许可证》到工商行政管理部门办理登记注册后，方可开展药品零售连锁配送业务，并在取得《药品经营许可证》之日起 30 日内，按规定申请 GSP 认证。（批复的意见清楚明白）

此复。（结语规范）

（江西省食品药品监督管理局）印章

二〇〇九年一月二十日

（因是 2012 年 7 月 1 日以前的公文，落款无须署名，只加盖印章；成文日期要用汉字小写）

【例文 2】

国家卫计委关于牛蒡作为普通食品管理有关问题的批复

（标题：由发文机关名称、事由和文种三要素构成）

河北省卫生厅：（主送给报送请示的机关）

你厅《关于牛蒡能否作为普通食品原料使用的请示》（冀卫办监督函〔2013〕20 号）收悉。经研究，现批复如下：

一、同意牛蒡根作为普通食品管理。生产经营和使用牛蒡根应当符合有关法律、法规、标准规定。

二、牛蒡子仍按照《卫生部关于进一步规范保健食品原料管理的通知》（卫法监发〔2002〕51 号）的规定执行。

此复。（批复的意见明确）

国家卫生计生委

××年××月××日

（2012 年 7 月 1 日以后的公文，署名并加盖印章；成文日期用阿拉伯数字）

知识链接

申请书

一、申请书的概念

申请书是个人、单位、集体向组织、领导提出请求，要求批准或帮助解决问题的专用书信。

二、申请书的格式与写作

1. 标题　有两种写法，一是直接写“申请书”，另一是在“申请书”前加上内容，如“入党申请书”一般采用第二种。居中写作。

2. 称谓　顶格写明接受申请书的单位、组织或有关领导。为了表示尊敬，可在组织或领导前加上“尊敬的”。

3. 正文　正文部分是申请书的主体，首先提出要求，其次说明理由。理由要写得客观、充分，事项要写得清楚、简洁。

4. 结尾　写明惯用语“特此申请”“恳请领导帮助解决”“希望领导研究批准”等，也可用“此致”“敬礼”礼貌用语。

5. 落款　个人申请写明申请者姓名，单位申请写明单位名称并加盖公章，注明日期。

第四节　报　告

学习目标

知识要求

1. 掌握报告的构成要素。
2. 熟悉撰写报告的技能要求。
3. 了解报告的概念、用途、特点等。

技能要求　能写规范的报告。

扫码“学一学”

任务情境

市食品药品监督管理局对立仁医药连锁公司开展了GSP认证检查，从检查情况看，立仁医药连锁公司药品的采购、验收、陈列、储存、销售管理等基本符合规范要求，但也存在对首营企业、首营品种资料索要不全，操作规程制定不符合要求，软件操作不熟练等问题。针对存在的问题，该公司查漏补缺，做了大量工作，并准备将整改情况汇总后上报市食品药品监督管理局。你知道应采用什么文种上报吗？

知识要点

一、报告的概念

报告是向上级机关或业务主管部门汇报工作、反映情况、提出意见和建议、答复咨询、报送材料等使用的公文文种。

报告是一种上行文，是下级向上级反馈信息、沟通联系的一种重要形式。

下级利用报告及时向上级反映工作情况，可以取得上级的指导、帮助；同时上级也可以通过报告，及时了解下级的情况，以便制定正确的方针、政策，实行科学的领导，从而切实指导下级的工作。

二、报告的特点

（一）汇报性

凡报告都是下级机关向上级机关或业务主管部门汇报工作，一般都是将做过的事情报告给上级，让上级掌握基本情况，以利于心中有数或对工作进行指导。所以，汇报性是报告的一大特点，这是报告同请示的根本区别。这一特征决定了报告一般事后行文。

（二）陈述性

因为报告具有汇报性，是向上级讲述做了什么工作，这项工作是怎样做的，有些什么情况、经验体会、存在问题和今后打算等，所以在行文上一般都用叙述的笔法，即向上级机关或业务主管部门陈述其事，而不是像请示那样祈使、请求。

（三）单向性

报告属于典型的上行文，不需要接受单位批复。

三、报告的分类

常用报告分为以下三种类型：

（一）综合报告

全面汇报本机关工作情况，可以和总结工作、计划安排结合起来。要有分析，有综合，有新意，有重点。

（二）专题报告

指向上级反映本机关的某项工作、某个问题，某一方面的情况，要求上级对此有所了解的报告。所写的报告要迅速，及时，一事一报。呈报、呈转要分清写明。

（三）例行报告

有日报、周报、旬报、月报、季报、年报等。例行报告不能变成“例行公事”，而要随着工作的进展，反映新情况，新问题，写出新意。

构成要素及格式模板

一、构成要素

报告包括标题、主送机关、正文和落款四个部分。

二、格式模板

构成要素	模　板
标题：由发文机关、事由、文种构成	**××××关于×××××××××的报告**
主送机关：上级机关	××××：
正文：1. 报告内容	××××××××××××××××××××××××，××××××××××××××××××××××××××，××××××××××××××××××××××。
2. 报告结语	特此报告。
落款：1. 署名、印章	发文机关署名（加盖印章）
2. 成文日期（阿拉伯数字）	××××年××月××日

（一）标题

报告的标题由发文机关名称、事由和和文种组成。

（二）主送机关

报告的主送机关一般是发文机关的直属上级机关。

（三）正文

1. 报告缘由　主要交代报告的起因、理由或注明目的、意义等，是正文的开头。

2. 报告事项　即正文的主体内容，如基本情况、措施与办法、成效与问题或者是经验与教训、意见与建议、打算与设想等。

3. 报告尾语　报告往往以“特此报告”或“以上报告如有不妥，请指正”等语作结。

（四）落款

正文结束，在右下方署名署时并盖公章。成文时间用阿拉伯数字标识，年、月、日俱全。

写作技能要求

一、实事求是

如实汇报成绩或反映问题，有喜报喜，有忧报忧，不可隐瞒浮夸，经验概括切忌牵强。

二、突出重点

要根据报告的目的来确立内容，就事论事，重点突出。

三、语言平实

要突出陈述性，平实、准确、清楚地汇报或反映问题。

四、报告中易犯的毛病

事实不具体，言之无物；表述不清晰，缺乏对材料的认真组织与安排；综合性报告常犯堆砌材料的毛病，重点不突出；例行报告往往千篇一律，写不出新意来；有时在报告中带请示内容。文种使用混乱，以报告代替请示，以报告代替函。

例文评析

【例文】

××市××药店
关于 GSP 认证现场检查不合格原因的整改报告

（标题：由发文机关名称、事由和文种三要素构成）

市食品药品监督管理局：　　（报告的主送机关只能一个）

你局检查员于 2012 年 2 月 8 日对我店 GSP 认证实施检查，检查结束后，我店立即组织店员对存在的问题进行原因分析，并及时进行整改，现将整改情况汇报如下：

1. 6003　部分岗位执行人员，对制度掌握不够，考核制度不完善。存在此项问题的原因主要是专职质量管理人员对企业药品的质量管理制度不深不透，对各项质量管理制度的考核流于形式。以后，我店要加大人员对质量管理制度的理解，强化药店对质量管理制度的考核。

2. 6004　部分首营企业未经过质量审核。存在此项问题的原因主要是专职质量管理人员对首营企业的概念的不够透彻，将首营企业与首营品种混为一谈。检查结束后，我店组织各岗位人员重新进行了学习，并补正了相关档案资料。

3. 6011　企业相关人员未收集和分析药品质量信息。存在此项问题主要是药店专职质量管理人员履行职责不到位，对收集药品质量信息的意义不理解。针对此项问题，药店要严格执行岗位职责，多方位、多角度收集药品质量信息，并及时进行分析处理。

4. 7003　药品采购中购货合同不完善，无企业法人签字。存在此项问题主要是相关岗位人员对签订购货合同的目的、意义不理解，合同签订流于形式。针对此项问题，我店对所有的购货合同重新进行了审验、签订。

5. 7713　陈列的部分药品未按品种、规格、剂型或用途分类整齐摆放。存在此项问题主要是药店营业员对药品分类陈列的意义理解得不深，在陈列药品时，没有严格按剂型进行分类。以后，药店要做到陈列药品的货柜清洁、卫生，个人物品不能放在柜台内，药品陈列要分类规范、科学摆放、位置合理。

6. 8001　营业员对药品管理法律法规的基本常识不够了解。针对此项问题，我店结合实际，重新制订了学习计划，组织药店全体员工学习药品管理法律法规知识，并建立了长期学习制度。

7. 8107　无医师开具的处方销售部分处方药。存在此项问题有主客观原因，主观原因主要是药店营业员对随意销售处方药产生的危害不理解，在销售处方药时没有主动向顾客索要处方；客观原因是人民群众对药物滥用产生的危害认识不到位，有时无医师开具的处方就到药店购买处方药。针对此项问题，药店要加强对处方药的管理，做好对顾客的说服工作，要做到处方药凭处方销售或做好处方药销售审核记录。（报告内容翔实、客观）

特此报告。（使用规范的结束语）

××市××药店

×× 年××月××日

（签署并盖章　标明成文日期）

知识拓展

报告与请示的区别

报告、请示，从行文方向上看，都是上行公文，撰写中都要注意陈词恳切，语气谦恭，有近似的一面。但它们又有明显的区别：

1. 所担负的任务、使命不同　请示要求批复，报告一般不做批复。

2. 使用时间不同　请示要事前行文，一般情况下不得“先斩后奏”；报告通常是在事后或事情进行中行文。

3. 内容繁简不同　请示的公文一般应一文一事，而报告中综合性报告，内容往往涉及许多方面。

目前，一些地区和部门在报告和请示的使用上把握的不够准确，常常把请示写成报告，或在报告中夹带请示事项，有的标题就写成“请示报告”，类似这类现象，必须予以纠正。

扫码“看一看”

第五节　函　纪要

学习目标

知识要求

1. 掌握函、纪要的构成要素。
2. 熟悉撰写函、纪要的技能要求。
3. 了解函、纪要的概念、用途、特点等。

技能要求

1. 能从格式、内容、语句上辨别函、纪要的正误。
2. 能写规范的函、纪要。

扫码“学一学”

函

任务情境

为了使中药专业学生了解制药生产概况，将课堂所学知识与实际联系，增强对基础理论的了解，加深对制药事业的认识，学校拟派药物制剂专业学生前往药企进行制药工艺现场观摩，需要提前给药企发一封公函，你知道函如何写吗？

知识要点

一、函的概念

函是平级或不相隶属机关之间使用的一种平行性公文，用于洽谈工作、询问答复、请求批准和回复审批事项等。

二、函的特点

（一）平等性和沟通性

函体现着双方平等沟通的关系，这是其他所有的上行文和下行文所不具备的特点。即使是向有关上级部门请求批准，在双方不是隶属关系的时候，也不能使用请示和批复，只能用函，姿态、措辞、口气也要体现平等性和沟通性的特点。

（二）灵活性和广泛性

函对发文机关的资格要求很宽松，高层机关、基层单位、党政机关、社会团体、企事业单位，均可发函。函的内容和格式也比较灵活，运用得十分广泛。

（三）单一性和实用性

函的内容必须单一，一份函只能写一件事项。函不需要在原则、意义上进行过多的阐述，不重务虚重务实。

三、函的分类

1. 按性质分，可以分为公函和便函两种。公函用于机关单位正式的公务活动往来；便函则用于日常事务性工作的处理。便函不属于正式公文，没有公文格式要求，甚至可以不要标题，不用发文字号，只需要在尾部署上机关单位名称、成文时间并加盖公章即可。

2. 按发文目的分，函可以分为发函和复函两种。发函即主动提出了公事事项所发出的函。复函则是为回复对方所发出的函。

3. 从内容和用途上，还可以分为商洽事宜函，通知事宜函，催办事宜函，邀请函、请示答复事宜函，转办函，催办函，报送材料函等等。

构成要素及格式模板

一、构成要素

公函由标题、主送机关、正文和落款组成。

二、格式模板

构成要素	模　　板
标题：由发文机关、事由、文种构成	**××××关于××××××××的函**
主送机关：收函单位	××××：
正文：1. 说明函的原因 2. 陈述函的事项 3. 函的结语	××××××××××××××××××××××××××。 ××××××××××××××××××××××××××。 望复函。
落款：1. 署名、印章 2. 成文日期（阿拉伯数字）	发文机关署名（加盖印章） ××××年××月××日

三、函各部分的格式、内容和写法要求

（一）标题

公函的标题由发文机关名称、事由和文种构成。

（二）主送机关

即受文并办理来函事项的机关单位，于文首顶格写明全称或者规范化简称，其后用冒号。

（三）正文

其结构一般由开头、主体、结尾、结语等部分组成。

1. 开头　主要说明发函的缘由。一般要求概括交代发函的目的、根据、原因等内容，然后用"现将有关问题说明如下："或"现将有关事项函复如下："等过渡语转入下文。复函的缘由部分，一般首先引叙来文的标题、发文字号，然后再交代根据，以说明发文的缘由。

2. 主体　这是函的核心内容部分，主要说明致函事项。函的事项部分内容单一，一函一事，行文要直陈其事。无论是商洽工作，询问和答复问题，还是向有关主管部门请求批准事项等，都要用简洁得体的语言把需要告诉对方的问题、意见叙写清楚。如果属于复函，

还要注意答复事项的针对性和明确性。

3. 结尾 一般用礼貌性语言向对方提出希望。或请对方协助解决某一问题，或请对方及时复函，或请对方提出意见或请主管部门批准等。

4. 结语 通常应根据函询、函告、函商或函复的事项，选择运用不同的结束语。如“特此函询（商）”“请即复函”“特此函告”“特此函复”等。有的函也可以不用结束语，如属便函，可以像普通信件一样，使用“此致”“敬礼”。

（四）落款

正文结束，在右下方署名署时并盖公章。成文时间用阿拉伯数字标识，年、月、日俱全。

写作技能要求

一、一事一函

询问、答复、商洽不能够混合在一则函里，要一事一函。

二、开门见山

无论何种函项，开门见山，表述清楚即可。复函要注意行文的针对性，答复的明确性。

三、语气得体

无论是平行机关还是不相隶属机关的行文，都要注意语气平和有礼，不要倚势压人或强人所难，也不必逢迎恭维、曲意客套。

四、有时效性

特别是复函更应该迅速、及时。及时处理函件，以保证公务等活动的正常进行。

例文评析

【例文 1】

××中医药高等专科学校
关于学生参观 GMP 车间的函

（标题：由发文机关名称、事由和文种三要素构成，发文机关可省略）

××药业有限公司： （称呼）

为了提高学生对现代医药企业的认识，加强现场教学，根据教学安排，我校药物制剂专业 70 名同学需进行制药工艺现场观摩。贵公司生产管理规范，技术设备先进，是我省著名的医药生产企业，去年又通过了 GMP 验收。故拟派学生前往观摩，时间为半天，学校专车接送。具体时间，由你们安排。希给予支持和接拾。

（正文 先提出安排参观的原因，然后询问能否接洽）

望复函。

××中医药高等专科学校（印章）

2013年12月12日

（2012年7月1日以后的公文，署名并加盖印章；成文日期用阿拉伯数字）

【例文2】

国家卫生计生委办公厅关于黄明胶、鹿角胶和龟甲胶有关问题的复函

（标题：由发文机关名称、事由和文种三要素构成）

山东省卫生计生委：（称呼）

你委《关于黄明胶等胶类产品是否作为普通食品管理的请示》（鲁卫食安监督字〔2014〕10号）收悉。经研究，现答复如下：（正文针对来函内容回复）

一、根据《食品安全法》和《新食品原料安全性审查管理办法》的规定，黄明胶可作为有传统食用习惯的普通食品管理。生产经营上述食品应当符合有关法律、法规和标准的规定。

二、鹿角和龟甲不属于我委2013年第7号公告范围，鹿角胶和龟甲胶是传统中药材，均已列入《中华人民共和国药典》（2010版），作为普通食品使用尚无足够的科学依据，因此暂不宜作为普通食品使用。

专此函复。（用语规范）

国家卫生计生委办公厅（印章）

2014年6月30日

（2012年7月1日以后的公文，署名并加盖印章；成文日期用阿拉伯数字）

纪　要

任务情境

立德医药公司召开中草药材基地种植计划工作会议，对近两年药材基地建设的实际情况进行了分析与总结，初步确定了药材基地的重点推广品种、计划种植面积与场地，并对百药示范园种植品种总体设想进行了研讨。会后公司秘书迅速整理了一份会议纪要，送交董事长及公司其他领导。会议纪要有什么特点？应该如何写呢？

知识要点

一、纪要的概念

纪要是党政机关、社会团体、企事业单位用来记载和传达会议基本情况、主要精神和议定事项的一种会议公文，是根据会议的主导思想和会议记录，对会议的重要内容、决定事项进行整理综合、概括而形成的一种具有纪实性、指导性的公文。纪要适用于一些大中型的、比较重要的会议。

二、纪要的特点

（一）内容的纪实性

纪要必须是会议宗旨、基本精神和所议定事项的概要纪实，不能随意增减和更改内容，任何不真实的材料都不得写进纪要。

（二）表达的要点性

纪要必须精其髓，概其要，以极为简洁精炼的文字高度概括会议的内容和结论。既要反映与会者的一致意见，又可兼顾个别同志有价值的看法。有的纪要，还要有一定的分析说理。纪要要对会议精神和议定事项分类别、分层次予以归纳、概括，使之眉目清晰、条理清楚。

（三）称谓的特殊性

纪要一般采用第三人称写法。由于纪要反映的是与会人员的集体意志和意向，常以“会议”作为表述主体，“会议认为”“会议指出”“会议决定”“会议要求”“会议号召”等就是称谓特殊性的表现。

三、纪要的种类

（一）工作纪要

侧重于记录贯彻有关工作方针、政策及其相应要解决的问题。如《全省基本建设工作纪要》。

（二）办公纪要

对本单位或本系统有关工作问题的讨论、商定、研究、决议的文字记录，以备查考。

（三）座谈纪要

内容比较单一、集中，侧重于工作的、思想的、理论的、学习的某一个问题或某一方面问题。如《十省区、十个路局整顿治安座谈会纪要》。

（四）联席纪要

指不同单位、团体，为了解决彼此有关的问题而联合举行会议，在此种会议上形成的纪要。它侧重于记录两边达成的共同协议。

（五）代表纪要

侧重于记录会议议程和通过的决议，以及今后工作的建议。

（六）汇报纪要

侧重于汇报前一段工作情况，研究下一步工作，经常是为召开工作会议进行的准备会议。

构成要素及格式模板

一、构成要素

纪要通常由标题、正文、参会人员情况三部分构成。

二、格式模板

构成要素	模　　板
标题：由单位名称、会议名称、文种构成	××××××××纪要
正文：1. 会议概况	××××××××××××××××××××××。 ××××××××××××××××××××××。 ××××××××××××××××××××××。
2. 会议基本精神 **结尾**：可以不写	出席：××××××、××，××××××、×××；××××××、××× 请假：××××××、××× 列席：××××××、×××

三、纪要各部分的格式、内容和写法要求

（一）纪要的标题有两种构成方式

1. 由发文机关名称、事由和文种构成　如《中山市医药行业协会与药监局座谈会纪要》。

2. 由正副标题组成　如《以人为本，切实加强食品药品质量的监督管理——××省食品药品质量监督管理工作纪要》。

（二）正文

由两部分组成：

1. 会议概况　包括会议召开的时间、地点、主持人、参加人员、议题等。

2. 会议基本精神　可以根据会议内容采用归纳的方法，分成若干个问题加以分述。每个议题，可依听取汇报（或报告）、讨论、决定的顺序去写。这部分是纪要的主体，要写得完整、清楚。还可以适当写些对会议精神的贯彻执行要求或号召，也可不写。

（三）参会人员情况

参会人员情况包括出席人、请假人、列席人的单位、姓名。在正文或附件说明下空一行左空二字分行列出“出席”“请假”“列席”人单位、姓名，回行时与冒号后的首字对齐。

写作技能要求

一、坚持实事求是

纪要是根据会议的宗旨、议程、决议等整理而成的公文，它是对会议基本情况的纪实。纪要的撰写者，不能改动会议议定的事项，更不能随意改动会议上达成的共识和形成的决定。除此之外，撰写者也不能对会议内容进行评论。总之，纪要必须忠实反映会议的基本情况，传达会议议定的事项和形成的决议。

二、综合会议精神

纪要是一种记录性文件，具体写作要求根据会议的性质而定。一般地讲，要抓住中心、突出重点，善于综合、归纳，条理要很清楚。

三、突出会议重点

一个会议主要解决的问题，就是会议的中心。“纪要”要突出这个中心，与会议议题中心较远而又很有价值的材料和意见，可以用其他形式如会议简报、专题报告等向有关部门反映；有些问题，似乎不是会议中心，但却是解决问题的先决条件、有关事项，或是会议权限之内所应涉及的，也要写进纪要。

例文评析

【例文 1】

2007 年中草药材基地种植计划工作会议纪要

（标题：由会议名称和文种构成，2012 年 7 月 1 日之前的公文，单位名称可省略）

10 月 18 日，公司董事长、总经理王锡炳同志亲自组织有关人员召开了 2007 年中草药材基地种植计划工作会议，就公司从当前到 2007 年春节前药材基地种植工作计划进行了专题研究。现将会议纪要如下。（正文　介绍会议概况）

一、与会人员在王总的引导下，通过近两年药材基地建设的实际情况的分析与总结，尝到了药材种植的一定甜头，摸索了一定经验，掌握了一些实际知识，从而统一了早计划早安排早行动的思想认识，增强了努力把药材基地建设抓上去，促进药业发展的信心，一致确定一定把 2007 年公司药材基地种植工作做到位。

二、会议一致同意王总关于要抓住重点品种的提议，根据过去的实践经验和湘西州的实际，决定把黄柏、吴芋、莪术、丹参、苦参、木香、板蓝根等 7 种木本、草本药材作为药材基地的重点推广品种。

三、会议对计划种植面积与场地进行了初步确定。种植地域确定在全州 7 县市（除离公司较远的龙山县外）种植 5000 亩以上中草药。其中吉首市 1000 亩以上，以白岩为重点；

保靖县800亩以上（以毛沟、葫芦为重点）；凤凰县1000亩以上（以米良、阿拉为重点）；古丈县1000亩以上（以茄通、野竹、高望界、岩头寨为重点）；永顺县500亩以上（以小溪为重点）；花垣县500亩（董马库、螺丝东），泸溪县500亩（白沙等地）。

四、会议讨论并通过了摆手堂分公司梁金旺同志关于公司百药示范园种植品种的总体设想，确定了百药示范园关于木本与草本近百种品种种植的预安排。依靠公司员工，办好“百药园”。

五、会议对实施2007年药材基地种植计划的人员进行了分工，即将任务分解到具体的责任人，以各尽其能，各负其责。

六、会议决定立即行动，抓紧落实。本周内召开现有基地负责人座谈会，初拟各地2007年种植计划与设想，本月对药材种植基地逐一地进行考察并落实2007年种植计划。

（正文　纪要的主体，写明会议的基本精神）

【例文2】

全国实施农村中医药教育项目工作会议纪要

（标题：由会议名称和文种构成，2012年7月1日之前的公文，单位名称可省略）

为顺利实施《乡卫生院中医临床技术骨干培训》等农村中医药人才培养项目，切实加强农村中医药人才培养和队伍建设工作，国家中医药管理局科技教育司于2004年12月22~24日，在江西南昌组织召开了全国实施农村中医药教育项目工作会议。全国各省、自治区、直辖市中医（民族医）药主管部门的领导和代表共41人参加了会议。国家中医药管理局科技教育司洪净副司长、办公室规划财务处武东处长、教育处赵明处长、徐金香调研员，江西省卫生厅曹麒副厅长出席会议并讲话。湖南、四川、黑龙江、江西、河南等省就本省农村中医药人才培养工作分别作了大会交流。　（正文　介绍会议概况）

洪净副司长在会上介绍了全国农村中医药队伍的基本情况和《乡卫生院中医临床技术骨干培训》、《乡村医生中医专业中专学历教育》以及《农村基层优秀中医成才规律与临床经验总结及推广》3个农村中医药教育项目的背景、管理方案等情况。并就落实好这3个项目提出了明确要求：一是各地要分别制定本省的项目实施方案；二是要尽快摸清本省乡、村两级农村中医药（民族医药）人员基础数据；三是各省要提出项目实施的2006年工作计划；四是学历教育培养对象条件要严格审查，乡村医生资格证明要备案；五是不能按照项目管理方案实施项目的省，要提出原因报告，项目经费不能挪作他用。

会议认为，此次农村中医药人才培养项目的确定和实施农村中医药教育项目工作会议的及时召开，体现了国家中医药管理局以“三个代表”重要思想为指导，高度重视农村中医工作，并从解决农民就医难的实际问题，抓到了工作重点。农村中医药人才的培养已迫在眉睫，确定的农村中医药人才培养项目有政策，有方案，有经费，有力度，可充分调动广大中医（民族医）药管理人员和农村在岗中医药人员参加培训提高的积极性和主动性。大会交流的几个省在农村中医药人才培养工作中，有计划、有管理、工作到位，各有特色，很有启发和借鉴效果。与会代表一致表示：要认真贯彻落实好会议精神，扎扎实实做好农村中医药教育项目，努力抓出成效、抓出典型。

（正文　纪要的主体，写明会议的基本精神）

会议强调，乡镇卫生院中医临床技术骨干培训和乡村医生中医专业中专学历教育工作非常重要，各省、自治区、直辖市中医（民族医）药管理人员要通过多种形式，为农村中医药教育工作搭建平台，为加强农村中医药工作提供人才保证。

（结尾对会议精神的贯彻执行要求或号召）

知识链接

会议记录

会议记录是当事人记录会议情况以供备查的一种文体。一般会议记录包括两部分：一是会议的组织情况，要求写明会议名称、时间、地点、出席人数、缺席人数、列席人数、主持人、记录人等。二是会议的内容，要求写明发言、决议、问题。这是会议记录的核心部分。对于发言的内容，一是详细具体地记录，尽量记录原话，主要用于比较重要的会议和重要的发言。二是摘要性记录，只记录会议要点和中心内容，多用于一般性会议。会议结束，记录完毕，要另起一行写“散会“二字，如中途休会，要写明“休会“字样。

二者的主要区别是：第一，性质不同：会议记录是讨论发言的实录，属事务文书。纪要只记要点，是法定行政公文。第二，功能不同：会议记录一般不公开，无须传达或传阅，只作资料存档；纪要通常要在一定范围内传达或传阅，要求贯彻执行。

目标检测

扫码“练一练”

一、判断题

1. 不经签发人同意，任何人不得改动公文定稿的内容。（　　）
2. 下行文是向下级机关或同级机关递送的文件。（　　）
3. 纪要必须加盖公章。（　　）
4. “批复”是上级机关根据政策、法令或规章制度答复下级机关请示事项的公文。（　　）
5. 请示公文在报送上级机关的同时，要抄送同级机关和下级机关。（　　）
6. 一个机关同时有几件事需请示上级机关时，不可写在同一份请示中。（　　）
7. 公文要按隶属关系逐级行文，一般不能越级。（　　）
8. 报告是向上级机关汇报工作、反映情况、答复上级机关询问时使用的上行文。（　　）
9. 公文标题应包括发文机关名称、事由及文种。（　　）
10. 请示必须事前行文，不可“先斩后奏”。（　　）
11. 请示未获批准之前，不能抄送给下级机关。（　　）
12. 公文的结尾应“言止意不尽”。（　　）
13. 为使上行文能得到及时的处理，应在文中多标注几个发文机关。（　　）

14. 公文的落款应该用阿拉伯数字。( )
15. 报告中不能夹带请示事项。( )
16. 请示的结尾可写作：以上意见如无不当，请着即批复。( )
17. 公文可以越级行文。( )
18. 转发下级公文应用批转性通知。( )
19. 批复具有被动型特点。( )
20. 函不可以使用命令的语气。( )

二、单项选择题

1. 用于记录会议主要精神和议定事项的公文是（ ）
A. 决定 B. 会议记录 C. 纪要 D. 议案
2. 公文要选择适宜的行文方式，一般不得（ ）
A. 逐级行文 B. 多级行文 C. 越级行文 D. 直接行文
3. 用于答复下级机关请示事件的公文是（ ）
A. 通报 B. 请示 C. 批复 D. 报告
4. 下列公文中，规定性程度最高的是（ ）
A. 决定 B. 公告 C. 通告 D. 函
5. 下列哪种情况不可以越级请示（ ）
A. 情况紧急特殊
B. 需要检举、控告直接上级机关
C. 某医学院校拟设立附属医院，决定向上级机关致文请求批准
D. 财政部致文某地区财政局要求调查该区某特殊事件的情况，该区财政局调查清楚后向财政部行文报告
6. 两个或两个以上机关联合行文时，必须做好（ ）工作
A. 审核 B. 签发 C. 会商 D. 会签
7. 向不相隶属单位请求答复、批准用（ ）
A. 函 B. 请示 C. 报告 D. 通知
8.《关于印发××市教育局局长办公会议纪要的通知》的作者是（ ）
A. ××市教育局 B. 局长 C. 局长秘书 D. 会议记录者
9. 批复是上级机关为答复下机关请示事项而制作的公文，具有（ ）
A. 多面性 B. 针对性 C. 灵活性 D. 商讨性
10.《××医学高等专科学校关于对××同学考试作弊行为的通报》属于（ ）
A. 表扬性通报 B. 批评性通报 C. 知照性通报 D. 情况通报
11. 转发性通知不能转发（ ）的公文。
A. 上级机关 B. 下级机关 C. 同级机关 D. 不相隶属机关
12. 在一定范围内，对人民群众或机关团体公布应当遵守或须知的事项用（ ）
A. 通报 B. 通知 C. 通告 D. 公告
13. 某机关回答对方来函所提问题的函叫（ ）
A. 商洽函 B. 复函 C. 询价函 D. 发函
14. 决定属于（ ）

A. 上行文　　B. 下行文　　C. 平行文

15.《国家卫生和计划生育委员会公告》省去了（　　）

A. 发文事由　　B. 发文缘由　　C. 发文单位　　D. 发文文种

16. 公文中适用范围最广的文体是（　　）

A. 公告　　B. 通知　　C. 报告　　D. 请示

17. 某医药公司要表彰工作业绩突出的营销人员，应选用的公文是（　　）

A. 通报　　B. 通知　　C. 公告　　D. 布告

18. 公文的附件应（　　）

A. 只写名称　　B. 可写名称

C. 只写件数　　D. 写清具体名称和顺序

19. 纪要的成文日期应以（　　）为准

A. 签发日期　　B. 会议开始日期　　C. 会议结束日期　　D. 撰写日期

20. 在公文中正确标明文种，主要是为了（　　）

A. 规范格式　　B. 突出主旨

C. 维护公文的权威性和有效性　　D. 便于阅读和执行

三、多项选择题

1. “决定”的主要种类有（　　）

A. 指挥性　　B. 惩戒性　　C. 个案性

D. 知照性　　E. 批示性

2. 下列属于行文方式的有（　　）

A. 上行文　　B. 下行文　　C. 平行文

D. 逐级行文　　E. 越级行文

3. 通报的种类有（　　）

A. 表彰通报　　B. 批评通报　　C. 新闻通报

D. 事故通报　　E. 情况通报

4. 批复的特点是（　　）

A. 权威性　　B. 执行性　　C. 知照性

D. 被动性　　E. 针对性

5. 公文的基本组成部分（　　）

A. 标题　　B. 文头　　C. 发文字号

D. 主题词　　E. 正文

6. 可用来发布规章的文件有（　　）

A. 命令　　B. 决定　　C. 通知

D. 通告　　E. 公告

7. 函的主要种类有（　　）

A. 商洽函　　B. 请批函　　C. 询问函

D. 答复函　　E. 陈述函

8. 下列机关公文采用转发通知下发（　　）

A. 上级机关　　B. 下级机关　　C. 同级机关

D. 本机关　　　　E. 不相隶属机关

9. 写请示应避免（　　）

A. 内容单一　　　　B. 多头主送　　　　C. 越级请示

D. 抄送下级机关　　E. 逐级请示

10. 报告可用于（　　）

A. 汇报工作　　　　B. 请求批准　　　　C. 提出建议

D. 答复上级询问　　E. 反映情况

四、指出下列公文文稿的错误之处，并根据公文写作与处理的要求，改写为一份正确的公文。

请　示

因工作需要，我县急需购买小轿车一辆，请批准调拨经费×××××元。

另：我县尚缺专业对口技术人员××名，请在制定明年人员编制时一并考虑。

上述意见与要求如无不妥，请批复。

此致

敬礼

××县人民政府

××县财政局

2000 年 6 月

五、写作题

××省教育委员会于 2007 年 10 月 10 日收到了一份关于长江大学开设管理文秘专业的请示，现对此撰写一份批复。

第四章

常用事务文书写作

第一节　条据　启事

学习目标

知识要求

1. 掌握说明类条据的便捷性及凭证类条据的重要性。
2. 熟悉撰写条据、启事的技能要求。
3. 了解启事的概念、用途、特点等。

技能要求

1. 能正确书写常用条据、启事。
2. 学习并掌握“零、壹、贰、叁”等词语的正确写法。

扫码“学一学”

条　据

任务情境

2016级检验1班的李丽早晨起床后发现自己发烧、咳嗽，实在无法坚持到校上课，经医院诊断为重感冒，需卧床休息，她想向老师请假一天。由于看病所带的钱不够，她又向室友王玲借了500元钱，打算一周内归还。于是李丽写了一份请假条给老师，又写了一份借条给王玲。你知道规范的请假条和借条应该怎样写吗？

知识要点

一、条据的概念

人们在日常的工作和生活中，往往要写一张条子交给对方（个人或单位）作为书面凭据，这种作凭据用的条子，就叫作条据。它是日常生活中最常见而又最简便的应用文。常用的条据有请假条、留言条、收条、借条、领条等。

二、条据的特点

（一）凭证性

条据的主要功能就是凭证作用，条据作为钱物借还的重要凭据，应该严加保管，供日后核对情况甚至可以作为档案保存起来。

（二）说明性

条据内容涉及钱物的名称、用途、时间、数目、去向等重要信息，具有说明事实的性质，其语言要遵守说明文语言的规范。

（三）简便性

条据类应用文一般在熟悉的人员之间使用，运用起来灵活、方便，文小功能大。

三、条据的分类

根据它的内容和性质可以分为两类。

（一）说明类条据

说明类条据，称便条。说明类条据的作用主要是告知对方某个信息，向对方说明某件事情。这类条据只起说明告知的作用，不具有法律效力。如留言条、便条、请假条。

（二）凭证类条据

凭证类条据，称单据。凭证类条据的作用是作为证据、凭证，具有法律效力。如收条、领条、借条、欠条、代收条。

扫码“看一看”

构成要素及格式模板

一、构成要素

条据的结构形式包括标题、称谓、正文、结尾和落款。

二、格式模板

构成要素	模板 1（说明类条据）
标题：写在第一行正中 **称谓**：收条人的姓名和称呼 **正文**：写明要告知、说明的事项 **结束语**：致敬语，一般写“此致”“敬礼” **落款**：1. 署名或印章 2. 成文日期（阿拉伯数字）	××条 ××××： ××××××××××××××××××××××××，××××××××××××××××××××××××。 此致 敬礼！ 署名（印章） ××××年××月××日

构成要素	模板 2（凭证类条据）
标题：第一行正中写“借条”、“收条”、“欠条”等，指明性质。 **正文**：写明对方名称或姓名以及涉及的钱、物的名称、数量、金额（大写）等。 **结尾**：一般用“此据” **落款**：1. 署名为立据人姓名或单位名称，单位需加盖印章 2. 成文日期（阿拉伯数字）	**借（收、领）条** 今借（收、领）到 ××××××××××××××××××××××××××××，××××××××××××××××××××××××××。此据。 署名（印章） ××××年××月××日

三、条据各部分的格式、内容和写法要求

（一）说明类条据

1. 标题　在第一行的中间写上“请假条”“留言条”等字样，以表明便条的性质。

2. 称谓　在第二行顶格写收条人的姓名。姓名后加称呼，如“老师”、“同志”等，其后用冒号。

3. 正文　正文的内容由条据的性质来决定，如果是写请假条就要写明请假原因及起讫时间；如果是写留言条就要把有关的事情、时间、地点写清楚；如果是托事条就要把托谁，为什么事及要求一一写清楚。

4. 结尾　另起一行空两格写“此致”，另起一行顶格写“敬礼”。

5. 落款　在结尾下一行右方署名，其下写日期。

（二）凭证类条据

1. 标题　在第一行的中间写上“借条”“收条”等字样，以表明便条的性质。

2. 正文　在单据名称的下一行空两格写正文。单据开头有较为固定的惯用语，一般写“今借到”“今收到”“今领到”等。然后写对方名称或姓名。涉及的钱、物的数量、金额要大写，钱的数字末尾要加一个“整”字。数字若写错，改正后必须在改动过的地方盖章，或重写一张。

3. 结尾　正文写完后可以紧接着写上“此据”二字，也可以另起一行空两格写。

4. 落款　在结尾下一行右下方写上立据人的姓名，如是单位，除写明单位名称外，还应写明经办人的姓名，表明对单据内容负责。署名下写日期。

写作技能要求

1. 说明类条据具有较强的礼仪规范，措辞要谦恭、礼貌。写请假条时，请假的理由要充分且符合有关规章制度；写留言条时，一般不用标题，也不必写颂语；写托事条时，要注意所托之事必须是对方比较容易办到的，不要强人所难。

2. 在写凭证条据时，我们一定要注意以下几点。

（1）钱和物的数目字要大写，要与前面的字紧相连，不能有空格，总数目如果在拾和贰拾之间等，要写为壹拾元（个、件）、壹拾叁万元（个、件）等。

（2）数字后面要写量词，如“元”“个”“双”“斤”等，“元”“角”之后，应写“整”或“正”字，以防涂改，但在“分”后面切记不写“整”或“正”字。

（3）条据最好不要涂改，如果确实需要改动，必须在改正后的地方加盖当事人双方的图章或手印。

例文评析

【例文1】

请假条

王老师：

今天早晨我发烧咳嗽，上午去阜外医院看病，诊断为重感冒，医生建议卧床休息，特请假一天，请予批准。　（正文写明请假的原因及时间，简洁明了。）

此致

敬礼！

2016级检验1班李丽

2016年11月2日

（请假人及请假时间明确。）

【例文2】

张明：　（留言条一般不写标题。）

上次你托我代买的书已经买回来了，今日给你送来，不巧你不在。现将两本书和剩下的二十元钱一并放在你的办公桌上，请查收。

（正文写明留言原因，表述清楚。）

王芳

2017年9月8日

【例文 3】

借 条

（第一行正中写明“借条”。）

今借到王玲人民币伍佰元整，用于看病买药，于一周内归还。此据。

（正文写明所借币种、金额及归还日期。金额大写，内容清楚完整。）

借款人：李丽

2016 年 9 月 12 日

【例文 4】

收　条

（第一行正中写明“收条”。）

今收到临床医学系捐赠各类书籍陆佰捌拾册。此据。

（正文内容清楚完整，数量明确具体。）

××医学院工会

经手人：章小

2014 年 5 月 12 日

（落款写明单位名称，明确指出具体承办人。严谨细致。）

【例文 5】

领 条

（第一行正中写明“领条”。）

今领到学校总务科发给 2014 级检验 1 班拖把叁个，垃圾桶贰个，扫帚叁个。此据。

（正文写明领取的物品名称及数量。）

2014 级检验 1 班

经手人：何斌

2015 年 1 月 12 日

【例文6】

欠　条

（第一行正中写明"欠条"。）

9月20日向王山同学所借的人民币900元整（玖佰元整），今日已归还700元整（柒佰元整），尚欠200元整（贰佰元整），一周内还清。此据。

（正文写明原借金额、归还金额及余额，最后写清归还日期。内容清楚完整。）

借款人：李美

2014年9月12日

启　事

任务情境

2014级药学系3班王红不慎于2014年12月29日下午在校门口丢失了一本《现代汉语词典》（商务印书馆出版），书内还夹有四川大学饭卡一张。于是她写了一则寻物启事，张贴在校门口的张贴栏内，希望拾得者能与她联系。你知道寻物启事的写法吗？

知识要点

一、启事的概念

启事是机关、团体、企事业单位或个人，需要向公众说明某事，希望公众协助办理、参与和注意时使用的一种事务文书。

启事是以公开方式广泛传播信息的文字材料，是人们日常生活工作中使用较为普遍的应用文种。"启"是"开"的意思，"启事"，即公开某件事情，所以"启事"不能写作"启示"。

写作启事的主体主要是个人，其应用范围很宽泛，适用于需公之于众的事项；在单位使用时，其使用范围很狭小，因为公务性、管理性较强的事务要告知公众，另有专门对应的文种，比如通告、公告、布告、广告、通知等。

二、启事的种类

按写作目的分，启事有十多种，重要的如下。

（一）寻找类

目的是寻找遗失的物品或走失的亲人。如寻物启事，寻人启事等。

（二）招领类

因发现他人遗失的物品或发现他人走失的亲人而写的启事。目的是希望物归原主或走失人回到亲人身边。

（三）征求类

目的是征收到某种物品或征求到某种人员。如征稿启事、征物启事、招聘启事、征婚启事等。

（四）聚会类

目的是邀集亲友、校友、会友、社会同仁集会到一起共同举行某种活动。如校庆启事、厂庆启事、婚礼启事、祝寿启事等。

（五）告知类

厂家、店铺、机关团体的办公地址，或者个人住址等迁移新址时，常用启事的方式对外宣布；对已公布出的事项作某些文字或表述上的更正，也可使用启事。

（六）声明类

用于遗失证件、支票，更换厂名、印章，社团成立、新店开张等。发启事告白社会有关方面，以作为作废声明或变更声明。许多《应用写作》书将“声明”作为单独的文种，它是国家机关、社会团体以及个人就某一重要问题表明立场、态度、主张或维护自己的权益所发表的公开性文书。政府声明、对外声明具有庄严性、权威性，比如《中华人民共和国和越南社会主义共和国关于新世纪全面合作的联合声明》；民事类声明（维护自身权益的著作权、专利权、产权等和说明性的挂失、作废的声明）只具有公开性、告知性，比如《关于房屋产权的声明》。

（七）陈情类

有些启事是陈情的，如道歉启事、鸣谢启事、祝贺启事等。用启事公开道歉更为郑重其事，用启事公开道谢更为情深意切，用启事祝贺更为热烈隆重，后二者兼有表彰、宣传之意。

（八）海报类

海报也算一种启事，多用于宣传娱乐性活动，如说书、电影、电视、讨论、演讲、球赛、联欢会、舞会等。其特点是娱乐性、自愿性、集体性、艺术性，一般以张贴的形式发布。

以上八类，可以分作两个类型：前四类为请求协作型，其目的是希望得到别人的帮助和配合，事务性、实用性很强；后四类为声明告知型，其目的仅是让别人知晓某件事或某种心意，不需要别人采取相应的行为，多带有公关宣传性质。

构成要素及格式模板

一、构成要素

启事是由标题、正文、结尾和落款构成的。

二、格式模板

构成要素	模　板
标题：第一行正中写“启事”或“××启事”、“××单位启事”。 **正文**：交代启事的原因、目的；启事的具体内容、要求等。 **结尾**：写“特此启事”。 **落款**：1. 发布启事的单位或个人名称。 2. 日期（阿拉伯数字）	**启　事** ××××××××××××××××××××××××××××××，××××××××××××××××××××××××××。特此启事。 署名 ××××年××月××日

三、启事各部分的格式、内容和写法要求

（一）标题

标题有多种写法：一是以文种作标题，如“启事”“紧急启事”；二是以事由作标题，如“招聘”；三是以启事单位和文种作标题，如“××公司启事”；四是以事由和文种作标题，如“招标启事”；五是由启事单位、事由、文种构成标题，如“××商城开业启事”等。

（二）正文

具体说明启事的内容，交代清楚有关事项。一般包含启事目的、原因、具体事项、要求等。如果内容较多，可分条列项，逐一交待。正文是体现各种启事不同性质和特点的关键部分，应依据不同启事的内容和要求，变通处理，注意突出启事的有关事项，不可强求一律。

（三）结尾

结尾部分常用“此启”或“特此启事”的结束语。

（四）落款

在正文的右下方写明单位、姓名及时间。凡以机关、团体、单位的名义张贴的启事，应加盖公章，以示负责。必要时还需附上联系地址、联系人、电话号码等，以便联系。有些启事已在内容中写明日期，就不需另行标注。

写作技能要求

一、内容明确，简洁通俗

启事的效果取决于启事的内容表述是否具体明白，因此写启事既要把事情说清楚，文

字又要简洁通俗。内容较多的启事可分条列项地写明，使人一目了然。

二、一事一启，无强制性

启事通常是一事一启。但由于当前启事的大量运用，也出现了一启两事或相关多事的用法。此外，启事不具备强制性和约束性。读者、观众和听众是启事的对象，他们可以参与启事中所要求的事，也可不参与。

例文评析

【例文1】

寻物启事

本人不慎于2018年12月29日下午在校门口丢失《现代汉语词典》一本，商务印书馆出版。书内夹有四川大学饭卡一张。如有拾到者请与王红联系，电话：18023456789，谢谢！（该启事写明了所寻物品丢失时间、名称及特征，最后留下了联系方式。完整清晰。）

2018级药学系3班　王红

2018年12月30日

【例文2】

招领启事

本人在学校一食堂拾到红色钱包一个，内有饭卡及人民币若干，请失主前来杏园304室认领。（该启事简单描述了所拾物品的部分特点，既便于失主认领又便于识别真正的失主。简洁明了。）

2017级护理3班　刘星

2018年5月21日

【例文3】

“我心中的××医大”征文启事

今年10月10日是××医科大学建校50周年，为纪念这个特殊的日子，学院特举办“我心中的××医大”征文活动，相关事项如下：

（该启事开头写明了征文的目的、对象、意义等。）

1. 参加对象

所有校友和在校教师、学生

2. 具体要求

内容要求：结合自己在校期间受到学校的教育、得到学校的关怀的具体事例，表达自己对学校的真挚感情。

形式要求：体裁不限，篇幅以1000字左右为宜。

时间要求：9月20截稿。

（主体部分对征文的具体要求作了清晰的介绍，简洁明了。）

收稿单位：党委宣传部

联系人：王丽老师

联系电话：130××××××××

2018年8月20日

知识链接

启事与公告的区别

在日常应用中，人们常常把启事和公告混为一谈，如“招聘公告”“招商公告”等。这是对两个文种的知识不甚了解造成的一种混乱现象。两者的区别在于：

1. 公告是国家行政机关的法定公文，由国家领导机关依照特定的程序制发；启事只是普通的日常应用文，一般的企事业单位、团体或个人都可以使用的这一文种。

2. 公告是向国内外公布国家的重大事项；而启事内容宽泛，受众可以是任何对象。

第二节　计划　总结

学习目标

知识要求

1. 掌握撰写计划、总结的技能要求。
2. 熟悉计划和总结的概念、用途、特点等。
3. 了解计划和总结对工作的重要性。

技能要求

1. 能从格式、内容、语句上辨别计划、总结的正误。
2. 能写规范的计划、总结。

扫码“学一学”

计　划

任务情境

艾滋病的传播和蔓延已经给家庭、社会和经济发展造成严重危害和潜在威胁，为了认真贯彻实施《艾滋病防治条例》，××县打算制定一个艾滋病防治工作计划。要怎样才能把一项复杂的工作计划安排好呢？来看看计划是怎样写的吧。

知识要点

一、计划的概念

计划是根据党和国家的有关方针、政策以及上级的指示要求，依据本部门的实际情况、对未来一定时期内的工作、生产、学习等拟订目标、内容、步骤、措施和完成期限的一种文书。

计划是落实上级工作要求、保证正常工作秩序、提高工作效率的重要前提；计划也是上级传达布置任务和下级汇报工作情况的重要渠道；并且计划是检查和总结工作的主要依据，是激励团队加强合作的重要手段。

二、计划的特点

（一）预见性

计划是先于要进行的实践活动制定的，必须对未来工作中可能发生的问题有充分的估计，提出科学的、切实可行的方案。因此，在执行计划时，也必须视实际情况，应对计划进行调整。

（二）可行性

为了实现预期的目标，必须有切实可行的措施和方法，切合实际情况，保证目标的实现。

（三）指导性

计划一经制定，就要对完成任务的实际活动起指导作用和约束作用。工作的开展、时间的安排等，都必须按计划执行。

三、计划的分类

计划以不同标准可分为不同的种类：

（一）按内容分类

有学习计划、生产计划、工作计划、科研计划等各种专项计划。

（二）按写作方式分类

有条文式计划、表格式计划、文表结合式计划。

（三）按性质和用途分类

计划可以分为以下类型：

1. 规划、纲要 是时间较长、范围较广、内容比较概括的长远计划，其中纲要更原则、更概括，常常是对工作方向、目标提出纲领式的计划。如《四川省儿童发展纲要》、《中国教育改革和发展纲要》。

2. 要点 是一种粗线条式、提纲式的计划，常用于领导机关，如《四川省人民政府2003年工作要点》。

3. 设想、打算 一般是初步的、预备性的或者非正式的计划，设想涉及比较长一段时期的工作，打算则是短期的。如《××县小城镇建设初步设想》。

4. 方案 是从目的、要求、工作方式方法到工作步骤——对专项工作作出全面部署与安排的计划，如《××市旧城改造方案》。

5. 安排 是短期内对范围较小、内容单一的工作进行具体布置的计划。

6. 意见 作为一种计划时，它是对下级就某一阶段的工作提出指导性或建议性的计划。

计划则可用于各种情况、各种场合。但从时间角度来区分，长远的（两三年以上）计划用规划；中期的（一年左右）用计划；短期的则用安排。从机关单位的层级区分，领导机关常用要点、意见；基层单位常用计划。从领导机关下达计划的性质来区分，指令性强的计划常用计划、方案；偏重指导性、建议性的则常用意见。

构成要素及格式模板

一、构成要素

一般说来，计划要写明目标和任务、措施和办法、步骤和时间、检查和督促等内容，即做什么、怎么做、什么时候做、检查做得怎样，也就是任务、措施、完成时间、督查等四要素。

二、格式模板

计划可以根据实际情况采用不同的写法。常见的有三种形式：一是表格式计划，即采用纯图表的方式把任务分解，明确责任部门和时限。这种计划适用于时间短、范围窄、变化小、内容单一的具体安排，如销售计划、月度计划。二是文表结合式计划，一般是将各项内容填进表格后，再用简短文字作解释说明。三是条文式计划，这是最常用的计划写作形式，适用面比较广。

条文式计划格式模板

构成要素	模　板
标题：一般由单位名称、适用时限、计划内容和计划种类四要素组成。 **正文**：首段交代制定计划的目的、依据，以后几段就写计划的目标、措施、步骤。 **落款**： 1. 署名为制定计划的单位或个人 2. 制定计划日期（阿拉伯数字）	×××××××**计划** ××××××××××××××××××××××××××××××。特制定如下计划： 一、目的任务：××××××××××××××××。 二、措施步骤 **措施**：×××××××××××××××××××××。 **步骤**：1. ××××××××××××××××××。 2. ××××××××××××××××××。 三、其他事项 署名 ××××年××月××日

三、计划各部分的格式、内容和写法要求

（一）标题

一般由四个要素组成：单位名称、适用时限、计划内容和计划种类，如《××大学2015年招生工作计划》。有时候，标题也省略其中的某些要素，或省略时限，或省略单位，或省略单位和时限，例如：《××公司接待方案》《2005～2015年城市规划》《毕业生分配工作的计划》。若计划是还不成熟或未经批准的，则在标题后加“草案”、“讨论稿”等字样，并加上圆括号。

（二）正文

正文是计划的主体部分，是具体内容，一般由前言、目标和任务、措施和步骤以及结尾构成。

前言简要概括基本情况，并指出制定计划的政策依据以及要努力达到的目标。

目标和任务是计划的核心内容，提出工作任务以及要达到的数量和质量的指标。写法一般采用分条列项的方式，用小标题或者序号标明层次，然后逐项写出具体任务和具体目标。

措施和步骤是完成任务的保证，措施要具体，分工要明确，步骤要有序，条理要清楚。

结尾这部分应根据需要决定写不写，怎样写。可以提出号召和希望，激励大家为实现计划而努力；可以简要强调任务的重点和工作的主要环节；可以说明注意事项，分析实施计划中可能出现的问题和遇到的困难，提醒大家防患于未然。有的计划也不写上述内容，而把督促检查的要求写为结尾部分。

（三）落款

写明制订计划的单位（标题中已标明单位的这里也可不写）和日期。有的还在落款之

后注明报送单位。

写作技能要求

一、从实际出发，统筹兼顾

计划必须从实际出发，充分分析客观条件，既要有前瞻性，又要留有余地，使计划执行者通过一番努力就能够完成。事关全局性计划，还应该考虑周全，计划分解到部门，要处理好大计划与小计划之间关系、整体与局部的关系，做到统筹兼顾。

二、突出重点，主次分明

一段时间内要完成的事情很多，必须有重有轻，有先有后，点面结合，有条不紊，这样才有利于工作的全面开展，达到事半功倍的效果。

三、目标明确，步骤具体

计划的目标必须明确，才会使撰写者明确努力的方向、步骤和进程具体，才有利于实施和检查。

例文评析

【例文 1】

××县 2017 年艾滋病防治工作计划

（标题：单位名称、适用时限、计划内容和计划种类）

艾滋病的传播和蔓延已经给家庭、社会和经济发展造成严重危害和潜在威胁。为了认真贯彻实施《艾滋病防治条例》和《××县防治艾滋病战略规划（2013~2020）》，落实艾滋病防治工作各项任务，有效预防艾滋病的传播和蔓延，特制定本工作计划。

（第一段为制定本计划的原因）

一、指导思想

坚持预防为主、防治结合的方针，动员各部门配合和社会参与，采取主动监测和有效预 防的方法，加大宣传，正确引导，创造良好的防治环境；有效预防艾滋病病毒在特殊人群和一般人群中的传播，降低艾滋病发病率，保障人民群众身体健康。

二、工作目标

建立政府领导、多部门合作、社会参与的艾滋病预防和控制体系；逐步建立健全防治艾滋病的有关制度和宣传教育、卫生保健、监测管理及跟踪服务等相结合的工作网络，减少艾滋病病毒感染相关疾病的发病、死亡和艾滋病病毒感染对个人、家庭、社会带来的影响。

三、工作内容

（一）健全领导体制，建立有效机制

根据《艾滋病防治条例》，各级政府切实将艾滋病防治工作纳入重要议事日程，加强领导，统筹协调，制订具体防治目标和行动计划并纳入政府目标管理考核。

各相关部门根据各自的职能，明确分工，落实责任，密切配合，加强相互间的协调，加强对基层的指导；定期组织开展艾滋病防治工作的督察，对因领导不力、措施不当、隐瞒疫情、玩忽职守造成严重后果的，要按《艾滋病防治条例》有关规定严肃追究责任。

（二）加大宣传力度，普及防治知识

一是宣传部门对全县艾滋病防治宣传工作进行统一部署，通过广播、电视等宣传媒体，有计划、有步骤地开展经常性的艾滋病防治知识宣传教育；二是在公共场所（包括候车室、酒店、宾馆、娱乐场所等）设置艾滋病防治和无偿献血知识宣传教育专栏，摆放宣传教育资料；三是在县党校开设防治艾滋病健康教育和无偿献血知识讲座，普通中学在教学计划中要有艾滋病防治和无偿献血知识内容；四是对有高危行为的被监管人员和入监犯人开展艾滋病、性病知识讲座；五是充分利用“三下乡”，在农村开展艾滋病防治知识宣传工作，做到乡乡有音像宣传品，村村有宣传挂图，户户有宣传手册；六是做好农民工预防艾滋病的宣传教育工作。

（三）强化防治措施，实施综合治理

1. 加强疫情监测和检测一是实施艾滋病自愿免费血液初筛检测和相关咨询。

2. 加强告知和跟踪管理卫生、公安等部门要密切配合，加大对艾滋病感染者的告知力度，发现一例，告知一例。

……（略）

（这一部分将计划的指导思想、目标、任务步骤进行了具体介绍，表述清楚、详细。）

2017 年 1 月 21 日

（落款写明制定计划单位名称和时间，单位名称在标题中已出现，此处可省略。）

总 结

任务情境

2018 年马上结束了，为了今后的工作能更好地开展，××中医院对过去这一年在工作中的成绩和不足要做一个详尽而又客观的总结，院长把这项工作交给你来完成。你该如何来写这份总结呢？

知识要点

一、总结的概念

总结是单位或个人对前一阶段的实践活动进行回顾、检查、分析和研究，找出经验教训和规律性的认识，以指导今后实践的一种事务文书。日常使用的小结、体会等，也属于总结。

总结与计划相比较而言，如果说计划是对未来的展望与构想，那么总结则是对过去的回顾与思考。

二、总结的特点

总结的目的就是要通过实践，提高认识，掌握事物的发展规律，去指导今后的实践活动。因此，总结的主要特点是：

（一）实践性

总结是人们自身实践的本质的反映。它要求内容真实，完全忠实地反映自身的实践活动。总结中的材料，只能来自自身的实践，不能东拼西凑、添枝加叶；总结的观点不能是外加的漂亮标签、任意拔高的思想，只能是从自身实践运动中抽象出来的认识和规律；总结一律采用第一人称写作。

（二）理论性

总结是人们对客观事物规律的认识的反映，是一种理论认识，是对实践的本质的概括。它不只反映工作做得“怎么样”，而且还阐明“为什么做得这样”。它注重把感性认识上升为理性认识，提炼出规律性的东西，以便正确认识把握客观事物。

（三）指导性

指导性是总结的生命。通过总结以把握事物的规律性，从而提高对今后工作、学习等活动的预见性与主动性，使工作、学习上一个新台阶。

（四）群体性

除个人总结外，总结必须有群众基础，无论哪一个部门、单位的总结，都要集中群众的意见，依靠群众的智慧来写；要反映群众的工作实践，反映群众创造的成绩、经验。

三、总结的分类

总结一般有以下几种分类方法：

1. 按照性质来分　有综合性总结和专题性总结。综合性总结又称全面总结，是对本组织一定时期内工作的全面总结。专题性总结也称单项总结，是对某一项工作或某一个问题的总结。

2. 按照内容来分　有工作总结、思想总结、学习总结、生产总结等。

3. 按照范围来分　有地区总结、部门总结、班组总结和个人总结等。

4. 按照时间来分　有年度总结、季度总结、月份总结等。

构成要素及格式模板

一、构成要素

总结的结构由标题、正文、落款三部分组成。

二、格式模板

构成要素	模　　板
标题：1. 四项式 2. 新闻式 3. 公文式 正文： 前言 主体　1. 基本情况 2. 取得成绩 3. 存在问题 4. 设想与安排 落款：1. 单位的总结一般写在标题下，个人总结通常在正文右下方署名。 2. 日期（阿拉伯数字）	×××××××总结 ×××××××××××××××××××××××××××。现将具体情况总结如下： 基本情况 ××××××××××××××××××××××。 主要措施 1. ×××××××××××××××××××。 2. ×××××××××××××××××××。 3. ×××××××××××××××××××。 存在问题 ×××××××××××××××××。 对今后工作的设想与安排 ×××××××××××××××××××。 署名 ××××年××月××日

三、总结各部分的格式、内容和写法要求

（一）标题

1. 四项式标题　即单位+时限+事项（事由）+文种，如《××医院 2018 年度护理工作总结》；也可以省略单位或时限，成为三项式或两项式标题，如《2017 年创卫工作总结》《××县民政局扶贫助残工作总结》《“扫黄”“打非”专项斗争工作总结》。不能将标题写为《××公司总结》《2018 年总结》《总结》之类。

2. 新闻式标题　常用于专题总结。可以是单标题，如《放手发展多种经营，努力增加农民收入》《防范“非典”蔓延，保障人民健康和安全》。但更多地采用双标题，正题突出中心，副题说明单位、时限、事由、文种，如《振兴蚕业，以蚕富农——××县蚕丝公司科技扶贫工作总结》《一本书一页纸一句话——职业技能考证学习方法浅谈》。

3. 公文式标题　少数总结特别是专题总结也采用了这种标题形式，如《××市人民政府关于抓好“创卫”工作的总结》《××医院关于 2013 年开展岗前培训工作的总结》。

（二）正文

正文由开头、主体、结尾三个部分组成。

1. 开头　总结的开头要简明扼要，紧扣中心，有吸引力。常采用以下几种方式。

（1）概述式：概括介绍基本情况，简要交代工作的背景、时间、地点、条件等。不要

求全求详，与中心无关的不写。

（2）结论式：先明确提出总结出的结论，使人了解经验教训的核心所在，然后再引出下文。

（3）提示式：对工作的主要内容作提示性、概括性的介绍，但不概括经验，只提示总结的工作内容范围。

（4）对比式：开头对有关情况进行比较，以说明成绩，表明优劣，引出下文。

（5）提问式：开头先设问，提出问题，点明总结的重点，引起人们的关注。

还有一些其他方式。也可综合运用几种方式写开头，以增强表达效果。

2. 主体　一般由基本情况、经验和教训、设想和安排等内容组成。

（1）基本情况要叙述事情的经过和结果，包括相关环境背景、具体任务、实施步骤等。

（2）经验和教训包括两方面内容，经验指总结工作成效和提炼经验体会。此外，对工作中曾出现的失误也应实事求是地说明，这是教训。要做到既不一味铺陈优点，也不有意回避缺点。当然，二者相比，经验是重点。

（3）设想和安排是在总结经验教训的基础上，针对工作中实际存在的问题，提出解决办法或建议。

主体部分的结构形式通常可采用“情况——经验——问题——建议”的顺序，分成四大部分进行总结，这是写总结的传统方法。

根据需要还可以用其他的形式，如阶段式，用于对周期长、阶段性显著的工作进行总结，把整个工作过程按时间顺序划分为若干阶段进行总结；并列式，以具体的工作项目为顺序，把要总结的内容按性质逐条排列，夹叙夹议，这种形式较适用于专题性总结。此外，也可按时间的顺序、围绕的中心、突出的重点等进行总结，还可以按文章的自然段落安排行文的层次。

3. 结尾　是今后的工作设想和努力方向。这是在总结经验教训的基础上，针对工作的实际问题，提出改进措施、今后打算、努力方向，或者说明工作发展趋势、展望工作前景、提出新的目标。

4. 落款　写明总结单位和成文时间。以单位名义作的总结一般不在文尾署名，而是写在标题下。个人所做的总结，通常在正文右下方署名。

写作技能要求

一、材料要充分

充分占有材料是写好总结的前提和基础。必须尽可能地收集概况材料、典型材料、背景材料、数字材料和群众反映。同时，应对所得材料加以核实，以确保总结的真实性。

二、分析要客观

包含三层意思：一是要立足客观现实，从事实中分析归纳出观点，观点要有材料支撑。二是要把握客观规律，总结不是“材料汇编”“工作流水账”，应把握普遍性、必然性、规律性的东西。三是要进行辩证思考，既要总结成绩，又要正视问题，为今后工作找到动力和方向。

三、语言要得体

总结的语言以平实朴素为上，尽可能用事例、数据说话，切忌华而不实。总结采用第一人称写作，是自我评价，语气要恰当。人们常以谈“体会”替代介绍“经验”，用“一定”修饰已取得的成绩等，可资借鉴。当然也不能谦虚过度，给人“作假”之感。

例文评析

【例文1】

××市中医院2014年工作总结

（标题：单位+时限+事项（事由）+文种）

2014年市中医院在上级党委的领导下，紧紧围绕以比较低廉的价格提供比较优质的医疗服务的卫生改革总体目标，一手抓纠风，一手抓医疗，一手抓安全，使医院实现了全面、协调、可持续的发展，圆满完成了2014年各项工作目标任务，最大限度地满足了人民群众对医院医疗工作的各种需要，收到了良好的社会效益和经济效益。门诊人次增长11%，住院人次增长9%，业务收入增加5%。2014年医院招商引资任务225万元，实际完成295万元，科技投入120万元，引进研究生6名，开展新技术、新项目8项，均填补医院空白。进一步完善和深化了“一日清单制”、药品集中招标、社区服务等工作，被××市评为“人才建设先进单位”。

（先总体情况介绍，下面就分项总结各个方面的工作）

一、深入开展民主评议行风工作，努力创建“廉医、诚信、为民”医院

2014年医院按照省卫生厅、市政府、市卫生局的统一部署，在全院深入开展了以纠正行业不正之风为主要内容，以创建“廉医、诚信、为民”医院为目标的民主评议行风活动。医院按照“谁主管，谁负责”和“管行业必管行风”的原则，成立了行风评议领导小组和工作机构，制定了评议行风实施方案，推行了“一岗双责”制，建立了个人、科室、医院三级承诺制，评议行风中全院先后3次对2000种医疗服务项目和750余种药品，56种耗材进行了重新核对。医护人员填写了《个人收受红包、回扣、开单提成情况登记表》。院领导还与临床科室签订了《行风目标管理责任书》，召开了患者和群众座谈会，先后发放调查问卷1200份，并走访了有关服务单位，对发现的不足和问题，进行了认真整改，把上级行风评议的各项要求落到了实处，医院的服务水平、服务质量进一步得到了提高，评议工作受到市人大和市政协领导及卫生局的肯定。

二、强化内涵建设，提升适应医疗市场的竞争能力和生存能力

今年全市又有几家私立医院成立，面对国家国退民进的大政方针，面对蓬勃发展的私有经济，面对本市医院多、经济相对落后、患者相对少的局面，医院的生存和发展面临着严峻的挑战。本着强素质、求生存、求发展的目的，医院进一步强化了内涵建设，积极应对医疗市场的变化，进一步提升竞争力，加快医院发展。

（一）抓纪律，变作风（略）

（二）狠抓医护质量，进一步落实卫生部《关于应用临床技术操作规范》的要求，提高服务水平（略）

（三）加强引才引智工作，提升医院核心竞争力（略）

（四）开展新技术、新项目，拓宽服务面，满足患者需求（略）

三、加强120急诊工作，保证生命救护绿色通道畅通

根据《××省院前急救医疗工作管理办法（试行）》和《××省中医医院规范化服务考核标准（试行）》的精神，医院加强了对院前急救的培训和业务学习，并对急诊科内部运行中存在的问题进行了整改，制定了新的《司机班管理规定》和《急诊科工作过错惩罚制度》，推出了送出院产妇的新举措。120急诊服务意识、服务质量、服务水平得到明显提高。2014年120急救719车次，救治率达100%。在市卫生局进行的120网络院前急救模拟演练测试中名列全市第一。在连续两次“三警联动”模拟演练中，出车及时，着装整齐，受到了市卫生局领导的好评，在市“卫生系统院前急救竞赛”中有两人名列全市前十名。

……

（工作中取得的成绩）

总之，2014年在上级党委的正确领导下，在全院职工的共同努力下，圆满地完成了全年任务，取得了良好的社会效益和经济效益。但在工作中也有不足之处，一是竞争意识不强，面对日趋激烈的医疗市场竞争认识不够，有求稳怕乱思想，改革力度需进一步加大。二是专科专病建设需进一步加强，有些科室技术含量低，新技术的引进不快，需进一步加大人才的 培养和引进力度。三是基础设施差，跟不上业务发展的需要，影响了医院的整体效益。

（存在问题及今后方向）

2014年12月21日

（落款写明制定总结的单位名称和时间，单位名称在标题中已出现，此处可省略。）

知识链接

计划与总结的关系

在实际工作与生活中，总结与计划是使用频率最高的两个应用文文种，掌握这两种文种，对于我们非常重要。

同时，这两种文种之间又有着密切的关系。简单来讲，就是事前写计划事后写总结。计划是总结的依据，总结是计划的检验和提高；总结是为检查计划的落实情况而写，计划是在总结过去工作的基础上所订；总结以计划为依据，计划以总结为基础；计划是始，总结是终，同时又是下一步计划的始，计划又是总结的进一步发展。

扫码“学一学”

第三节　简　报

学习目标

知识要求

1. 掌握简报的结构和写作要求。
2. 熟悉简报的特点、作用。
3. 了解简报在工作中的重要性。

技能要求

1. 能从格式、内容、语句上辨别简报的正误。
2. 能写作规范的简报。

任务情境

潘家园街道在国际安全社区创建活动中做了大量的工作，积累了不少的经验，也取得了一定的成绩。为了后期工作顺利开展，潘家园街道召开了国际安全社区创建中期工作评估分析会，分析了前期工作进展情况，部署了迎检冲刺阶段要完成的各项工作任务。请就此会议写一份简报，该如何写作呢？

知识要点

一、简报的概念

简报是政府机关、企事业单位、社会团体等组织用来汇报、反映、沟通情况和交流经验的一种内部刊物。它不能代替正式公文，也不公开出版。

日常工作中常见的党政机关、企事业单位、部队、学校以及各种生产、经营、服务机构等的通讯、动态、情况反映、信息通报、内部参考资料等都属于简报的范围。

二、简报的特点

简报就是简要的调查报告，简要的情况报告，简要的工作报告，简要的消息报道等。具体来说，简报具有以下特点。

（一）真实性

简报中所反映的材料必须真实、可靠，对事物的分析解释，必须坚持实事求是的科学态度，符合实际，事件、材料、数据要仔细核实。

（二）准确性

准确性体现在三个方面：选择具有价值的内容，值得重视的情况和问题；所运用的材料要经过调查研究，仔细核实；语言要准确、规范，避免用词不当、语义混淆。

（三）及时性

简报要写得快、印得快、发得快，以便使有关人员根据情况及时地处理问题，制定政策。重要的情况要一日一报，甚至可以一日数报，以便更好地发挥简报的作用。

（四）新鲜性

简报是报道新情况、新经验，并且内容要有较大的参考价值。如果失去了新鲜的特点，简报就失去了其应有的作用和意义。

（五）简明性

简报的篇幅通常比较短小，因此，内容力求简明，行文平实，不需作艺术描述和理论阐述，只将“是什么，怎么样”写明即可。

（六）保密性

简报是内部传阅，未经批准不得公开，有的还严格限制阅读范围并按涉密公文保密规定确定密级期限。这是简报与消息的重要区别。

三、简报的分类

简报的形式多样，内容繁多，按内容分：有情况简报、动态简报、会议简报；按编写方法分：有综合性简报、专题性简报；按刊出期限分：有定期与不定期简报。常用的简报有以下三种。

（一）情况简报

情况简报也叫工作简报，主要用于反映工作中的动态和一般工作进展情况。一般有两种常见的形式：

1. 综合性情况简报　是在明确的主题贯穿下，综合反映工作情况和问题，这类简报既有广度，又有深度，不是有闻必录，而是抓住主要问题，反映最有价值的情况。

2. 专题性简报　主要是将某一项专门工作的动态、进展、问题向主管部门反映或向有关部门、下属单位作通报，借以传播信息，推动工作。

（二）动态简报

动态简报就是迅速及时地、简明扼要地反映新近发生的事情、情况的文体形式。这种简报内容新、反映快、动态性和时效性强。动态简报一般也有两种：

1. 工作动态简报　主要反映本系统、本部门内部工作的正反两方面的新情况和新动向。

2. 思想动态简报　主要反映公众对政府重大方针、政策的反应和认识，社会上的某种思潮或思想倾向，各行各业各阶层的思想状况等。这类简报多见于单位编发的“内部参考”，一般都具有内部参考和保密性质。其流通、阅读范围有较严格的限定。

（三）会议简报

主要是报道会议概况，会上交流的情况和探讨的问题，反映会议形成的决议和精神。既可以综合报道会议各阶段的情况，也可以摘登大会发言或小组讨论发言。在编发发言摘要时，要力求准确、全面、如实地反映出发言者的基本观点和思想倾向，并且尽可能送交发言人或大会秘书处有关负责人审阅后再编发。

构成要素及格式模板

一、构成要素

简报由报头、报身（报核）、报尾三个部分构成。

二、格式模板

构成要素	模　　板
报头：报头约占1/3的篇幅，用横线与正文部分隔开。简报名称用大号字体印刷，位置居中。期号写在简报名称下一行。 左顶格列编印单位，右顶格表明印发日期。 **报身**：1. 按语（也可没有） 2. 标题 3. 正文 **报尾**： 用横线与正文隔开。横线下方左侧注明报、送、发单位。右侧还应写清本期简报的印刷份数。	（密级与紧急程度） **简　报** **（第×期）** ××××××　　　　201×年×月×日 —————————————— 编者按：××××××××××××××××××××××××××××××××。 **×××××××（标题）** ××××××××××××××××××××××××××××××，×××××××××××××××××××××××××××××××××××××××，××××××××××××××××××。 —————————————— 报：×××××× 送：×××××× 发：×××××× 共印：××份

三、简报各部分的格式、内容和写法要求

（一）报头

报头设在始页上方，约占1/3的篇幅，下边用横线与正文部分隔开，通常报头有五方面的内容：一是简报名称，用大号字写在报头正中部位，如“财经快讯”。二是期号，在简报名称下居中写明期号，用括号括起来。三是主编单位，写在期号之下，间隔横线之上的左侧。四是印发日期，写在期号之下，间隔横线之上的右侧。五是密级程度，写在简报名称的左上方标明。

（二）报身

报身即简报行文部分。若一期简报含若干篇文章，宜设“目录”一栏，并标明每篇起始页码；若需加按语的，按语排在该篇文章标题之上，并注明“按语”“编者按”字样。

按语是简报的编者针对简报的内容所写的说明性文字或评论性文字。转发式简报一般

要加编者按语，重要简报也要加编者按语，有些简报可以不写按语。按语分两类：一是说明性按语，这类按语是对简报的内容、作用所做的简短说明；二是评价性按语，它常常是领导机关针对简报所涉及的内容而作的评论和对下级的要求。

1. 标题　简报的标题类似新闻的标题，要揭示主题，简短醒目。可以采用单标题或双标题。双标题即正副标题的写法，正标题提示全文的思想、意义，副标题写出事件与范围，起到补充说明作用。

2. 正文　通常由开头、主体、结尾三部分构成。

简报的开头有三种方式：一是叙述法，直接把要反映的事件的时间、地点、人物、原因、结果写出来，使读者一目了然；二是结论式，先写出事情的结果或因此而得出的结论，然后再作具体说明，或得出结论的理由；三是疑问式，即提出几个重要问题，引起读者的注意，然后再在主体部分做出具体回答。

主体应写得翔实、充分、有力。通常采用以下几种写法：一是按时间顺序写，即按照事情发生、发展、结束的顺序来写，这种写法比较适合报道一个完整的事件，称之为新闻式写法；二是按空间变换的顺序写，这种写法适合报道一个事情几个方面的情况；三是按逻辑方法分类、归纳，即把所有材料归纳为几个部分，按序号或小标题归纳为几个部分、几个方面，按序号或小标题分别叙述；四是夹叙夹议法，即边叙述、边评述，这种方法适合反映某种带有倾向性问题的简报；五是对比法，即在对比中展开论述。

结尾常以议论深化主题，或呼应开头，归结全文；或表达愿望，制定目标。也可无专门结尾。

（三）报尾

报尾在简报末页的下方，也用横线与正文隔开，在版尾左方写清发送范围——简报的报、送、发单位。报，指简报呈报的上级单位；送，指简报送往的同级单位或不相隶属的单位；发，指简报发放的下级单位。如果简报的报、送、发单位是固定的，而又要临时增加发放单位，一般还应注明“本期增发××（单位）”。在版尾右方还应写清本期简报的印刷份数，以便于管理、查对。

写作技能要求

一、选材准

简报不能有事就报，它作为加强领导和推动工作的重要工具，要注意从党的中心工作和单位阶段工作的需要出发，在众多的事件中选取最有指导意义或必须引起重视的经验、情况和问题，予以全面的、实事求是的报道。简报一是要准确，所选用的材料，都准确无误。特别在估计成绩和宣传先进时，更要严格把握分寸。二是强调真实性，不弄虚作假，不赶“浪头”追时髦，不歪扭写作角度，不搞事态发展的“提前量”，保证符合事物本来面貌。

二、简明扼要

简报必须简短、明快，用尽可能少的文字说清楚必须说明的问题。一是注意主题集中，一稿一事，不贪大求全。如果简报所涉及的内容较多，也可以将可写的几个问题，各写一期简报分期介绍。二是注意精选材料，围绕主题挑选最能反映事物的本质典型事例。

三、讲究时效

简报是领导对一些问题做出决策的参考依据之一，也是单位推动工作的一个重要手段。简报也是一种“报”，它有新闻性。这就要求编写者要及时捕捉工作中、会议中出现的新动向、新经验、新问题，并用最快的速度予以报道。

例文评析

【例文 1】

潘家园全国文明城区创建工作

简　报　　（简报名称）

第 17 期　　（期号）

潘家园街道全国文明城区创建工作分指挥部办公室　　2010 年 8 月 3 日

（发简报单位）　　（日期）

（此篇无按语）

潘家园街道扎实推进国际安全社区创建工作

（正文标题）

8 月 2 日下午，潘家园街道召开国际安全社区创建中期工作评估分析会，分析了前期工作进展情况，部署了迎检冲刺阶段要完成的各项工作任务。

会议首先就创建工作中期街道安全社区策划指导组对各项目开展的巡视模底情况进行了通报，对存在的问题进行了分析。认为安全社区创建工作是提升公民安全意识，提高社区安全管理水平，减少事故和伤害的重要手段，是实现社会安全稳定和谐发展的重要途径。为切实推进创建各项目准备工作的进程，提出重点做好以下工作：①巩固完善基础工作；②根据项目开展情况编制项目介绍材料；③开展儿童和老年人伤害调查。会上，结合各项目工作存在的薄弱环节，请专家有针对性地进行了工作分解和现场指导。

在文明城区创建梳理问题，研究对策，落实整改措施阶段，为了做好地区精神病人的排查服务工作。由街道综治办、派出所、残联、精神病防治部门和社区居干组成的排查服务小组，对辖区内有精神病症状的人员进行逐一走访，主要以掌握其病情是否稳定、服药情况、有无监护人、监护力量类型及患者家庭经济状况、是否在辖区内居住等情况。此次排查为进一步做好精神患者的服务管理工作收集了第一手资料。　　（残联）

文教科依托“六小”暑期活动于 7 月 29 日街道社服中心举办了“月亮离我们有多远”

天文科普知识讲座。丰富了学生们的暑期实践生活，在寓教于乐中参与到文明城区创建的活动中来。

（文教科）

松东社区计生协举办独生子女“百善孝为先”讲座，加强对独生子女行为美德的思想教育，通过观看影片的形式让独生子女学生懂得“百善孝为先”的道理，用自己的实际行动争创文明朝阳家庭的“小孝星”。

（松东社区）

（主体部分先总说，再分项列出。）

报：区街道创建工作指挥部、区创建督查指导组

发：街道处级领导、各科室、各社区、社会单位

（共印 50 份）

知识链接

简报与消息的联系与区别

1. 简报和消息都要求反映真实的情况。但消息仅仅局限于客观的报道，而简报则允许对客观的事实加以评论。

2. 简报和消息在编发时都要求快速及时。但消息在编发的速度上要求更高。追求的是快速反应。而简报在编发的时间上有一定的弹性，允许一定程度的滞后性。

3. 简报和消息的内容都要求新。但消息侧重于新闻性，而简报则侧重于经验性，两者的侧重点是有所区别的。

4. 简报和消息在篇幅上都要求短。由于消息仅需报道事件的本身即可，而简报还需对事件所反映出的问题加以评论和分析，所以简报的篇幅相对来说要长于消息。

5. 简报在一定程度上具有保密性，而消息则具有公开性。

第四节　合同（协议书）

学习目标

知识要求

1. 掌握合同的构成要素。
2. 熟悉合同的结构和写作要求。
3. 了解合同的重要性、特点、作用。

技能要求

1. 能从格式、内容、语句上辨别合同的正误。
2. 能写作规范的合同。

扫码“学一学”

任务情境

某医院为了拓展业务，增强医院的竞争实力，需要进行医用供气系统安装工程，该医院委托恒发医用工程有限公司进行设备安装，现需与恒发医用工程有限公司签订医用气体安装工程经济合同书，请问你知道怎么书写医药经济合同吗?

知识要点

一、合同的概念

合同是契约的一种，《中华人民共和国合同法》以法律的形式规定："合同是平等主体的自然人、法人、其他组织之间设立、变更、终止民事权利义务关系的协议。"

合同的本质，是当事人之间通过自由协商，决定其相互权利义务关系，并且根据其意志调整他们相互之间的关系。

合同对于保护当事人的合法权益，维护社会经济秩序，促进社会主义现代化建设，都具有重要作用。

二、合同的特点

合同具有合法性、约束性、对等性、一致性和双向性等特点。

（一）合法性

合同要求按国家的法令政策签订，签订后即具有法律效力，受到国家法律的承认和保护。

（二）约束性

合同是制约性文书，是为保证双方权益的实现而制定的双方必须遵守的协议，一经签订，双方就必须如约执行，不得随意违反。否则，就要承担法律责任。

（三）对等性

签订合同的双方，不论单位的大小、级别的高低，在协商时是平等的，在承担法律责任时，其法律地位也是平等的。

（四）一致性

合同中的一切条款，都必须在当事人双方经协商达成一致的意愿后才能写入，未取得一致意见的条款不能写入。决不允许一方将自己的意志强加给另一方，其他组织和个人无权非法干预。

（五）双向性

为了达到双方各自的目的，双方都必须享有要求对方的权利，同时也应该承担保证对方权利实现的义务，且明显表现为甲方的权利就是乙方的义务，反之亦然，如收货交货、付款收款等。

三、合同的分类

（一）内容上

《中华人民共和国合同法》把合同分为十五个种类，以下作一个简单的介绍。

1. 买卖合同　指出卖人转移标的物的所有权于买受人，买受人支付价款的合同。

2. 供用电、水、气、热力合同　供用电合同是供电人向用电人供电，用电人支付电费的合同。供用水、供用气、供用热力合同，则参照供用电合同的有关规定。

3. 赠予合同　指赠予人将自己的财产无偿给予受赠人，受赠人表示接受与赠予的合同。

4. 借款合同　指借款人向贷款人借款，到期返还借款并支付利息的合同。

5. 租赁合同　指出租人将租赁物交付承租人使用、收益，承租人支付租金的合同。

6. 融资租赁合同　指出租人根据承租人对出卖人、租赁物的选择，向出卖人购买租赁物，提供给承租人使用，承租人支付租金的合同。

7. 承揽合同　指承揽人按照定作人的要求完成工作，交付工作成果，定作人给付报酬的合同。

8. 建筑施工合同　指承包人进行工程建设，发包人支付价款的合同。

9. 运输合同　指承运人将旅客或者货物从起运地点运输到约定地点，旅客、托运人或者收货人支付票款或者运输费的合同。

10. 技术合同　指当事人就技术开发、转让、咨询或者服务订立的确立相互之间权利和义务的合同。

11. 保管合同　指保管人保管寄存人交付的保管物，并返还该物的合同。

12. 仓储合同　指保管人储存存货人交付的仓储物，存货人支付仓储费的合同。

13. 委托合同　指委托人和受托人约定，由受托人处理委托人事务的合同。

14. 行纪合同　指行纪人以自己的名义为委托人从事贸易活动，委托人支付报酬的合同。

15. 居间合同　指居间人向委托人报告订立合同的机会或者提供订立合同的媒介服务，委托人支付报酬的合同。

（二）形式上

合同可以分为书面合同、口头合同和其他合同。

书面合同是指合同书、信件以及数据电文（包括电报、电传、传真、电子数据交换和电子邮件）等可以有形地表现所载内容的形式。书面合同常见的有以下几种：文字叙述合同，表格合同，车票、保险单等合同凭证，合同确认书，定式合同。

构成要素及格式模板

一、构成要素

合同一般由标题、约首、正文、附则、签署五个部分组成。

二、格式模板

构成要素	模　　板
标题：可以仅写上“合同”二字，也可以写明合同的种类，如“房屋租赁合同”。 **约首**：订立合同双方或多方的基本信息。 **正文**：1. 开头部分写明订立合同的依据、目的。 2. 主体部分载明签约的内容。 **附则**：附则是关于所订合同有效性的说明，如果有附件，也可在此说明。 **签署**：1. 订立合同双方或多方签字、盖章。 2. 合同双方或多方的联系信息。 3. 签约日期及地点。	**合同（或×××合同）** 甲方：××××××××××××××××××××。 乙方：××××××××××××××××××××。 甲乙双方就__________________事项经平等协商，自愿签订合同如下： 第一条××××××××××××××××××××。 第二条××××××××××××××××××××。 …… 附则： ××××××××××××××××××××。 甲方：（盖章）　　　　乙方：（盖章） 身份证号码：　　　　身份证号码： 电话或传真：　　　　电话或传真： 通讯地址：　　　　通讯地址： ×××× 年××月×日　　　　××××年××月×日

三、合同各部分的格式、内容和写法要求

（一）标题

标题也即合同的名称。一般有四种写法。一是以合同种类作为标题，如《委托合同》；二是内容+种类，如《商品房买卖合同》；三是时间+内容+种类，如《2005 年厂房租赁合同》；四是签约单位+内容+种类，如《华通公司、宜健生化研究所航空货物运输合同》。

（二）约首

约首位于标题之下，包括签订合同当事人的名称、合同编号及签约地点、时间等。当事人名称是必须项。其他项目和项目位置可以选择和调整。为使正文叙述方便，当事人名称通常用“甲方、乙方”“供方、需方”等代称，全称写在代称的后面，或者相反，注以“以下简称××”字样。

（三）正文

正文一般包括开头和主体两部分。开头部分写明订立合同的依据、目的。主体部分载明签约的内容。《合同法》规定，合同应具备以下主要条款：标的；数量和质量；价款或酬

金；履行期限、地点和方式；违约责任以及其他条款。

1. 标的　是合同各方当事人共同发生权利义务所指的对象，如货物、货币、劳务、工程项目、科研成果等。它集中反映了当事人订立合同的目的和要求，是合同成立的前提条件。所以签约双方必须首先对合同标的达成一致协议，并在合同中做出明确具体的规定。根据合同的不同，标的可以是货物，可以是劳务，也可以是工程项目。如购销合同中的各种商品；货物运输合同中承运方提供的劳务；建设工程承包合同中承包人所完成的工程项目。必须是国家准许的流通物，否则不能作为合同的标的物。标的不明或无标的，合同就不能成立。

2. 数量和质量　数量是标的量的规定，是以计量单位和数字来衡量标的的尺度，确定合同权利义务的大小。没有数量规定，合同无法履行。数量规定必须准确具体，计量单位也要明确规定。

质量是标的内在素质和外观形态的综合，是指产品或劳务、完成工作的优劣程度，包括品种、规格、型号的要求。对产品规格与质量要标准化。当前我国使用的产品规格与标准包括国家标准、部颁标准、企业标准和协商标准。

3. 价款或酬金　亦称价金，是取得标的一方向对方支付的表现为货币量的代价。合同应具体规定价金的数额，包括币种、单价和总额，并明确它们的计算标准、估算方式和程序。

4. 履行的期限、地点和方式　合同履行期限是交付标的和支付价金的时间。到期不履行即为逾期，要承担违约责任。凡要提前或延期履行的，应事先达成协议。履行期限的规定必须具体明确。

合同履行地点是指合同规定的义务履行地。合同标的为实物的，一般是指标的交付地。合同履行地点直接关系到履行合同的费用和时间，因此必须明确加以规定。

合同履行的方式是交付标的的方式，是指当事人用什么方式履行合同义务。包括：一次履行、分期履行，采用送货制、代运制、提货制等多种形式。

5. 违约责任　指合同双方如不能执行合同时的责任和处罚方法及条件，这是保证合同履行的重要条款之一。当事人订立合同时，应写明一方违约时所应支付的违约金额数和对损失的赔偿。

“违约责任”是履行合同的重要保证，也是解决合同纠纷的可靠依据。

6. 其他条款　指根据法律规定必须具备的条款和当事人一方提出而对方同意的特殊要求等。如购销合同或运输合同中，需方对包装或装卸有特殊要求的，提供方同意即可列入条款。

（四）附则

附则是关于所订合同有效性的说明，如何时生效，有效期期限，如“本合同由双方签订，从盖章之日起生效，有效期一年”。写明合同正本、副本份数，由谁保管。通常是当事人双方各持一份，鉴证或监督单位各持一份。如“本合同一式三份，由甲方、乙方和鉴证单位各执一份。”监督单位通常是工商银行部门或双方的主管机关。如果合同有附件，也可在此说明，如工程承包合同，往往附上图纸、材料项目、工程进度表等。还要写明未尽事宜，变更条件等。

（五）签署

签署的内容包括签订合同的当事人双方各自单位的名称、单位地址、法定代表人姓名、委托代理人姓名或自然人姓名、电话、电报挂号、开户银行、账号、邮政编码等。需要鉴（公）证的合同，将有关部门的鉴（公）证意见写在署名的下方，并签署有关部门的全称，加盖公章。

写作技能要求

一、合同的内容必须合法

合同所涉及的内容必须符合国家的有关法律、法规和有关职能部门或行业的管理规定，这样，合同的内容才可能建立在合法的基础上。同时，合同的内容应是当事人意愿的共同体现。

二、合同的格式必须规范

可向当地工商行政管理机关或业务主管部门购买合同纸，也可按照示范文本格式自行印刷使用。撰写合同时，一定要按规定的文本格式和要求进行。合同的撰写，要严肃认真，不得随意涂改。合同如有错误或遇到特殊情况确需修改时，应将双方同意的意见作为附件附上。如在原件上修改，应加盖双方印章。

三、合同的结构完整、条款完备

合同无论采用哪种书面表达形式，结构都应完整；正文中的条款应完备，标的、数量和质量、价款或酬金、履行期限地点和方式、违约责任以及其他条款都应考虑周详。

四、合同的语言必须准确

合同中使用的概念只能有一种解释，不能因为语词表达不明而引起误解或歧义。对容易引起误解或歧义的词语，要专门规定它的意义，以避免留下隐患。经济合同的语义应该准确，应避免使用“希望”“尽可能”“争取”等模糊性用语，不说空话、套话。经济合同的数字应核对无误，金额应大写。同时还要注意要防止由于错字、别字、漏字、标点符号使用不当等，造成合同的解释分歧和执行障碍。

例文评析

【例文1】

医用气体安装工程经济合同书

（标题　事项+文种）

建设单位：　　　　　　　　　　　　（以下简称甲方）

施工单位：　　　　　　　　　　　　（以下简称乙方）

（约首签订合同的当事人的名称、单位名称或个人姓名）

甲方现将医用供气系统安装工程委托乙方施工。为明确甲乙双方责任，加强双方协作，根据《中华人民共和国合同法》等有关法律规定，经双方协商，经双方协商一致，达成条款如下：

（正文 开头签约的依据和目的）

一、工程项目及范围：

安装一幢住院部楼供氧吸氧系统（详细见表）。

二、施工地点：××县人民医院。

三、承包方式：（全包）包工、包料，其余一切费用由建设单位承担。

四、工程质量：（合格），由乙方提供的施工图纸及有关技术资料，经双方确认后，作为工作质量依据。

五、工程造价：____________________，不含税（开票另加8万元）。

六、合同价款的确定：

本工程实行一次性包干，工程合同条款一次性包死，设备材料单价不变，如工程量发生增减，以双方出具工程联系单为准，价格按照原工程报价单中价格计算。

合同自签订生效后，即预付工程总价款15%，即__________整；乙方材料进场后，即付总价款40%，即__________；管线安装完毕付总价款30%，即__________；工程竣工后付总价款10%，即__________；满一年的第一周付总价款5%，即__________。

七、验收：工程质量符合国家行业标准要求，甲方如不能按约定日期组织验收，应从约定最后一天的次日起承担义务工程保管费用。如需有第三方参与验收，检验费根据国家有关规定列入建设单位管理费用。

八、工程保修期限：保修期限从验收合格之日起免费保修一年。终身维修。

双方协作条款：甲方为乙方免费提供施工用电、水及施工人员住宿、工作间和材料仓库，免费提供压力试验用氧和施工后墙洞补修。接地和管道地沟的一切电源线由甲方负责。甲方负责协调其他安装方的配合工作。

乙方须服从甲方的统筹安排，接受甲方的管理，根据国家有关规定和设计方案进行施工，乙方施工安全自行负责。

九、开工日期：________年____月____日

竣工日期：________年____月____日

十、违约责任：本合同签字生效后，如有一方违约，违约方应承担一切经济损失及法律责任。本合同未尽事宜，双方协商解决。

本合同一式二份，甲方、乙方双方各执一份。

（正文是经济合同的核心部分，它包括前面介绍的经济合同的“基本内容”条款和其他条款。）

甲方代表签字：	乙方代表签字：
单位名称（盖章）：	单位名称（盖章）：
单位地址：	单位地址：
开户银行：	开户银行：
账号：	账号：

邮编：　　　　　　　　　　　　　　　邮编：

（落款包括当事人双方（或多方）单位（个人）名称、代表姓名，所有具名都要加盖印章。为联系方便，还应注明当事人的地址、电话、电报号码、邮政编码。具名右下方要写明签约的年、月、日。）

知识链接

合同与协议书的区别

合同和协议书的相同点是：两者都是明确当事人权利义务关系的法律文书；在形式和格式上基本是相同的，都可以称为契约。

合同和协议书的区别在于：

1. 使用范围不同　合同主要用于经济领域。协议书的使用范围比合同广泛。当事人可以用协议书的方式来确定政治、经济、科技、法律、文教、民事等的各种关系。

2. 规范程度不同　虽然协议书和合同都是规约性文书。合同对双方的权利义务以及违约责任也规定得比较明确、具体，具有正式法律效力。但协议书的规范程度比合同低。协议的内容则比较简单、原则、概括，一般不涉及违约责任，而口头协议一律无效。

3. 时效规定不同　合同的时效明确而具体，协议书的时效则有所不同。有些协议书的时效就很长，有的甚至是永久的，如赡养协议书、国家之间的条约等。

4. 订约主体不同　合同的主体只限于平等地位的法人、其他经济组织以及个体工商户、农村承包经营户；协议的主体可以说是非常广泛的，只要具有行为能力的任何组织、个人都能够成为其主体。

第五节　规章制度

学习目标

知识要求

1. 掌握规章制度的结构和写作要求。
2. 了解规章制度的特点、作用。

技能要求

1. 能从格式、内容、语句上辨别规章制度的正误。
2. 能写作规范的规章制度。

扫码“学一学”

任务情境

××医院为了使医院的各项工作更加规范有序，需要一份简明的医院规章制度。院办在全院进行征集，如果你也是医院一员，该如何起草这份规章制度呢？

知识要点

一、规章制度的概念

规章制度是党政机关、人民团体和企事业单位，为了建立正常的工作、学习、生产、生活秩序，依据法律、法令和政策，在自己的权限范围内，制定的大家必须共同遵守的行政法规或行为准则。规章制度也称规章文书。

规章制度是对国家法律、法规的补充，是要求人们共同遵守的准则，具有较强的制约、规范作用。

二、规章制度的特点

（一）广泛性

规章制度是各行各业、各部门都普遍应用的一种文体，上至领导机关、下至科室班组，都可以用它规定有关人员应遵守的事项、职责或应达到的标准等。

（二）约束性

规章制度是为规范人们行为而制订的，是党和国家的方针、政策的具体化，在特定范围内具有法规效力，一旦颁布，对适用范围内的所有单位或个人的言行举止具有约束性乃至强制力。

（三）周密性

规章制度的内容要求能面面俱到，细致而周到，不能有遗漏和疏忽；内容要清晰明确，不能有歧义，不能含混不清、似是而非或自相矛盾；具有逻辑的严谨性，无懈可击。

（四）长期性

规章制度一旦形成，将保持较长时间的稳定性，不能朝令夕改，如需修改必须经过严格的修订程序。

三、规章制度的分类

规章制度包括行政法规、章程、制度、公约四大类。不同的类别，反映不同的需要，适用于不同的范围，起着不同的作用。

（一）行政法规类

1. 条例　条例是具有法律性质的文件，是对有关法律、法令作辅助性、阐释性的说明和规定；是对国家或某一地区政治、经济、科技等领域的某些重大事项的管理和处置做出比较全面、系统的规定；是对某机关、组织的机构设置、组织办法、人员配备、任务职权、工作原则、工作秩序和法律责任作出规定或对某类专门人员的任务、职责、义务权利、奖惩做出系统的规定。它的制发者是国家最高权力机关、最高行政机关（国务院各部委和地方人民政府制定的规章不得称“条例”）。例如《失业保险条例》《中华人民共和国人民币管理条例》。

2. 规定　规定是为实施贯彻有关法律、法令和条例，根据其规定和授权，对有关工作或事项做出局部的具体的规定。主要用于明确提出对国家或某一地区的政治经济和社会发展的某一方面或某些重大事故的管理或限制。规定重在强制约束性。它的制发者是国务院各部委、各级人民政府及所属机构。例如：《某市关于制止低价倾销工业品的不正当价格行为的规定》《新闻出版总署关于出版物上数字用法的试行规定》。

3. 办法 办法是对有关法令、条例、规章提出具体可行的实施措施；是对国家或某一地区政治、经济和社会发展的有关工作、有关事项的具体办理、实施提出切实可行的措施。办法重在可操作性。它的制发者是国务院各部委、各级人民政府及所属机构。例如：《四川中医药高等专科学校班主任工作考核办法》《四川省普及九年制义务教育实施办法》。

4. 细则 细则是为实施“条例”“规定”“办法”做详细、具体或补充的规定，对贯彻方针、政策起具体说明和指导的作用。它的制发者是国务院各部委、各级人民政府及所属机关。例如《〈对外汉语教师资格审定办法〉实施细则》《审批个人外汇申请施行细则》。

（二）章程类

章程是政府或社会团体用以说明该组织的宗旨、性质、组织原则、机构设置、职责范围等的纲领性文件，具有准则性与约束性的作用。它的制发者是政党或社会团体。例如：《中国共产党章程》《中国写作学会章程》。

（三）制度类

1. 制度 制度是有关单位和部门制订的要求所属人员共同遵守的准则，是机关单位对某项具体工作、具体事项制订的必须遵守的行为规范。它的制发者是机关团体、企事业单位及其部门。例如《安全生产制度》《××地区环保局廉政制度》。

2. 规则 规则是机关单位为维护劳动纪律和公共利益而制定的，要求大家遵守的，关于工作原则、方法和手续等的条规。它的制发者是机关团体、企事业单位及其部门。例如：《全国安全生产委员会专家组工作规则》《××大学图书馆借书规则》。

3. 规程 规程是生产单位或科研机构，为了保证质量，使工作、试验、生产按程序进行而制订的一些具体规定。它的制发者是机关团体、企事业单位及其部门。例如：《车间操作规程》《计算机操作规程》。

4. 守则 守则是机关团体、企事业单位要求其成员遵守的行为准则，它倡导有关人员遵守一定的行为、品德规范。它的制发者是机关团体、企事业单位及其部门。例如：《全国职工守则》《汽车驾驶员守则》《高等学校学生守则》。

5. 须知 须知是有关单位、部门为了维护正常秩序，搞好某项具体活动，完成某项工作而制订的具有指导性、规定性的守则。它的制发者是有关单位、部门。例如：《观众须知》《参加演讲赛须知》。

（四）公约类

公约是人民群众或社会团体经协商决议而制订出的共同遵守的准则。是人们为了维护公共秩序，经集体讨论，把约定要做到的事情或不应做的事情，应该宣传的事情或必须反对的事情明确写成条文，作为共同遵守的事项。它的制发者是人民群众、社会团体。例如：《居民文明公约》《北京市各界人民拥军优属公约》。

构成要素及格式模板

一、构成要素

规章制度的种类繁多，内容和适用范围各异，但都应包括标题、正文、落款三部分。

二、格式模板

构成要素	模　板
标题：由制定颁发单位名称、事由、文种三项构成	×××××××××××××× （××年××月××日发布） 或（××年××月××日批准）
正文：1. 总则	**第一章　总　则** 第一条××××××××××××××××××××××。 第二条××××××××××××××××××××××。 ……
2. 分则	**第二章　分　则** 第×条××××××××××××××××××××××。 第×条××××××××××××××××××××××。 ……
3. 附则	**第三章　附　则** 第×条×××××××××××××××××××××× 第×条×××××××××××××××××××××× 第×条　本章程自公布之日起生效。
落款：在正文的右下方写明制定规章制度的单位名称和日期。如果在标题中已出现或在标题下面已注明的，就无须再写。	

三、规章制度各部分的格式、内容和写法要求

（一）标题

一般由制定颁发单位名称、事由、文种三项构成，如《××卫生院一次性医疗用品管理办法》。也有的是两项构成的，如《X线计算机断层摄影技术与磁共振成像设备使用规范》。如果制定的规章制度是暂行或试行的，要在标题内或标题下加括号注明“暂行”“试行”。

（二）正文

各类规章制度的结构安排与写法不尽相同，常见的正文有章条式、条款式两 种形式。

1. 章条式（或章断条连式） 适用于表述内容比较复杂的规章制度，如条例、章程、办法等。其内容可分为总则、分则、附则三部分。每一部分均可按内容的多少分列若干章或若干条款，用序号表明。

总则是文章的开头部分或第一章，一般用小标题写明“总则”。其主要内容有：制定依据、制定目的（宗旨）和任务、适用范围、有关定义等。总则部分类似于文章的前言，对全文起统领作用。

分则是规章制度的主要内容，通常按事物间的逻辑顺序，或按各部分内容的联系，或按工作程序分条列项编排。“分则”二字一般不写出来，但分则的每章要设小标题。

附则是对中心内容的补充和说明，放在最后一章，以小标题注明“附则”，下面可分若干条。附则的主要内容有：实施程序与方式、有关说明（该文书与其他文书之间的关系、附件的效用及数量等）、施行日期。

2. 条款式 适用于表述内容相对简单的规章制度如规则、守则、公约等。开头说明缘由、目的、要求，主体部分不分章节，只分条列出规章制度的具体内容。第一条相当于章条式写法的总则，最后一条相当于其附则。

（三）落款

在正文的右下方写明制定规章制度的单位名称和日期。如果在标题中已出现或在标题下面已注明的，就无须再写。由上级领导机关随公文发送的规章制度，落款也可省略。

写作技能要求

一、符合法律法规，不能自行其是

规章制度是人们工作、学习、生活的准则和依据，具有一定的行为约束力。因此，它必须符合国家政策法令的基本原则，不能与之抵触和矛盾。

二、密切联系实际

这指的一是针对性强，二是所订的规章制度合情合理，在实际生活中用得上、行得通。

三、注意稳定性与适应性

规章制度一旦制订之后，要保持相对稳定，使群众理解、掌握、贯彻执行。但另一方面，现实情况不断变化，也要不断充实、修改。

四、格式要求规范，层次不能混淆

规章制度多采用逐章逐条的写法，一般分为章、条、款三层。内容很多的规章制度，条款层次由大到小依次可分为编、章、节、条、款、目、项七级。

例文评析

【例文1】

××医院规章制度（讨论稿）

（标题）

第一章 行政管理制度

第一条 全体员工在医院办公室的领导下从事日常医疗工作，一切以病人为中心，树立全心全意为患者服务的良好医风。

1. 服务至上（微笑服务）。做到细心、热心、耐心、关心、贴心、确保医疗质量。

2. 在任何情况下不得与患者发生争吵，违者给予相应的处罚，情节严重者给予开除。

……（略）

第二条 团结务实，发扬敬业精神。

1. 服从组织、关心集体、坚守岗位、团结互助；以人为本，挖掘潜力，集思广益、开拓业务、共创辉煌。

2. 发扬主人翁精神，维护辩论医院形象和利益，不说不做有损医院的话或事，违者停止一切工作，由办公室处理。

……（略）

第三条 遵纪守法，严格遵守各项诊疗规则。

1. 每位医护人员应服从医院办公室领导的统一管理和调配。

2. 工作积极负责，严格执行规章制度和操作常规，严格消毒制度，严格无菌操作。

……（略）

第四条 作息时间规则

1. 各科室医护人员必须按照排班表按时上下班及参加值班，不得无故迟到、早退。

2. 每天上下班值班执行打卡制度，不得代他人打卡，如发现，代打卡人及被代打卡人按当天旷工处理!

……（略）

第二章 辞职与辞退制度

第一条 辞职

1. 员工因工作不适应、回家或其他原因需要离职者，需填写离职申请书，经部门负责人同意、签字后报主任审批后方可生效，审批后交办公室备案。

2. 辞职末生效之前，应正常上班，否则以旷工或自动离职处理。不予结算工资。

……（略）

第二条 移交手续

1. 移交事宜：相关的工作事务、办公用品、生活用品等应移交清楚。员工离职，工衣、工帽、鞋子、头花、工牌、钥匙（宿舍、办公室）及床上用品等须交还，末提供移交清单或归还不全拒付工资。

2. 工作移交：原有的职务上保管的账册、文件、技术资料等相关职务的有关事项均应列入《移交清单》中，并移交指定的接替人员或相关部门，将已办或未了结事项交代清楚。

……（略）

第三条　款项结算

1. 离职、辞退和除名人按规定办完离职手续后，按当月实际工作天数结算工资，但不计发当月所有奖项。如特殊原因，需要立即辞职者，将扣除当月十五天出勤工资，财务结算只计基本工资。

2. 员工因严重违反劳动纪律或医院规章制度而被辞退者接到辞退通知后立即办理手续，医院不作任何补偿，若造成医院经济损失，应赔偿经济损失，严重者将追究其法律责任。

……（略）

第三章　工作服、工牌、帽子的管理规定

工作服、工牌、帽子的管理规定亦是医院对员工工作确认的一种形式，为了树立良好的医院形象和发挥工作服、工牌、帽子应有的作用，特制定本规定：

1. 本医疗机构工作人员除医院另有规定外，必须按医院要求穿工作服，任何员工在医院所属范围内（除了宿舍以外）工作时必须佩戴工牌，否则不能进入工作场所。工牌戴于左胸侧。

2. 工作服、工牌、帽子由医院统一制作，总务科负责保管与发放；员工在办理入职手续后，立即到总务科领取工作服、帽子、工牌。

……（略）

第四章　卫生管理规定

1. 医疗机构及办公场所必须保持整洁有序，环境宜人。

2. 认真搞好室内外环境和个人卫生，认真执行隔离消毒制度，搞好污水、污物垃圾处理，防止污染和交叉感染。

……（略）

第五章　保密制度

1. 严守医院内部秘密，如发现泄露或出卖医院人事、工资、财务、技术机密及计算机程序或知情不报者，视情节严重给予批评、警告、记过或开除。

2. 如因泄露医院秘密，致使医院蒙受经济或信誉损失者，视情节予经济处罚，除名。必要时通过法律手段以维护医院的利益和名誉。如医院受到经济和名誉损失，追究法律责任，给予赔偿！

本制度自即日起实行，希望大家互相监督，共同遵守。

不听劝阻的违章行为可向上级检举投诉。

备注：本制度从 2018 年 11 月 1 日正式实施，如有违反本院规定者，按上书规定处罚。

（此条备注也可看作附则，单独列出）

知识链接

刘海容总结规章制度八戒（节选）

企业规章制度是组织的管理现代化企业和重要手段，这一手段运用的好坏直接影响到企业生存与发展。同时会直接关系到企业的经济效益。如何避免决策性的失误。不妨就试试以下方法，或许会从中受到启示。

一戒草率从事，敷衍应付

二戒抵触法规

三戒自相矛盾

四戒粗制滥造

五戒舍本逐末

六戒违背常理

七戒不切实际

八戒形同虚设

（资料来源：刘海容博客，作者刘海容）

目标检测

扫码“练一练”

一、判断题

1. 借取实物或款项时，应当向对方出具借条；归还对方钱物时，对方应当出具收条。（　　）

2. 招领启事要把相关人或物的特征写明。（　　）

3. 借个人或公家的钱物，事后补的凭证称为领条。（　　）

4. 请求类启事要注意礼节。既然要请求别人协作，那就必须礼貌待人，否则就达不到写启事的目的。（　　）

5. 因病、因事不能出席（上班、上学或开会）需要请假时向所属领导所写的便条为托事条。（　　）

6. 凡以机关、团体、单位的名义张贴的启事，应加盖公章，以示负责。（　　）

7. 条据签订以后，一般要经过法定的公证程序，才对签约的各方有约束力，特别是经济性质的条据。（　　）

8. 《公交总站迁址启事》（　　）

9. 启事不具备法令性，因此不具备公文的强制性和约束力。（　　）

10. 启事的标题一定是事由加文种构成。（　　）

11. 启事的标题可以只用事由表示。（　　）

12. 寻物启事需要把所寻“物”的特征写详细、具体。（　　）

13. “简报”在事务文书中格式要求最规范。（　　）

14. “方案”是计划的统称。（　　）

15. “安排”是比较全面、长远的具有战略性意义的计划。(　　)
16. 规则和公约属于规章文书。(　　)
17. 签订“合同”必须平等协商。(　　)
18. 合同与协议都为契约文书。(　　)
19. 动态简报是指反映各部门、各领域的新情况、新动态的简报。(　　)
20. 表述全局性的长远设想的文件称作方案。(　　)

二、单项选择题

1. 关于凭证类条据的“性质关系”，下列说法有误的一项是（　　）
A. 今领到　　B. 今借到　　C. ××负责同志　　D. 今收到

2. 下列不符合条据特点的是（　　）
A. 凭证性　　B. 一文一事　　C. 简洁明快　　D. 下行文

3. 写条据时，下列说法错误的一项是（　　）
A. 对方名称要写全称
B. 要写明物品名称数量或金额
C. 条据一经签订，一般对签约的各方就有了约束力
D. 条据中的文字不得涂改

4. 条据写法完全正确一项（　　）
A. 标题、正文、结束语、落款
B. 标明性质、正文、结尾
C. 标题、正文、落款
D. 标明性质、正文、结尾、日期

5. 启事与通知的区别是（　　）
A. 单位中有公关性质的事务用启事
B. 启事的诉求对象要么是公众，要么是不确定的
C. 如果是临时性的、偶然性的、个别的信息，则用启事
D. 在个人使用时，它的应用范围十分宽泛，凡需公之于众的事项，都适用于启事

6. 对于启事落款的写作说法错误的是（　　）
A. 如果标题或上文中已写明单位名称，此处可以省略
B. 有的启事还需要写明单位地址、时间、电话、电子邮箱、联系人等
C. 写明启事单位名称或个人姓名和启事日期
D. 在条据的右下方写明所在单位全称和经手人姓名（盖章）

7. 计划的核心部分内容是（　　）
A. 目的和依据　　B. 目标和任务　　C. 措施和步骤　　D. 执行希望

8. 计划的“措施和步骤”是具体回答“怎么做”、“什么时候完成”，这部分要注重（　　）
A. 操作性　　B. 指导性　　C. 原则性　　D. 条理性

9. 总结的“成绩和做法”部分的写作，在内容上强调的是（　　）
A. 形式背景　　B. 事实和数据　　C. 指导思想　　D. 有关政策

10. 机关、团体、企事业单位内部，或是在某项中心工作、某次重要会议中，用以沟通

信息、交流经验、反映情况、指导工作的一种期刊式常用文书是（　　）

A. 简报　　B. 通报　　C. 调查报告　　D. 总结

11. 与简报的性质最接近的是（　　）

A. 正式文件　　B. 公开发行的刊物　　C. 专题经验总结　　D. 内部刊物

12. 简报报头的构成要素有名称、期数、编印日期和（　　）

A. 编印机关　　B. 抄送机关　　C. 主送机关　　D. 报送机关

13. 对文稿产生过程、作者情况、主体内容作简要介绍的简报按语称为（　　）

A. 题解性按语　　B. 提示性按语　　C. 批示性按语　　D. 介绍性按语

14. 有各政党、社会团体制定的规定本组织宗旨、性质、任务、机构、成员的权利和义务等原则和事务的文书是（　　）

A. 条例　　B. 章程　　C. 规定　　D. 规则

15. 某一社会组织或群体在自觉自愿的基础上，经过充分的讨论、达成一致意见后制定的行为准则和道德规范是（　　）

A. 公约　　B. 章程　　C. 条例　　D. 守则

16. 规章制度的引言一般要写明制定文件的（　　）

A. 目的依据　　B. 基本内容　　C. 生效时间　　D. 解释权

17. 规章制度如果是暂行或试行的，应注明在（　　）

A. 标题　　B. 题注　　C. 正文　　D. 落款

18. 规章制度主体部分“总则—分则—附则”的写法是（　　）

A. 章条式　　B. 条贯式　　C. 总冒分条式　　D. 条款式

19. 规章制度若采用“总则—分则—附则”式写法。其中的总则，相当于正文的（　　）

A. 前言　　B. 主体　　C. 结尾　　D. 题注

20. 合同条款中的“标的”指（　　）

A. 当事人双方权利和义务的共同指向

B. 合同买卖中的货物

C. 合同中劳务

D. 合同中的价款和酬金

三、多项选择题

1. 下列属于凭证性条据的有（　　）

A. 借条　　B. 收条　　C. 欠条

D. 领条　　E. 假条

2. 对外使用条据对财物的写作要求是（　　）

A. 阿拉伯数字可以只用小写

B. 数字前不留空白

C. 数字后面要写量词

D. 金钱要写明金额，必须用大写

E. 物品要写明名称、规格、数量

3. 启事的正文一般包括（　　）

A. 目的　　B. 原因　　C. 具体事项

D. 归还时间　　E. 要求

4. 写作启事的要求包括（　　）

A. 一事一启　　B. 讲究时效　　C. 内容单一　　D. 语言通俗

5. 以下关于法定公文和事务性文书的区别，理解正确的是（　　）

A. 法定公文的实用性不如事务文书

B. 法定公文更具权威性

C. 法定公文较事务文书涉及的面广泛

D. 法定公文较事务文书的格式要求严格

E. 法定公文一般都需要标明发文字号、并需要在秘密等级紧急程度上加以区分，而事务文书则一般没有这方面的要求

6. 计划的正文一般包括（　　）

A. 目的和依据　　B. 目标和任务　　C. 经验和教训

D. 措施和步骤　　E. 执行希望

7. 对制定计划的正确理解（　　）

A. 计划总是事前制定的

B. 计划是对实践起指导作用的

C. 计划是有时效的

D. 计划在实践中可以适当调整的

E. 计划可以有若干种分类方式

8. 总结的内容主要包括（　　）

A. 基本情况　　B. 指导思想　　C. 成绩和做法

D. 经验和教训　　E. 今后打算

9. 简报是统称，以下属于简报名称的是（　　）

A. 《××简讯》　　B. 《××动态》

C. 《××通讯》　　D. 《故事新编》

E. 内部参考

10. 规章制度的标题写法不尽相同，常见的有以下几种（　　）

A. 由发文机关、内容、文种构成

B. 由内容和文种构成

C. 由发文机关和文种构成

D. 由文种构成

E. 由发文机关和内容构成

四、改错题

题目：下边是张贴在校内的“招领启事”，请认真阅读，指出其中的错误并改正。

招领启事

昨天中午，本人在从教室到校礼堂的路上拾到一串钥匙。这串钥匙有五个是铝制的，

两个是铜制的。拴钥匙的链上还挂着一只红色的塑料小熊猫。

望失主速来认领。

章小春

五、写作题

1. 万宝电器集团技术服务中心因为业务发展需要，拟在本市招收合同工数名。凡户口在广州市，具有大专毕业文化程度的待业青年，年龄在20~25岁，身体健康者，可持学历证明到该中心劳资科报名，经考试，择优录取。报名日期：×年×月××日，招工简章可向该中心传达室索取。根据以上内容代该中心写一份招工启事。

2. 某医学院校团委举办元旦庆祝活动，届时将有多项活动，包括举行篮球比赛、读书报告会、文艺联欢会、电影专场、书画展等。请拟一个条款式活动计划，计划名称、内容及说明均要求具体明确，有关内容如时间、地点、负责人等可以虚拟。

3. 根据你在校住宿的实际情况，拟写一份文明住宿的公约。

第五章

公关礼仪文书写作

第一节　感谢信　慰问信

学习目标

知识要求

1. 掌握感谢信、慰问信的构成要素。
2. 熟悉撰写感谢信、慰问信的技能要求。
3. 了解感谢信、慰问信的概念、用途、分类等。

技能要求

1. 能从格式、内容、语句上辨别感谢信、慰问信的正误。
2. 能写规范的感谢信。

扫码“学一学”

感 谢 信

任务情境

××医学院××级药学专业的毕业生被安排在某二级甲等综合性医院药剂科进行了为期六个月的实习，现已实习结束。在实习期间，学生们在工作、学习、生活诸方面得到了医院领导和药房主任及各位老师的极大帮助。作为一名将要步入工作岗位的毕业生不仅巩固了所学的专业知识，而且进一步提高了专业技能，也学习了老师们的敬业精神及优秀品质，为今后的工作奠定了坚实的基础。如果你是实习生中的一员，在临近离开之际，为了表达自己的感激之情，需要写一封感谢信，你知道感谢信的基本写法吗？

知识要点

一、感谢信的概念

感谢信是在得到有关单位或个人给予的关心、支持或帮助后，向对方表示感谢的专用书信。感谢信对于弘扬正气、树立良好的社会风尚，促进社会主义精神文明建设有着重要意义。它广泛应用于个人与个人之间、个人与组织之间、组织与组织之间，用以向给予自己帮助、关心和支持的对方表示感谢。

二、感谢信的常见类型

根据被感谢对象的不同可以分为两类。

1. 普发性感谢信　对众多的单位或大众表示感谢。

2. 专指性感谢信　被感谢者为特定的单位或个人。

根据感谢信的存在形式可以分为四类。

1. 直接寄送给感谢对象。
2. 寄送对方所在单位有关部门或在其单位公开张贴。
3. 寄送给广播电台、电视台、报社、杂志社等媒体公开播发。
4. 通过网络平台播发。

构成要素及格式模板

一、构成要素

感谢信是由标题、称谓、正文、结语、落款构成的。

二、格式模板

构成要素	模　　板
标题：只写文种；也可加上感谢对象；还可再加上感谢者。 **称谓**：单位名称或个人姓名。 **正文**：1. 感谢对方的理由 2. 表达感谢之意 3. 感谢信结语 **落款**：1. 单位名称或个人姓名 2. 日期（阿拉伯数字）	**感谢信** ×××××： 　　××××××××××××××××××××××× ×，×××××××××××××××××××。 　　××××××××××××××××××××××××。 　　此致 敬礼 单位署名（加盖印章） ××××年××月××日

三、感谢信各部分的格式、内容和写法要求

（一）标题

一般有三种写法：第一种即写文种“感谢信”；第二种由受文单位和文种组成，如“致×××的感谢信”；第三种由发文机关、受文单位和文种组成，如“×××全家致×××市×××医院的感谢信”。

（二）称谓

写被感谢的单位名称或个人姓名，根据情况可以在名称或姓名前加“尊敬的”“亲爱的”等修饰语，以表敬重；后缀“先生（女士）”或职务（职称）。如“×××制药厂”“尊敬的×××先生”。称呼之后加冒号。

（三）正文

其内容一般要写明两方面的内容：一是写感谢对方的理由，二是表达感谢之意。

1. 感谢理由　即“为什么感谢”首先准确、具体、生动地叙述对方的帮助，交代清楚人物、时间、地点、事迹、过程、结果等基本情况；然后在叙事基础上对对方的帮助作恰当、诚恳的评价，以揭示其精神实质、肯定对方的行为。在叙述和评价的字里行间要自然渗透感激之情。

2. 表达谢意　在叙事和评论的基础上直接对对方表达感谢之意，根据情况也可在表达谢意之后表示以实际行动向对方学习的态度。

（四）署名与日期

在感谢信的右下方写感谢者的单位名称（加盖单位印章）或个人姓名。用阿拉伯数字标识成文时间，年、月、日俱全。如××××年××月××日。

写作技能要求

一、内容要真实，用语要适度

感谢信的内容必须确有其事，不可夸大溢美。感谢信以感谢为主，兼有表扬，所以表达谢意时要真诚，说到做到。感谢信叙事要精练，以主要事迹为主，详略得当，篇幅不能太长，点到为止；用语要简洁，遣词造句要把握好一个度，不可过分雕饰，评誉对方要恰当，不能过于拔高，以免给人一种不真实、虚伪的感觉。

二、揭示意义

在叙述事实的基础上指出对方的支持和帮助对整个事情成功的重要性以及体现出的可贵精神，同时表示向对方学习的态度和决心。

例文评析

【例文1】

感谢信

（标题：由文种构成）

尊敬的××医院领导、老师：

您们好！

（称谓：写感谢的对象，可以用尊称或敬语。）

我们是××医学院××级药学专业的实习生，在贵医院为期半年的实习已接近尾声。在此，诚挚地感谢贵医院给我们这次实习的机会！也诚挚地向各位关心、指导我们的老师说声："老师，您们辛苦了！谢谢您们！"

参加实习是我们从学校踏入社会的第一步。回忆实习期间的点点滴滴，心里充满着感激和快乐！在这里，我们不仅巩固了知识，提高了专业技能，也获得了很多快乐！在药剂科实习的近半年里，老师们教我们知识、与人交流与人沟通的能力以及处事道理，关心我们的生活！药剂科的每位老师都对我们很好！药库、票据管理室、窗口服务的老师们也对我们很好！在这里我们感觉到一种大家庭的温暖！

（感谢的理由，写明在什么时候得到对方什么关心、支持和帮助，对此表示感，叙述事实真实清楚。）

各位老师严谨的工作作风，精湛的专业技能，崇高的敬业精神让我们受益匪浅，这也是我们今后努力的方向。

在此，我们药学专业的实习生再次向您们说声："谢谢您们！"感谢您们给我们的教导、关心和帮助！感谢教育科的老师让我们实习顺利！也感谢师兄师姐们在生活上给我们的关照！衷心祝福每一位领导、老师：身体健康、天天开心、合家幸福！祝贵院的医疗和教育事业蒸蒸日上！

（得到对方关心、支持和帮助后，有什么效果，在今后将起什么作用。再次向对方表示感谢。）

（这是一篇专指性写给有关单位的感谢信，感情真挚，语言简洁，表达清楚。）

此致

敬礼

（使用规范的结语）

××医学院××级药学专业实习学生

××××年××月××日

（在右下方写感谢者，由于不是以个人名义写的，所以不用署名。成文时间用阿拉伯数字标识，年、月、日俱全。）

【例文 2】

致××市中心医院的感谢信

（标题：由受文单位和文种组成构成）

××市中心医院各级领导、医护人员：

（称谓：被感谢的对象）

我们是×××患者的家属，我母亲患有严重的心脏病，同时还有糖尿病、高血压等系列疾病，多次入住贵院，在医护人员的精心治疗和护理下，几次都转危为安。在此，我们代表全家人向贵医院表示衷心的感谢，向心内科的×××等医生及全体医护人员表示衷心的感谢！

在我母亲长期住院期间，心内科的全体医护人员，以高度负责的精神，不辞劳苦，一次又一次进行检查、治疗，及时缓解、稳定了母亲的病情。她们爱岗敬业的精神和对家母的关心体谅都让我们深受感动。

特别是主治医师×××大夫，针对家母的病情，制订了适当的治疗方案；不厌其烦地一次次询问家母的感受，还详细地把病情的进展解释给我们听，叮嘱我们平时注意事项，让我们感到非常亲切。×××医生对待患者耐心细致，治疗处方严谨、全面。她想患者之所想，急患者之所急，待患者如亲人，其和蔼的态度，贴心的话语使我们得到了很大的宽慰。

（写明了感谢的理由）

作为患者的家属，一句简单的“谢谢”已不足以表达我们的感激之情；作为患者能遇到这样医术精湛、医德高尚的医生真是莫大的欣慰！

最后，请允许我们代表全家，再次向贵医院及心内科全体医护人员表示真诚地感谢！并致以深深地敬礼！在此新春之际，恭祝医院各位领导及全体医护人员事业畅达、身体健康、阖家欢乐！

（表达了谢意）

（正文：叙述了感谢的缘由和对方事迹，清楚明白，在阐述基础上对对方的帮助作恰当、诚恳的评价，颂扬了品德，情感由衷真挚。）

此致

敬礼

（结语规范）

×××家属

2014 年 2 月 4 日

（落款位于正文左下方，成文日期下一行排列）

慰问信

任务情境

春节是中华民族的传统节日，是阖家团圆的好日子。××省海润药业有限公司过去的一年在全体员工的共同努力下取得了长足的发展，企业在产品质量、新厂建设、市场营销、科技研发、企业管理等方面取得辉煌的成绩。在春节来临之际，为了感谢和问候大家，鼓励大家在新的一年取得更大成绩，董事长×××先生要写一封致全体员工及其家人的慰问信。如果你是×××先生，这封慰问信该怎么写呢？

知识要点

一、慰问信的概念

慰问信是以组织或个人的名义，向在某方面做出特殊贡献、遇到意外损失和遇到巨大灾难的集体或个人表示热情关怀和亲切问候的一种专用书信。

慰问的对象可以是节假日坚守岗位的人员（如：解放军、科研工作者、服务行业的人员等）；可以是各条战线上取得显著成绩，做出重大贡献的个人或集体；可以是灾区人民和抗灾官兵；也可以是海外同胞或留学生等等。慰问信能体现组织的关怀及亲友、同志之间的情谊，给人以精神上的慰藉。也具有宣传、鼓励的作用，鼓励人们无论是在成绩还是在困难面前都应勇往直前。慰问信多以张贴、登报，在电台、电视上播放的形式出现，也可以直接寄给慰问对象。

二、慰问信的常见类型

从慰问的对象内容上看，慰问信可分为三种类型。

（一）表彰性的慰问信

这是对在重大斗争中取得胜利、在重要工作中取得成就、在重大活动中获得成果的集体或个人所发的慰问信。

（二）安慰性的慰问信

这是对遭受灾难袭击或不幸事故的集体或个人发出的慰问信。如发生地震、洪灾、旱灾等自然灾害，政府等有关部门就需要向灾区的民众进行慰问。意外事故造成了伤亡，有关单位需要向受伤及死亡者家属表示慰问；烈士为人民的利益捐躯，政府和人民也都会对他们的亲属表示慰问。

（三）节日慰问信

在重要的节日，如元旦、春节、国庆节、教师节等，党政机关、社会团体、企事业单位等，也需要对群众或特定人员进行慰问。

构成要素及格式模板

一、构成要素

慰问信通常由标题、称谓、正文、结尾、落款五部分构成。

二、格式模板

构成要素	模　板
标题：只写文种；也可由慰问对象和文种组成；还可由慰问双方和文种名组成。	**慰问信**
称谓：单位名称或个人姓名。	×××××：
正文：一般由发文目的、慰问缘由或慰问事项等部分构成。	××××××××××××××××××××××× ×，×××××××××××××××××××。 ××××××××××××××××××××××× ×，××××××××××××××××××××××。 ××××××××××××××××××××××。
慰问信结尾	祝节日愉快！
落款：1. 单位名称、姓名 2. 日期（阿拉伯数字）	单位名称或个人姓名 ××××年××月××日

三、慰问信各部分的格式、内容和写法要求

（一）标题

一般有三种写法：第一种单独由文种名称组成，如“慰问信”；第二种由慰问对象和文种共同组成，如“致中国人民解放军驻××省部队全体指战员的春节慰问信”；第三种由慰问双方和文种共同组成。如“习近平致中国援非全体医疗队员的慰问信”。

（二）称谓

标题下空一行，要顶格写上受文者的名称或姓名称呼。如果是写给个人的，应在姓名之后，加上“同志”“先生”等字样，后加冒号。如“郑州市人民政府：”“鲁迅先生：”。

（三）正文

正文需另起一行，空两字写慰问的内容。

一般包括三方面的内容：

第一层，简要叙述因何事向对方写慰问信。

该部分要开宗明义，写清楚发此信的目的是代表何人向何集体或个人表示慰问。如“中共杭州市委慰问驻杭部队军烈及转业军人”的开头：

“值此新春佳节即将到来之际，中共杭州市委、市人大常委会、市人民政府、市政协代表全市人民，真诚地向你们及亲属表示亲切的慰问，并致以崇高的敬意。”

第二层，详细叙述对方的业绩或所遭受的困难。

本部分要概括地叙述对方的先进思想，先进事迹，或战胜困难、舍己为人、不怕牺牲的可贵品德和高尚风格；或者简要叙述对方所遭受的困难和损失，以示发信方对此关切的

程度。要表现出发信方的钦佩或同情之情。

第三层，结合当前形势，提出希望、号召或对慰问对象予以鼓励。

（四）结尾

结尾表示共同的愿望和决心。如“让我们携手并进，为早日实现中华民族伟大复兴的中国梦而共同奋斗”，又如“……困难是暂时的，最后的胜利一定属于我们！”等。接着写祝愿的话，如“祝你们取得更大的成绩”“祝节日愉快”等等，但祝愿的话应另起一行，空两格写，不得连写在上文末尾。

（五）落款

署名与日期。慰问信的落款要署上发文单位或发文个人的称呼，并在署名右下方署上成文日期。如：2015 年 1 月 18 日。

写作技能要求

1. 向对方表示出无限亲切、关怀的感情，使对方有一种情谊深厚、温暖如春的感觉。

2. 在较全面地概括对方的可贵精神的同时，并提出殷切希望，勉励他们继续努力工作，刻苦奋斗，取得胜利。

3. 行文要诚恳、真切，文字朴实、精炼，措辞要恰当，篇幅要短小。具体叙述对方的先进事迹时务必交代清楚人物、事件、时间、地点、原因和结果，尤其重点叙述关键时刻对方给予的关心和支持。

例文评析

【例文 1】

××省海润药业致全体员工及家人的慰问信

（标题：由慰问双方和文种共同组成）

亲爱的海润药业全体同仁及家人：

你们好！

（称谓：写慰问的对象，可以用尊称或敬语。）

骏马辞年去，吉羊献岁来！值此新春佳节来临之际，我谨代表公司向坚守岗位、辛勤工作的全体员工向长期默默奉献、支持公司发展的家属同志们，表示衷心的感谢和诚挚的问候！恭祝大家在新的一年万事如意、阖家幸福！

（正文：简述因何事向对方表示出了感谢和关怀，感情真挚。）

过去的一年，是全面贯彻党的十八大精神的开局之年，也是海润药业在新一轮经济转型背景下，加快发展方式转变的关键之年。面对市场竞争的严峻挑战和同行业竞争发展的巨大压力，公司积极适应市场环境，拓展新市场，公司不仅扩大了经营规模，而且的新生产基地建设即将竣工。面对公司的蓬勃发展和壮大，相信每个海润人都无比欣慰和自豪。

海润药业的成绩离不开您的付出、您的汗水和您的努力。在此，我代表公司对您的付出表示衷心的感谢和诚挚的祝贺！您的成绩背后是您家人的理解和大力支持，请您向他们捎去我诚挚的问候和衷心的感谢！

海润药业“心怀苍生大爱，用心经营健康”的企业理念让我们肩负着将民族传统中医药发扬光大、开创人类生命健康事业的时代责任和神圣使命，同时也让我们倍增无限荣光。它让我们清楚地认识到了我们的事业的伟大之处，让我们认识到自己的人生价值所在，并促使我们在产品质量、新厂建设、市场营销、科技研发、企业管理等方面取得如此辉煌的成绩。为此我们无比骄傲和自豪，因为我们从事的是人类的健康事业，我们所做的事业将帮助天下黎民苍生摆脱病痛的纠缠，我们要吸收汲取一切古今中外的人类自然科学和社会科学的文明营养，心系万众健康，立志医药济世，成就百年大业。

（慰问的缘由，详细全面叙述由于大家的努力给公司带来的业绩。）

在此前提下，有我们累积多年的坚实基础，有我们大家的共同努力，相信我们公司的前景也必将更加美好。让我们以更大的热情，以加倍的努力，同舟共济，开创海润药业辉煌灿烂的明天！（结尾：结合当前形势，提出希望、号召。）

诚挚地祝您阖家团圆，生活美满，万事顺意，幸福安康！

××省海润药业有限公司　董事长×××

××××年×月×日

（落款：在右下方写单位名称和个人姓名。成文时间用阿拉伯数字标识，年、月、日俱全。）

【例文 2】

致邹韬奋夫人沈粹缜的慰问信

（一九四五年九月十二日）

（标题：由受文对象和文种组成）

粹缜先生：

（称谓：是写给个人的，在姓名之后，加上“先生”。）

在抗战胜利的欢呼声中，想起毕生为民族的自由解放而奋斗的韬奋先生已经不能和我们同享欢喜，我们不能不感到无限的痛苦。您所感到的痛苦自然是更加深切的了。（正文：点明慰问的时间、缘由，表达对邹韬奋先生的深切怀念和对邹韬奋夫人的亲切慰问。）我们知道，韬奋先生生前尽瘁国事，不治生产，由于您的协助和鼓励，才使他能够无所顾虑地为他的事业而努力。现在，他一生光辉的努力已经开始获得报偿了。在他的笔底，培育了中国人民的觉醒和团结，促成了现在中国人民的胜利。中国人民一定要继续努力，为实现韬奋先生全心向往的和平，团结，民主的新中国而奋斗不懈。韬奋先生的功业在中国人民心目中永垂不朽，他的名字将永远是引导中国人民前进的旗帜。（概述邹韬奋先生的光辉功业，赞扬支持他“无所顾虑”“奋斗不懈”的邹韬奋夫人，从而进一步表达亲切慰问之情。）想到这些，您，最亲切地了解韬奋先生的人，一定也会在苦痛中感到安慰的吧！您的孩子——嘉骝，在延安过得很好，他的品格和勤学，都使他能无负于他的父亲，这也一定是可以使您欣慰的事吧！谨向您致衷心的慰问，并祝您和您的孩子们健康！

（略述嘉骝在延安的表现，更具体地表达了慰问之情。）

周恩来　启

卅四年九月十二日

（落款：在右下方写姓名。成文时间。）

知识链接

感谢信与慰问信的异同

一、相同点

感谢信与慰问信都是书信体文书，发送方式一样，书写格式也一样。二者都有表扬的成分。

二、不同点

1. 内容侧重点不同　感谢信重在表示谢意，多讲对方对自己的帮助和支持，而慰问信则重在表示慰问，多讲对对方的勉励和激励。

2. 写作对象略有不同　感谢信可以是感谢单位的，也可以是感谢个人的，而慰问信则多是对某些单位、集体或群众表示慰问。

第二节　贺信　祝词

学习目标

知识要求

1. 掌握贺信、祝词的构成要素。
2. 熟悉撰写贺信、祝词的技能要求。
3. 了解贺信、祝词的概念、分类等。

技能要求

1. 能从格式、内容、语句上辨别贺信、祝词信的正误。
2. 能写规范的贺信。

扫码“学一学”

贺　信

任务情境

今年是××医药技师学院建校四十年，学院党委决定于九月十日举办庆祝活动。××医药集团有限责任公司与该校进行了多年的校企合作，建立了深厚的友谊。××医药技师学院为公司输送了大批专业人才，为企业的升级和发展做出了很大贡献。在此，××医药集团有限责任公司要发一封贺信，你知道贺信的书写格式吗？

知识要点

一、贺信的概念

贺信是指行政机关、企事业单位、社会团体或个人向其他集体单位或个人表示祝贺的一种专用书信。如对科研任务的完成，重要工程的开工、竣工，重大会议的开幕、闭幕，国家首脑的任职，企事业单位的成立或庆典，重要人物的寿辰等都可写信表示祝贺。贺信对于双方沟通感情、增进友谊、促进团结、相互激励有着重要作用。

二、贺信的常见类型

1. 按作者类型　国家贺信、单位贺信、个人贺信。

2. 按内容　重要节日祝贺、取得工作成绩祝贺、获得重大成就祝贺、有重大喜事祝贺。

构成要素及格式模板

一、构成要素

贺信一般由标题、称谓、正文、结尾和落款五部分构成。

二、格式模板

构成要素	模　板
标题：文种；祝贺方和文种；受贺方和文种；祝贺、受贺双方和文种。 **称谓**：单位名称或个人姓名。 **正文**：1. 开头 2. 主体 **结尾**： “此致敬礼”，或鼓励或希望或表示良好的祝愿。 **落款**：1. 单位名称、姓名 2. 日期	**贺　信** ×××××： 　　值此×××××之际，谨代表×××向×××××表示热烈的祝贺！××××××××××××××××××××××××××，×××××××××××××××。 　　祝×××××！ 单位名称或个人姓名 ××××年××月××日

三、贺信各部分的格式、内容和写法要求

（一）标题

标题通常有四种：第一种只写文种名称“贺信”二字。第二种由祝贺单位名称或个人姓名和文种构成，如“××县人民政府贺信”“××同志的贺信”。第三种由受贺单位名称或个人姓名和文种构成，如“致××大学建校50周年的贺信”“致××教授从教60周年的贺信”。第四种由祝贺单位名称或个人姓名、受贺单位名称或个人姓名和文种构成，如“××省人民政府致××大学建校100周年的贺信”“×××同志致 ×××先生80寿辰的贺信”等。个人之间的贺信也可不写标题。

（二）称谓

顶格写受贺单位名称或个人姓名与尊称。如“××医药公司”“尊敬的×××先生”。

（三）正文

正文一般分三层：

1. 开头 一般简要交代背景和有关情况，并表示祝贺，以营造热烈的气氛。如“值此……之际，谨代表……向……表示热烈的祝贺！并致以崇高的敬意！”

2. 主体 应根据受贺对象而写。如是祝贺对方完成科研任务，就充分肯定并热情赞扬对方取得的重大成就或突出贡献，以及根本原因和重要意义；如是祝贺工程的开工，就重点写该工程开工的重要意义；如是祝贺会议，就重点写会议的主要内容和重要意义；如是祝贺单位的成立，就重点写该组织成立的重要意义和作用；如是祝贺寿辰，就重点写对方的突出贡献和高贵品质。主体的字里行间应表达对对方的赞扬、表彰之意。

（四）结尾

一般以“此致敬礼”作结。也可表示热情的鼓励和殷切的希望或表示良好的祝愿，如“祝争取更大的胜利”“祝您健康长寿”等。

（五）落款

署名与日期。写祝贺单位名称或个人姓名和写信时间。

写作技能要求

1. 贺信要体现的是自己真诚的祝福，是加强彼此联系、增强双方交流的重要手段。所以贺信要写的感情饱满充沛，冷冰冰的陈述、评价是表达不出贺者心愿的。

2. 贺信内容要真实，评价成绩要恰如其分，表示决心要切实可行。不可空发议论，空喊口号。

3. 语言要求精炼、简洁、明快，不堆砌华丽辞藻。篇幅要短小精悍。

例文评析

【例文1】

××医药集团有限责任公司致××医药技师学院四十周年校庆贺信

（标题：由双方单位名称加文种构成）

××医药技师学院：（称谓：顶格写受贺单位名称）

适值教师节，欣闻贵院隆重举行建校40周年庆典，谨向贵院全体师生员工及广大校友致以诚挚而热烈的祝贺！（正文：交代背景和有关情况，并表示祝贺。）

四十年来，××医药技师学院秉承“明德厚能、敬业乐群”的职教理念，将保障人类健康的医药与百年大计的教育相结合，遵循“就业才是硬道理”的指导思想，精心施教，保证每位莘莘学子能够学有所长、学以致用、学有所成。贵院始终紧跟时代步伐，锐意进取，砥砺耕耘，励精图治，自强不息，坚持教育创新，突出办学特色，为医药战线培养了大批优秀人才，为我国医药事业的发展做出了重要贡献！

回顾往昔，多年来××医药技师学院与我医药集团全方位、多层次精诚合作、携手共进，取得了丰硕的合作成果，结下了珍贵的深厚友谊，堪称校企合作的典范。展望未来，××医药技师学院与我集团公司科研与人才等方面交流合作的前景更加广阔。站在新的历史起点上，我们真诚希望贵院与我集团公司交流合作的规模进一步扩大，合作的内容进一步拓宽，合作的水平进一步提高。

值此庆典之际，祝××医药技师学院以此为契机，不断抓住新机遇，迎接新挑战，构筑新优势，赢得新发展，创造新辉煌，建设成为特色鲜明、国内一流的职业院校，为我国医药教育与科研事业再谱新篇章！

（正文：肯定并热情赞扬对方取得的重大成就及重要意义，字里行间表达了对对方的赞扬和对美好未来的展望。）

预祝××医药技师学院40周年庆典圆满成功！（结尾：表示良好的祝愿）

××医药集团有限责任公司

××××年×月×日

（落款：在右下方写单位名称和成文日期）

【例文2】

贺 信

（标题：只写文种）

尊敬的×公司×××董事长并全体同仁：（称谓：顶格写受贺单位名称）

欣闻×药业公司成功改制为×公司，这是×公司发展历程中具有里程碑意义的大喜事。

值此×公司揭牌之际，×公司董事长兼总经理×××携全体员工向×公司×××董事长及全体同仁致以最热烈的祝贺！　　　　（正文：开头，交代背景和有关情况，并表示祝贺。）

×公司诞生于革命战争年代，发展壮大于改革开放的新时代。具有×年革命光荣历史的×公司秉承“×”的企业精神，解放思想，更新观念，抢抓机遇，求真务实，开拓进取，创造了一个又一个药业奇迹，为我国医药工业的发展和现代化建设做出了突出的贡献，成为国内医药界学习、尊敬和推崇的楷模。

×药业有限公司改制为×公司掀开了企业发展崭新的一页，也标志着×公司向着现代化、国际化大公司又迈出了更加坚实的一步。我们坚信，在×××董事长及董事会的正确领导下，通过经营层和全体员工的不懈努力，贵公司必将迎来更加辉煌和灿烂的明天！

最后，借×公司揭牌之际，衷心希望我们同心携手，进一步增进相互间的友谊，不断加强双方的合作，用智慧和双手创造我们更加美好的未来。

（正文：主体，肯定受贺单位的发展历程，热情赞扬对方取得的重大成就及重要意义，字里行间表达了对对方的赞扬和祝贺之意。）

衷心祝愿×公司蒸蒸日上，兴旺发达！

衷心祝愿贵公司全体员工身体健康，生活更加美好！　　　　（结尾：表示良好的祝愿）

（全文简短明快，热情有力。）

×××公司

××××年×月×日

（落款：在右下方写单位名称，成文时间。）

祝　词

任务情境

我们已经进入了一个全面公共关系时代，经营管理效能体现企业的公共关系水平。春节将至，为了感谢公司全体员工，表达对大家的新春祝福，鼓励大家在新的一年取得更大成绩，为公司的发展做出更大贡献，××医药公司总经理×××先生要写一篇新年祝词。你知道祝词的格式吗？

知识要点

一、祝词的概念

祝词，也写作“祝辞”，是指对人或对事表示祝贺的言词或文章。它主要用于机关、团体、组织、企事业单位或个人对某个会议、某项事业、某种事物或个人的某个特定日子、事件等表示祝愿、希望。

二、祝词的常见类型

（一）事业祝词

这是常用的一种祝词，多用于祝贺会议开幕、工程竣工、剪彩、新年伊始，以及某社团、机构、报刊创办或节日、纪念日等。

（二）寿诞祝词

寿诞祝词的对象主要是老年人。祝词的主要内容：一是庆祝、祝愿某人幸福、健康、长寿；二是赞颂其品性、功德。

（三）祝酒词

祝酒，在现代社会已发展成为一种招待宾客的礼仪。客人初到，设宴洗尘，宴会伊始，主人和客人都要致祝酒词。酒并不是祝的对象，而是人们交往中的一种媒介，一种祝愿形式。祝酒词的写法与事业祝词的写法基本相同，只是开头、结尾略有区别，结尾时一般都要提出为参加宴会及与之有关人员的健康、为与宴会有关的事业的发展干杯。

构成要素及格式模板

一、构成要素

祝词通常有称呼、正文、结尾、署名和日期几部分。

二、格式模板

构成要素	模　板
标题：只写文种；也可不写。 **称谓**：一般要用全称，称谓要得体。 **正文**： 先表示祝贺或欢迎；介绍形势、背景及重要意义；给予适当的评价并给以鼓励。 **祝词结语** **落款**：署名和日期	**祝　词** ×××××： 　　×××××××××××××××××××××××××，××××××××××××××××××××。××××××××××××××××××××××××××，××××××××××××××××××××。 　　我们衷心的祝×××××！ ××× ××××年××月××日

三、祝词各部分的格式、内容和写法要求

（一）标题

不要标题或通常只写文种，但也有“××××年新年祝词”等标题形式。

（二）称谓

一般要用全称，称谓要得体；有时还要注意具体场合，尽可能在称呼中包括全部在场

的人。

（三）正文

首先应根据具体情况，或对会议的召开、活动的举行、工厂的开工，或对对方的喜庆、事业有成，或对贵宾的来访等表示祝贺或欢迎。对重要会议或重大事件，还要用相当的篇幅介绍形势、背景及重要意义；对重要人物，还要概括其主要功绩，给予适当的评价；对某人的事业有成，也可以简要介绍一下其成就，分析一下取得成就的原因并给以鼓励。

（四）结尾

一般都有固定的语言。当然，也可以根据双方的特殊关系，根据不同的场合、不同的事件，另拟更为合适的祝词。

（五）落款

一般情况下，正式的、较为隆重的祝词，都要完整地在正文结尾后署上名字（是单位要写明全称）、日期，有的还注明具体地点，也有的把日期写在标题下。

写作技能要求

写好祝词，最重要的一点是要有公关意识。具体要注意以下几个方面：

1. 动笔之前，要尽可能完整地了解祝贺对象的基本情况，这样写来的祝词就会切人切事，言之有物。

2. 表达祝贺之意。祝贺是祝词的核心，虽然在阐述、评价中体现了祝贺之意，但是还必须有直接的祝贺语言。这种祝贺词，既要热情、诚恳，又要简洁、自然，要说到客体心坎上。

3. 要注意彼此的关系，切合双方的身份。

4. 祝词要有真挚的感情，写得热情洋溢。标题要醒目、新颖、简洁，最好是能在一瞥之间就把人的兴趣和注意力紧紧抓住。

例文评析

【例文 1】

祝　词

（标题：只写文种）

各位朋友：　　　　（称谓：顶格）

大家好！　　　　（问候语：另起一行空两格）

非常荣幸，我受各位委托，代表大家向我们共同的朋友×××先生祝贺生日。

（正文：先表明目的是受委托专程来祝贺）

相信大家和我一样，之所以专程赶来参加×××先生的生日晚会，是为了向他表达我们的敬重与谢意。

能够成为×××先生的朋友，是我们的一大幸事。他不仅具有出众的才干、令人景仰的成就，而且是我们可以患难与共、推心置腹的挚友与知己。

尊敬的×××先生，愿您永葆青春，永远精神抖擞，事业与生活都永远顺心如意。年年有今日，岁岁有今朝。（正文：称颂、赞扬对方，语言精练、简洁，感情真挚。）

亲爱的×××先生，我们衷心的祝您生日快乐！（结尾：表示祝愿）

×××

××××年××月××日

（落款：署名和日期）

【例文 2】

××医药公司 2019 年新春祝词

（标题：由内容和文种组成）

尊敬的公司全体员工：（称谓：顶格，尽可能包括接受祝词的所有人。）

梅花映春晖，金猪报喜来。在这个举国同庆的日子里，我谨代表××医药公司领导班子，向过去一年来努力工作、辛勤付出、无私奉献的全体员工，致以诚挚的问候、新春的祝福和美好的祝愿！（正文：先表明祝词的目的是对新年的到来表示祝福。）

过去的一年，由于全体员工的辛勤努力与奉献，公司保持着健康、稳步、持续的发展势头。面对国内，国际市场风云变化，全体员工精诚合作，兢兢业业，谱写了公司发展的新篇章。公司改变了经营策略，和国内外客户建立长期稳定合作关系，启用规模化新厂房、引进现代化设备、增强新药品开发实力、借鉴推行成功企业的管理成果等等，从而较好地提升了企业的竞争力，为公司的发展夯实了基础。这些成绩的取得，是全体员工集体智慧、汗水和奉献的结晶，充分展现出公司员工的创业精神和拼搏作风，实践着员工与企业的和谐进步！

2019 年，公司将进一步深入体制改革，推进多元化药品经营，寻求更大的发展空间。同时，公司把人才战略放到更加重要的位置，努力引进更多的管理人员，技术人才并提供更为广阔的发展舞台。展望 2019 年的奋斗目标与发展蓝图，我们坚信：新的一年、新的希冀、新的耕耘，通过全体员工的共同努力，公司一定能实现新的飞跃、新的辉煌！

（正文：对过去一年的成就进行了肯定和评价并分析了取得成就的原因；对新的一年提出了鼓励和希望。）

最后再一次祝大家在新的一年里身体健康、阖家欢乐、工作顺利、心想事成！

（结尾：再次表示祝愿）

×××

2019 年 2 月 18 日

（落款：署名和日期）

（这是一篇新春祝词。格式完整，内容紧扣祝词的背景和内容，抓住重点，善于概括，充分揭示了祝词内容的意义。感情热烈而真诚，富有鼓舞人心的力量。）

知识链接

贺词（信）与祝词的区别

贺词（信）与祝词都是用于喜庆祝贺的文书，在某些场合可以互用，既表示庆贺、道喜，又提出祝愿、祈求。但二者所包含的意义并不完全相同：

1. 贺词（信）一般用于对事物有了结果表示庆贺、贺喜、赞美。例如某项科研成果通过了国家鉴定。

2. 祝词是对特定的对象表示良好祝愿，是对预期结果的祝愿、祈求、祝福。例如某合资企业开业典礼。

第三节　欢迎词　答谢词

学习目标

知识要求

1. 掌握欢迎词、答谢词的构成要素。
2. 熟悉撰写欢迎词、答谢词的技能要求。
3. 了解欢迎词、答谢词的概念、用途、分类等。

技能要求

1. 能从格式、内容、语句上辨别欢迎词、答谢词的正误。
2. 能写规范的答谢词。

扫码“学一学”

欢迎词

任务情境

今年是××制药厂建厂30周年，厂领导决定于××××年××月××日举行庆典活动。为此特意邀请了与本厂有长期合作关系的单位及业内同仁参加。为了欢迎和感谢大家的到来，届时××制药厂厂长×××先生要致辞欢迎。如果你是×××先生，应该怎么写这个欢迎词呢？

知识要点

一、欢迎词的概念

欢迎词是行政机关、企事业单位、社会团体或个人在举行隆重庆典、大型集会、欢迎仪式或洗尘宴会上，主人对友好团体或个人的来访表示欢迎的讲话稿。

简言之，对来宾表示欢迎的讲话稿。

二、欢迎词的常见类型

（一）现场讲演欢迎词

一般由欢迎人在被欢迎人到达时在欢迎现场口头发表的欢迎稿。

（二）报刊发表欢迎词

这是发表在报刊或公开发行刊物之上的欢迎稿。它一般是在客人到达前后发表。

（三）私人交往欢迎词

私人交往欢迎词一般是在个人举行较大型的宴会、聚会、茶会、舞会、讨论会等非官方的场合下使用的欢迎稿。通常要在正式活动开始前进行。私人交往欢迎词往往具有很大的即时性、现场性。

（四）公事往来欢迎词

这样的欢迎词一般在较庄重的公共事务中使用。要有事先准备好的得体的书面稿，文字措辞上的要求较私人交往欢迎词要正式和严格。

构成要素及格式模板

一、构成要素

欢迎词一般由标题、称谓、正文、结语、落款五部分构成。

二、格式模板

构成要素	模　　板
标题：只写文种；由活动内容和文种构成；三要素齐备。 **称谓**：顶格写，可用尊称或泛称。 **正文**：一般由欢迎的事由和欢迎词的主要内容组成。 **结语**：再次表示欢迎 **落款**：致辞单位名称、致辞者的身份、姓名，成文日期。	**欢 迎 词** ×××××： 　　×××××××××××××××××××××××，××××××××××××××××××××××××××，×××××，××××××××××××××××××，××××××××××××。 　　再一次对你们的光临表示热烈欢迎！ 单位名称或个人姓名 ××××年××月××日

三、欢迎词各部分的格式、内容和写法要求

（一）标题

写法一般有三种：一是只写文种；二是由活动内容和文种共同构成；三是三要素齐备。

（二）称谓

称谓有两种，可用尊称，即写明宾客个人姓名，在姓名后加上职务或头衔；也可采用泛称。有的在前面加上表示亲切程度的修饰语，如“尊敬的”“敬爱的”等。

（三）正文

正文一般包括以下几方面内容：

1. 开头　写明事由，通常介绍来宾访问的背景情况，对客人的来访表示欢迎、问候或致意；

2. 主体　即欢迎词的主要内容：阐述和回顾宾主双方在共同的领域所持的共同的立场、观点、目标、原则等内容，同时要指出来宾本次到访或光临对增加宾主友谊及合作交流所具有的现实意义和历史意义。

（四）结语

以简短话语，再次表示欢迎，并进一步表达对今后合作的良好祝愿。如“再一次对你们的光临表示热烈欢迎”“祝你们的来访取得圆满成功”“祝你们访问期间过得愉快”等。

（五）落款

致辞单位名称、致辞者的身份、姓名，成文日期。落款可酌情简化。

写作技能要求

一、感情要真挚

欢迎词的言词用语务必富有激情和表现出致词人的真诚，给客人一种“宾至如归”的感觉；还要运用口语化、生活化的语言，在简洁又富有生活的情趣的言语中拉近主人同来宾的亲切关系，为下一步各种活动的圆满举行打下良好的基础。

二、措辞要慎重

措辞要能较得体地表达自己的原则立场，同时要注意尊重对方的风俗习惯，应避开对方的忌讳，以免发生误会。

三、篇幅短小，言简意赅

作为一种礼节性的外交或公关辞令，欢迎词宜短小精悍，不必长篇大论。

例文评析

【例文1】

欢迎词

（标题：由文种组成）

女士们，先生们：（称谓：顶格写欢迎的对象，用了泛称。）

值此××制药厂30周年厂庆之际，请允许我代表××制药厂，向远道而来的贵宾表示热烈欢迎。（正文：首先，写欢迎的原因以及对客人表示热烈欢迎。）

朋友们不顾路途遥远专程前来贺喜并洽谈合作事宜，为我厂30周年庆典更添了一份热烈和祥和，我由衷地感到高兴，并对朋友们为增进双方友好关系做出的努力，表示诚挚的谢意！

今天的各位来宾有许多是我们的老朋友，我们之间有着良好的合作关系。我厂建厂30年能取得今天的成绩，离不开老朋友的真诚合作和大力支持。对此，我们表示由衷的钦佩和感谢。同时，我们也为有幸结识来自全国各地的新朋友感到十分高兴。在此，我谨代表××制药厂再次向新朋友们表示热烈的欢迎，并希望能与新朋友们密切合作，发展相互间的友好合作关系。（其次，阐明宾客来访的意义、作用，并对来访宾客在相互合作中所做出的努力与贡献表达感谢之意，表示对今后双方交往的期望。）

“有朋自远方来，不亦乐乎”。在此新朋老友相会之际，我提议：为今后我们之间的进一步合作，为我们之间日益增进的友谊，为朋友们的健康幸福，干杯！

（最后，再次表示良好的祝愿和希望。文章言辞情真意切，友善礼貌，营造出一种友好的气氛。）

××制药厂厂长：×××

××××年××月××日

（落款：致辞者的身份、姓名，成文日期。）

【例文2】

欢迎董事长亲临指导

（标题：由欢迎对象和文种组成）

尊敬的×××董事长先生，尊敬的贵宾们：（称谓：顶格写欢迎的对象）

×××董事长先生与我们合资建厂已经两年，今天亲临我厂对生产技术、经营管理进行指导，我们表示热烈的欢迎。

（正文：首先，写欢迎的原因以及对董事长的亲临指导表示热烈欢迎。）

两年来我们感到高兴的是，我们双方合资建厂、生产、经营管理中的友好关系一直稳步向前发展。

我们欣喜地看到，我们友好关系能顺利发展，是与我们双方严格遵守合同和协议、相互尊重和平等协商分不开的，是我们双方共同努力的结果。

我相信，通过这次×××董事长亲临我厂进行指导，能进一步加深我们双方相互了解和信任，更能进一步增进我们双方友好合作关系的发展，使我厂更加兴旺发达。（其次，写双方合资建厂、生产、经营管理方面取得的成绩以及董事长亲临指导的意义和作用。）

最后，让我们再次以热烈的掌声，向董事长表示欢迎！

（最后，再次表示欢迎。）

×××

××××年××月××日

（落款：在右下方写姓名，成文时间。）

答谢词

任务情境

××制药厂因其生产的药品制作技术先进、疗效显著和慷慨捐助社会公益活动而闻名全国。位于西北的××药厂组织参观团慕名来参观学习，得到了××制药厂公关部的热情接待。临别之际，为了表达谢意，增进友谊，××参观团团长×××先生要致辞答谢，你了解答谢词的格式吗？

知识要点

一、答谢词的概念

答谢词是指特定的公共礼仪场合，主人致欢迎辞或欢送词后，客人所发表的对主人的热情接待和关照表示谢意的讲话。答谢词也指客人在举行必要的答谢活动中所发表的感谢主人的盛情款待的讲话。

二、答谢词的常见类型

依据不同的致谢缘由和致谢内容，答谢词可分为两个基本类型：

（一）"谢遇型"答谢词

"遇"，招待，款待。"谢遇型"答谢词，即用来答谢别人的招待的致辞，它常用于宾主之间，既可用于欢迎仪式、会见仪式上与"欢迎词"相应，也可用于欢送仪式、告别仪式上与"欢送词"相应。

（二）"谢恩型"答谢词

"恩"，受到的好处，即别人的帮助。"谢恩型"答谢词，即用来答谢别人的帮助的致辞。它常用于捐赠仪式或某种送别仪式上。例如，1998年长江中下游地区的灾民在接受全国各地捐赠物品的仪式上，在洪水退后为抗洪抢险的解放军战士送行的仪式上，就都使用了这种答谢词。

构成要素及格式模板

一、构成要素

答谢词一般由标题、称呼、正文、结语、落款组成。

二、格式模板

构成要素	模　板
标题：文种；由致词人、会议（或仪式）名称和文种构成。 **称呼**：致辞对方的姓名、头衔。 **正文**： 一般由表示感谢、畅叙情谊和提出愿望等内容构成。 **结语**：再次表示感谢。 **落款**：署名和日期	**答谢词** ×××××： 　　××××××××××××××××××××××× ×，×××××××××××××××××××××××××× ×××××××××××××，××××××××××× ××××××××。 　　再次感谢东道主的盛情！谢谢!! ××× ××××年××月××日

三、答谢词各部分的格式、内容和写法要求

（一）标题

有两种形式：一种是只写“答谢词”；另一种则是由致词人姓名（有时还加其职务）、会议（或仪式）名称、文种三部分构成，这种标题使用较普遍。

（二）称呼

另起一行顶格写致辞对方的姓名、头衔，既可以是广泛对象，也可以是具体对象。称呼后加冒号以引领全文。

（三）正文

正文一般包括以下几方面内容：

首先，对主人的盛情表示感谢，表达出自己的荣幸与感激。这是答谢词的写作重点。

其次，畅叙情谊，或表明自己来访的意图、诚意、效果意义，或褒扬对方的成就贡献。

再次，应提出与对方进一步发展关系的强烈愿望。

（四）结语

再一次用简短的语言表示感谢。

（五）落款

致词人的姓名和日期。有的也可省略。

写作技能要求

一、客套话与真情

在礼仪场合，必要的客套话是不能省略的，比如“感谢”“致敬”之类热情洋溢、充满真情的词语。

二、尊重对方习惯

在异地做客，要了解当地的民情、风俗、尊重对方习惯。

三、注意照应欢迎词

主人已经致辞在前，作为客人不能“充耳不闻”。答谢词要注意与欢迎词的某些内容照应。这是对主人的尊重。即使预先准备了答谢词，也要在现场紧急修改补充，或因情因境临场应变发挥。

四、篇幅力求简短

礼仪“仪式”毕竟不是开大会，致辞一般应尽量简短些，决不可冗长。作为“答谢词”，千字文即可。

例文评析

【例文1】

××药厂参观团团长×××先生的答谢词

（标题：由答谢人和文种组成）

×部长、××制药厂公关部的同志们：（称呼：写致辞的具体对象。）

我们今天初临贵厂就得到你们的热情接待。刚才×部长还给我们详细介绍了情况和经验，给我们周到地安排了参观和吃饭、休息，使我们感到就像回到家里一样亲切、温暖，我谨代表参观团的全体同志向你们——并通过你们向厂领导和全体职工致以衷心的感谢！

（正文：对东道主的盛情表示感谢。）

××制药厂因其生产的药品制作技术先进、疗效显著和慷慨捐助社会公益活动而闻名全国。我们虽然远在千里之外的大西北，××制药厂的名声早已如雷贯耳。我们这次远道慕名而来，不仅想看看你们是怎样生产、学习和生活的，而且想学习你们改革开放的新思想、新观念、新技术和宝贵的管理经验。刚才×部长介绍的3条经验已经使我们感到耳目一新。在今天的参观访问中，我们一定能够学到更多的东西。你们的宝贵经验对我们会有极大的帮助和启发。

（充分肯定对方取得的成绩，表明了来访的意图与效果。）

再次感谢东道主的盛情！谢谢！（结语：最后再次表达谢意。）

（这篇答谢词在结构上完全按照答谢词的格式来写，是一篇不错的答谢词，语言简洁，感情真挚。）

×××

××××年××月××日

（落款：署名和日期）

【例文 2】

答谢词

（标题：只写了文种）

女士们、先生们：（称呼：写致谢的对象，用了泛称。）

首先请允许我感谢你们的盛情邀请及款待，今天能够出席你们的招待会，我感到十分荣幸，能够有机会与在场的中国朋友畅谈，感到非常高兴。

（正文：先对主人的热情款待表示感谢。）

随着中国改革开放的进程不断深入，我们两国之间的交往越来越频繁，许多政府官员、科学家、艺术家、体育代表团和商人的互访，更加深了我们的友谊。多年来，我一直盼望着能有机会来中国，现在终于圆了我中国之行的梦。

这次在华一年时间的访问学习是卓有成效的，我能够有机会见到许多知名人士，聆听许多专家、学者的教诲，我们之间互相探讨、学习，并向中国专家、学者请教，收获很大。

我的到访，得到了热情好客的中国朋友的热情接待，我深深感受到了勤劳、善良的中国人民的热情、友好，我们彼此之间的深情厚谊，令我终生难忘！

（概写自己多年来一直要来中国的愿望，表明了自己访问的收获和感受。）

借此机会请允许我再一次向大家表示衷心的感谢！

祝愿我们两国人民世代友好下去！（结语：再次感谢和祝颂）

（全文情感真挚、感人，语言简练，结构完整，是一篇比较典型的答谢词）

×××

××××年××月××日

（落款：署名和日期）

知识链接

欢送词

欢送词的结构形式和写法、要求与欢迎词类似，其正文内容略有不同，主要有三个部分：一是写热情欢送的意愿。二是要简要介绍欢送对象的工作、学习情况、参观指导情况等。三是展望双方未来的合作关系，或者对单位成员提出希望和要求。结语表示美好的祝愿和希望，如“祝××一路顺风”“祝××在新的环境中生活愉快”等。

第四节　演讲稿　解说词

学习目标

知识要求

1. 掌握演讲稿、解说词的构成要素。
2. 熟悉撰写演讲稿、解说词的技能要求。
3. 了解演讲稿、解说词的概念、特点、分类等。

技能要求

1. 能从格式、内容、语句上辨别演讲稿、解说词的正误。
2. 能写规范的演讲稿。

扫码“学一学”

演讲稿

任务情境

中央电视台《对话》节目《全球大调查问卷》中有这样一个问题：“您认为在未来十年中最有竞争力，最有希望成功的人应具备哪些素质?”令人惊奇的是，有26位商界巨子无一例外地选择了交际能力、交流能力、公关能力等与口才密切相关的词汇。可见，演讲与口才已经成为衡量创造型人才的重要标准之一。学院学生会正在招聘本届学生会主席，如果你想参加竞选，该如何写这篇演讲稿呢?

知识要点

一、演讲稿的概念

演讲稿是在群众集会、公众场合或专门会议上发表个人见解的口头演讲的文稿，也称“讲演稿”或“演说词”。它是人们在工作和社会生活中经常使用的一种文体。它可以把演讲者的观点、主张与思想感情传达给听众以及读者，使他们信服并在思想感情上产生共鸣。

二、演讲稿的特点

（一）主题明确，有很强的针对性

演讲是针对某个问题、某种现象发表讲话。目的是启发听众的思考，帮助听众弄清某个问题复杂的社会现象，提出一个问题加以分析论证。因此，有了明确的主题和目的，演讲才能争取听众、感染听众，进而产生影响听众的力量。

（二）内容的鼓动性

演讲要以理服人，以情感人。演讲者要以自己的炽热情感之手去拨动群众的心弦，与听众产生强烈的心理共鸣，从而达到影响、感染、征服听众的目的。因此，鼓动性是演讲的主要特征，是取得成功与否的关键。

（三）表达的传声性

演讲稿主要在于“讲”，而讲是为了听众“听”，就要考虑到把无声的文字变成有声的语言。要调动声音技巧，以姿势协助说话来表情达意。句子要简洁、句式要变化、语言要明白、语气要自然，声调要抑扬顿挫，这样才能产生极强的说服力和感染力，达到演讲的目的。

三、演讲稿的常见类型

1. 按性质分　宣传性演讲稿、工作性演讲稿、辩论性演讲稿和吊唁性演讲稿等。

2. 按内容分　政治性演讲稿、经济性演讲稿、军事性演讲稿、外交性演讲稿、学术性演讲稿和社会礼仪性演讲稿等。

3. 按形式分　个人演讲稿和多人辩论性演讲稿。

4. 按演讲的要求和性质分　演讲稿分为即席演讲稿、专题演讲稿和报告演讲稿三种。

（1）即席演讲稿：是到某些会议、集会或某些活动场所发表演说的文稿，也叫即兴演讲稿。这种演讲往往是无准备的。

（2）专题演讲稿：是在专门召开的“专题演讲会”或“演讲比赛”上所作演讲的文稿。

（3）报告演讲稿：是在专门召开的“事迹报告会”或“学术报告会”上所演讲的文稿。

构成要素及格式模板

一、构成要素

演讲稿的结构可分为标题、称谓、正文三部分。

二、格式模板

构成要素	模　　板
标题： 一般有主旨式和公文式两种。 **称谓：** 演讲的对象不同、场合不同称谓也就不同。 **正文：** 1. 开头，揭示演讲的主题；吸引听众。 2. 主体部分主要是叙事、说理、抒情。 3. 结尾，要力求做到简洁明快，有力有味，妙趣横生，鼓舞人心，催人奋进。	××××××××××× 尊敬的×××××： 　　××××××××××××××××××××××× ×，×××××××××××××××××××××××××× ×××××××××××，××××××××××××× ××××××。××××××××××××××××××××× ×××，×××××××××××××××××××。× ×××××。 　　谢谢大家！

三、演讲稿各部分的格式、内容和写法要求

（一）标题

标题的形式很多，常见的演讲稿标题有以下五种：

1. 概括式　概括演讲的核心内容，如《劳动，是神圣的》。

2. 设问式　通过设问来提示演讲涉及的内容，用演讲来回答标题的提问，如《人生的价值何在》。

3. 警句式　引用名言警句设置标题，如《忧劳可以兴国，逸豫可以亡身》。

4. 比喻式　运用修辞手法把抽象的哲理具体化，如《扬起生命的风帆》。

5. 抒情式　具有强烈的感情色彩，达到以情动人的效果，如《真情，让我一生守候》。

（二）称谓

在正式发表演讲内容之前，需要称呼与会者，以示礼貌和引起注意，如“各位老师、同学们”“女士们、先生们”等。称呼还可在文中多次出现。

（三）正文

演讲稿的正文由开头、主体、结尾三部分组成。

1. 开头　演讲稿的开头有两个作用：一是揭示演讲的主题，让听众知道演讲的内容；二是吸引听众，使听众对演讲主题感兴趣。常见的有以下几种：

（1）开门见山式：即在开头直接说明演讲主题。

（2）提出问题式：即在开头提出听众关心的问题，引起听众的思考，以此引出演讲主题。

（3）引用名句式：即在开头用名言名句引出演讲主题，增强演讲的说服力。

（4）实例导入式：以生活事例、故事、数据等开头引起演讲的主题，能增强听众对演讲主题的兴趣。

（5）现场引入式：从现场活动说起，引出演讲主题，更能说服听众。

在实际演讲中，演讲稿的开头形式很多，除以上几种外，还有背景介绍式、设置情景式、幽默调节式以及综合式等等。

2. 主体 由于演讲的范围很广，所以演讲稿主体的结构形式很多，难以一概而论，这里介绍常见的几种结构形式：

（1）并列式：即把演讲内容分成并列的几个部分。如演讲稿《书——开启人类智慧大门的金钥匙》主体部分分为“藏书，我比较求多”“读书，我比较求博”“写书，我比较求精”“用书，我比较求活”四个并列的层次充分论证了主题。

（2）递进式：即几个层次之间是一种层层递进、层层深化的关系。如演讲稿《美好的生活从环保开始》开头提出观点：“美好的生活从环保开始”，主体部分先举例批驳“我国地大物博，物产丰富，犯得着环保?”的错误观点；然后分析“不注意环保造成的空气污染、气候恶化、疾病流行等严重后果”；再提出要“要有不保意识”，“从我做起”。先提出问题，再分析问题，然后提出解决问题的措施，层层深化地论证了观点。

（3）时间顺序式：即按照时间先后安排内容，夹叙夹议。如演讲稿《把目光投向中国》主体部分由“昨天的中国，是一个古老并创造了灿烂文明的大国。”“今天的中国，是一个改革开放与和平崛起的大国。”“明天的中国，是一个热爱和平和充满希望的大国。”三部分构成，按照时间顺序向美国大学生介绍了中国的历史、现状和未来。

主体部分主要是叙事、说理、抒情，写法比议论文、杂文灵活。总的要求是寄情于理，寓理于事，叙议结合，把叙事、说理、抒情结合起来熔为一炉。

3. 结尾 演讲稿的结尾，必须有力有味，妙趣横生，鼓舞人心，催人奋进。结尾常用以下方法。

（1）总结全文式：即在结尾总结全文的要点，以加深听众的印象。这是最常见的结尾形式。

（2）鼓动听众式：即在结尾提出希望或号召，以饱满的激情鼓动听众。

（3）主题升华式：即在结尾进一步揭示所讲事件和主题的深刻意义。

（4）表态式：即在结尾进一步表明自己的态度和决心。收拢全篇，深化主题。

写作技能要求

一、了解对象，有的放矢

演讲稿是讲给人听的，因此，写演讲稿首先要了解听众对象：了解他们的思想状况、文化程度、职业状况如何；了解他们所关心和迫切需要解决的问题是什么，等等。否则，不看对象，演讲稿写得再好，说得再天花乱坠，听众也会感到索然无味，无动于衷，也就达不到宣传、鼓动、教育和欣赏的目的。

二、观点鲜明，感情真挚

演讲稿观点鲜明，显示着演讲者对一种理性认识的肯定，显示着演讲者对客观事物见解的透辟程度，能给人以可信性和可靠感。演讲稿观点不鲜明，就缺乏说服力，就失去了演讲的作用。

演讲稿要有真挚的感情，才能打动人、感染人，有鼓动性。因此，它要求在表达上注意感情色彩，把说理和抒情结合起来。既有冷静的分析，又有热情的鼓动；既有所怒，又有所喜；既有所憎，又有所爱。当然这种深厚动人的感情要发自肺腑，就像泉水喷涌而出。

三、行文变化，富有波澜

构成演讲稿波澜的要素很多，有内容，有安排，也有听众的心理特征和认识事物的规律。如果能掌握听众的心理特征和认识事物的规律，恰当地选择材料，安排材料，也能使演讲在听众心里激起波澜。换句话说，演讲稿要写得有波澜，主要不是靠声调的高低，而是靠内容的有起有伏，有张有弛，有强调，有反复，有比较，有照应。

四、语言流畅，深刻风趣

要把演讲者在头脑里构思的一切都写出来或说出来，让人们看得见，听得到，就必须借助语言这个交流思想的工具。因此，语言运用得好还是差，对写作演讲稿影响极大。要提高演讲稿的质量，不能不在语言的运用上下一番功夫。

例文评析

【例文 1】

演讲稿

（标题：文种名称）

尊敬的学校领导、老师、亲爱的同学们：（称谓，通常使用敬语）

大家好！

我是来自××班的×××。性格活泼开朗，处事沉着、果断，能够顾全大局。今天我很荣幸地站在这里表达自己由来已久的愿望：“我要竞选学生会主席。”我在这里郑重承诺：“我将尽全力完成学校领导和同学们交给我的任务，使学生会成为一个现代化的积极团体，成为学校的得力助手和同学们信赖的组织。”（自我简介及竞选的职位与承诺）

我已经在团委会纪检部工作了近一年的时间，从工作中，我学会了怎样为人处世、怎样学会忍耐，怎样解决一些矛盾，怎样协调好纪检部各成员之间的关系，怎样处理好纪检部与其他部门之间的关系，怎样动员一切可以团结的力量，怎样提拔和运用良才，怎样处理好学习与工作之间的矛盾。这一切证明：我有能力胜任学生会主席一职，并且有能力把学生会发扬光大。（回答为什么竞选此职位）

假如我当上了学生会主席，我要进一步完善自己，提高自己各方面的素质，要进一步提高自己的工作热情，以饱满的热情和积极的心态去对待每一件事情；要进一步提高责任心，在工作中大胆创新，锐意进取，虚心地向别人学习；要进一步的广纳贤言，做到有错就改，有好的意见就接受，同时坚持自己的原则。

假如我当上了学生会主席，我要改革学生会的体制。真正地做到“优胜劣汰”，做到“日日清，周周结”，每周都对各部门的负责人进行考核，通过其部门的成员反应情况，指出他在工作中的优点和缺点，以朋友的身份与他商讨解决方案并制定出下阶段的计划。经常与他们谈心，彼此交流对生活、工作的看法，为把学生会工作做好而努力。开展主席团成员和各部长及负责人常作自我批评，自我检讨的活动，每月以书面材料形式存入档案。我还将常找各部门的成员了解一些情况，为做出正确的策略提供可靠的保证。还要协调好各部门之间的关系，团结一切可团结的力量，扩大学生会的影响及权威。

假如我当上了学生会主席，我将以“奉献校园，服务同学”为宗旨，真正做到为同学们服务，代表同学们行使合法权益，为校园的建设尽心尽力。在学生会利益前，我们坚持以学校、大多数同学的利益为重，决不以公谋私。努力把学生会打造成一个学生自己管理自己，高度自治，体现学生主人翁精神的团体。 （重点讲述竞选成功会如何做）

我知道，再多灿烂的话语也只不过是一瞬间的智慧与激情，朴实的行动才是开在成功之路上的鲜花。我想，如果我当选的话，一定会言必行，行必果。

请各位评委给我一张信任的投票，给我一个施展才能的机会！

谢谢！

（结尾进一步表明自己的态度和决心）

（全篇逻辑清晰，观点鲜明）

【例文 2】

难忘历史　再创辉煌

（标题：文章式标题，概括演讲稿的主旨）

尊敬的各位领导、老师们： （称谓：演讲的对象）

下午好！

我今天要演讲的题目是《难忘历史 再创辉煌》。

在开始我的演讲之前，我先给大家讲讲我身边的人和事。我的父亲是 1955 年生人，他经常说这样一句话：“我们这一代人啊，什么都赶上了。”我想，在座的领导老师们当中就应该有我父亲的同龄人，或许只有他们，才能更真切、更深刻地理解其中的含义，因为他们 50 多年的人生历程经历了人生的风风雨雨，体验了生活的酸甜苦辣，同时他们也亲眼目睹了中国将近 60 年的发展和变迁。

（从身边的人和事谈起，与听众拉近了距离，力求吸引听众）

我想，父亲所说的赶上了，应该首先说是赶上了那些苦难的岁月，艰难的日子，连续三年的自然灾害，人们饿得饥肠辘辘，甚至草根、树皮都要拿来填饱肚子。长达十年的“文革”，整个中国似乎都处于癫狂、错乱的状态中，甚至连读书都成了无稽之谈。父亲说，小的时候，家里孩子多，身上只穿着一条单裤子的他在寒冷的冬天只能瑟瑟发抖，过年的时候能吃上白面馒头都成了一种梦想。

苦难的岁月里似乎每个人都不可避免地经历这样那样的磨难，而终于到了 1978 年才赢来了一个崭新而明媚的春天。改革开放之后，党中央做了以经济建设为中心，实行改革开放的决策，而这一决策带给中国的是翻天覆地的转变，在中国，神话般地崛起座座城市，奇迹般聚起座座金山，我们的东方神州，迈开了气壮山河的全新步伐，我们的华夏故园，展开了一幅百年不曾具有的崭新画卷。

中国的政治、经济、军事、文化、体育、航天事业飞速发展，有数字为证：改革开放30年来，我国经济取得了年均9.8%的快速增长；中国解决了13亿人口的温饱问题，基本上实现了小康水平；人民生活水平稳步提高，百姓安居乐业。1997年7月1日，香港回归。1999年12月20日，澳门回归。2003年我国首次载人航天飞行，“神舟”五号载人飞船安然着陆。2005年10月“神舟”六号载人飞船成功发射。2008年，神舟七号凯旋而归。2008年中国的北京成功举办了第29届奥运会，我们的中国军团赢得奖牌数目达到100枚。凡此之类的数字，不胜枚举。

辉煌的成就背后，还有千千万万的建设者，我们，也是其中的一个，虽然我们的力量有限，但是，我们相信，有限的力量汇聚起来，必定会倒海翻江卷巨澜！（描述新中国摸索的苦难历程进而通过一系列的数字讴歌了建国六十周年祖国所取得的辉煌成就，主题鲜明，思路清晰）

当然在辉煌的成就背后，我们依然会经历这样那样的磨难，虽然有洪涝、有干旱，虽然有冰冻雨雪灾害，虽然有“5·12”地震，但是，我们坚信，我们有强而有力的领导核心，我们有不屈不挠的人民，我们有敢于开拓的力量，即使有再大的困难，我们一样能勇敢地面对。（结尾提出号召：大家要勇于接受挑战，再创辉煌）

解说词

任务情境

解说词的使用极为广泛，它在我们的日常生活中处处可见，如产品展销、书画展览、文物陈列、园林景观、影视专题片、人物介绍等都要使用解说词。好的解说词，能够弥补实物或画面给人留下的认知空白，帮助人们更好地认识事物。

作为企业形象工程的重要组成部分——企业专题片，随着企业规模扩大、管理提升而日益受到管理层的重视。××药业集团利用地方特产研制成功了具有极大药用价值和保健功能的药酒。企业为了介绍本产品，精心制作了专题宣传片。但是只有优美的音乐和美丽的画面还不行，必须配以解说，这解说词该怎么写呢？

知识要点

一、解说词的概念

解说词是配合具体事物、人物或画面进行解释说明的一种文体。它通过对事物的准确描述、词语的渲染，来感染观众或听众，使其了解事物的来龙去脉和意义，收到宣传的效果。

二、解说词的特点

（一）附着性

解说词必须扣住实物或图画而写作。

（二）顺序性

解说词是按照实物陈列的顺序或画面推移的顺序编写的。

（三）拓展性

解说词补充和增加解说对象的相关信息，主要是知识和情理的扩展，使读者接收到画面和实物本身无法传递和难以表达的含义。

（四）可读性

解说词的语言要求精练、准确、通俗化、口语化。

（五）说明性

解说词要根据解说对象的特点，有明确的主题和说明重点。

三、解说词的常见类型

（一）影视新闻纪录片解说词

这类解说词主要用于专题纪录片、体育比赛等，真实生动的画面，精彩激烈的场面，配以声情并茂的解说词的描述，能使观众身临其境。这类解说词能发挥补充视觉的作用。

（二）文物古迹的解说词

面对着一些古代建筑、文物、古董等，通过导游员的解说，能够带领参观者重温历史，再现昨日的故事，加深参观者的认识和感受。

（三）专题展览的解说词

这类解说词与前一种解说词有相似之处，都是帮助观众在观看实物和形象的过程中加深感受。

构成要素及格式模板

一、构成要素

解说词的结构分标题、开头、主体、结尾四个部分。

二、格式模板

<table>
<tr><th>构成要素</th><th>模　板</th></tr>
<tr><td>标题：与文章的标题一样。</td><td>××××××××××××××</td></tr>
<tr><td>开头：</td><td rowspan="3">×××××××××××××××××××××××。××××××××××××××××××××××××××××××××××，××××××××××××××××××。×××××××××××××××××××××××××××，×××××××××××××××××××。××××××。</td></tr>
<tr><td>主体：</td></tr>
<tr><td>结尾：</td></tr>
</table>

三、解说词各部分的格式、内容和写法要求

解说词结构原则与一般文章的结构原则大致一样。主要的写作形式有以下几种。

（一）描述型

以时间的先后作解说的顺序，对说明对象进行内在或外部的描述。人物、产品介绍、生产流程等解说多采用这种方法。

（二）说明介绍型

按照事物空间存在的形式，或从外到内，或从上到下，或从前到后，或从整体到局部，把事物的名称、功用、类型、特点、关系等依次解释明白，使观众、听众了解、熟悉。

（三）分析型

按照事物体的内在逻辑关系安排顺序。这种内在的逻辑关系或为因果，或为递进，或为主次，或为总分，或为并列等。其基本方法是从一般原理到特点结论，或从一系列事实抽提出一般原理。所遵循的写作思维方式是演绎、归纳或对比。

（四）一般认识型

按照人们认识事物的规律和习惯，一般总是由浅入深、由近及远、由抽象到具体对事物体进行解释说明。

写作技能要求

1. 要有明确的主题指向和说明重点。
2. 要针对被解说对象的缺失信息，进行必要的补充和增加。
3. 要强调扣物写话，条理明晰。
4. 要配合具体对象采用不同的解说方法。

解说词除了以说明为最主要的表达方式外，还可以在一定限度内把说明与议论、抒情、描写相结合，以增强解说效果，加深读者对事物的印象和认识。

例文评析

【例文 1】

枸杞药酒

（这是一篇配合音乐和画面的专题片解说词，有拓展性和明确的主题）

古老的黄河像一位勇士，奔腾不息，穿山越岭，走出黑山峡，来到黄河上游第一河套平原——宁夏香山脚下卫宁平原，一改昔日的威武汹涌变得温柔而娴静，以其九曲回肠的独特经脉，润泽了宁夏香山脚下卫宁平原这块美丽富饶的土地，造就风光旖旎的河套锦绣，绚丽多姿的塞上江南景色，这里土地丰腴，物产丰饶，冬非严寒，夏无酷暑，气候适宜，光热水资源丰富，昼夜温差大，得天独厚的地理、地质、气候条件，使得枸杞名冠塞上，享誉国内外。（先配合画面介绍了古老黄河、卫宁平原美丽的自然风光）

“一方水土养一方人”，这里不仅有一片神奇的土地，勤劳的人民、醇厚的黄河水，也

孕育了生命之树——红枸杞，一颗颗天生丽质的小精灵，经过大自然神奇的点化，赋予了它更为独特的营养保健功能，这里是枸杞正宗的原产地，早在明朝弘治年间，就开始了人工大面积种植枸杞，至今已经历了近五百年的历史岁月，这里的枸杞以果实颗粒饱满，肉厚籽小味甘，色泽红艳，所含营养成分均高于其他产区而出名，位居宁夏红宝之首，其特有的身价和品质，受到世界的公认。

枸杞浑身都是宝，据《本草纲目》记载：春采枸杞叶为天精草，夏采枸杞花为长生草，秋采籽为枸杞籽，冬采根为地骨皮，它的叶、花、果、根均可入药，是名贵的中药材。长期食用具有润肺，清肝，滋肾，益气，生精，助阳，补虚痨、强筋骨，祛风，明目等功效，并且富含人体所需蛋白质，氨基酸，维生素和微量元素。除此枸杞还可以养颜及预防治疗糖尿病，动脉硬化、冠心病，癌症等疾病，是国际学术界公认的富有营养的植物，另据《本草汇言》记载，食用枸杞能使气可充，血可补、阳可生，阴可长，火可降，风可去，有十全之妙。

长河滔滔，岁月悠悠，近五百年的枸杞种植史，并没有使卫宁枸杞的药用及保健、美容价值得以深度的开发和利用，到目前为止，人们还只是将晾干后的枸杞用以入药、泡酒和煲汤，工艺简单，使得枸杞营养不能完全得以释放和吸收。相传有人以枸杞、熟地、人参等药材外加 7 只荔枝核，用白酒浸泡 49 天以后作滋补饮料，实乃长寿之秘诀。但如果干枸杞上存有大量的农药残留物同时浸于酒体中，将损害人体健康。

（突出介绍了枸杞的特性及药用价值和保健功能）

××药业集团有限公司充分利用中国枸杞之乡原产地卫宁枸杞的资源和独特品质，联手国内权威科研院所，引进一系列高科技生产设备和新工艺，开发出具有药用价值和保健功能的枸杞系列酒，使枸杞从单纯的药用向适应时代需求的营养、保健品转化，让古老的宁夏红宝在新的世纪里又一次焕发出了勃勃的生机和迷人的光彩。

（推出该企业研制成功的新产品）

（全文有知识性和可读性，对新产品起到了很好的宣传作用）

【例文 2】

观星亭

前面矗立的就是结构精美的观星亭。你看它六角十二柱，双层飞檐翘角，古色古香。传说刘备在白帝城托孤的时候，诸葛亮曾在这里夜观“星象”，“观星亭”因而得名。诸葛亮确实是两到白帝城，一次是随刘备入川，一次是刘备托孤。但诸葛亮究竟在这里观过星象没有呢？我看谁也说不清楚。（介绍观星亭的来历）

这里我想向大家介绍的是观星亭石桌底座石上刻的八首诗。这八首诗就是唐代大诗人杜甫于公元 776 年秋在我们白帝城所写的著名诗篇《秋兴八首》。他以身居州，北望长安为主题，第一首写长江的秋景和思归的愁闷；二首写长江的晚景和自己向往长安的心情；三首写自身遭遇的感慨；四首是叹息长安的时局；五首向往长安的宫阙；六首向往长安曲江；七首向往长安昆明地；八首向往长安美陂等地。杜诗注意比兴，借景生情，托物寓意，讲究平仄，极尽变化之能事。（主体部分重点介绍了亭中杜甫的八首诗歌）

我们游览白帝城，坐在诸葛亮夜观星象的观星亭中，品味杜甫的《秋兴八首》，吟咏那

“无边落木萧萧下，不尽长江滚滚来”的诗句，真是别有一番情趣。

（突出了游览此处的情趣）

（全文中心明确，结构顺序合理，既有历史典故又有现实生活的对照，特别是对杜甫八首诗歌的介绍，更丰富了深刻的文化内涵。）

知识链接

演讲中运用幽默法的注意事项

1. 幽默的运用必须服从于演讲的主题，突出演讲的中心。否则就是为幽默而幽默，成了喧宾夺主的单纯笑料。

2. 演讲者如果没有丰富的生活体验和广博的知识，就硬要运用幽默法演讲，其幽默就可能沦为低级趣味的滑稽。

3. 幽默法的运用，还需看场合和演讲的具体情境而定。在庄重悲哀的场合不宜多用幽默的语言，而在喜庆的宴会上发表演讲，则可通篇妙趣横生、诙谐幽默。

第五节　请柬　海报

学习目标

知识要求

1. 掌握请柬、海报的构成要素。
2. 熟悉撰写请柬、海报的技能要求。
3. 了解请柬、海报的概念、特点、分类等。

技能要求

1. 能从格式、内容、语句上辨别请柬、海报的正误。
2. 能写规范的请柬。

扫码“学一学”

请　柬

任务情境

假设你是某市新华医药器械有限公司公关部职员，要邀请某市三甲医院药剂科的×××先生参加在××国际会展中心3号楼展览大厅举办的医疗器械贸易洽谈会，备有午餐。为了表示对邀请方的尊重，要设计制作一份请柬，作为公司公关部的你该怎么写呢？

知识要点

一、请柬的概念

请柬又称请帖，是为邀请宾客参加某一活动时所使用的一种书面形式的通知。

请柬在社会交际中用途广泛，在决定比较重大的事项或庄重的场合，如会议、典礼、宴饮、晚会等活动，用请柬邀请宾客，表示举行的隆重以及对宾客的尊重。一般用套红制成帖子形式。请柬其实就是简便的邀请书，但它比邀请书更为正式和郑重。

扫码“看一看”

二、请柬的常见类型

（一）根据请柬的形式

1. 卡片式请柬　卡片式请柬是用一张硬卡片，正面印上卡片名称（如生日卡片、宴会卡片）和美术图案，背面空白，用于书写邀请事项。卡片式请柬比较简朴，常用于一般的交际关系。

2. 折叠式请柬　折叠式请柬是将卡片折叠起来，分为内外两部分。卡片外面是请柬的名称及精美图案，里面空白，用于书写邀请事项。比较讲究的请柬，在内里常另附一张写作用纸，并用丝带同封面系在一起。折叠式请柬显得更为郑重、精美，加上考究的装帧，更易于形成礼仪气氛。

折叠式请柬根据开启的方式不同，又可以分为左开式、右开式、下开式、镂空式等。

3. 电子请柬　电子请柬是通过电子邮件、电子贺卡、通信软件告知对方信息（如：日期、地点、注意事项等）的请柬。它是用电脑处理软件设计出的非常漂亮、很具个性的请帖。目前这种请柬非常流行，它环保、方便、实惠，符合现在提倡的低碳生活。

（二）根据请柬的书写形式

1. 竖式请柬　由右向左纵向书写的请柬就是竖式请柬，这是传统的请柬形式，被称为中式。

2. 横式请柬　横向书写的请柬就是横式请柬，横式请柬是随着中西文化的融合，人们横向阅读书写习惯的养成而逐渐增多的，被称为西式。在日常交际中，可以根据交际活动的性质及交际对象的特点来选用不同的款式。

（三）根据请柬的内容

1. 喜庆请柬　喜庆请柬是指用于婚嫁、寿庆、满月、开张、乔迁、庆典等庆祝活动的请柬。

2. 丧葬请柬　丧葬请柬就是一种报丧请柬，它的制作以素雅为根本特征，一般为白纸黑字，即使有美术装饰，也必须采用同丧葬礼仪相协调的图案和颜色，一定要体现出庄严肃穆的气氛。

3. 日常应酬的请柬　日常应酬的请柬是指用于除婚丧嫁娶、节庆礼仪之外的其他活动的请柬。例如社团聚会、学术交流、送别饯行、接风洗尘等活动，也常常需要发请柬邀请与会者到场。

构成要素及格式模板

一、构成要素

请柬一般有标题、称呼、正文、结尾、落款五部分构成

二、格式模板

构成要素	模　　板
标题：只写文种。 **称呼：**单位名称或个人姓名。 **正文：**写明时间、地点、方式等。 **结尾：**恭候语。 **落款：**写单位名称或个人姓名和日期。	**请　柬** ×××先生： 　　××××××××××××××××××××××。×××××××××××××××××××××，×××××××。 　　敬请届时光临。 ××医药职业学院 ××××年×月×日

三、请柬各部分的格式、内容和写法要求

（一）标题

在封面上写的“请柬”（请帖）二字就是标题，一般要做一些艺术加工，可用美术体的文字，文字的色彩可以烫金，可以有图案装饰等。需说明的是，通常请柬已按照书信格式印制好，发文者只需填写正文而已。封面也已直接印上了名称“请柬”或“请帖”字样。

（二）称呼

要顶格写出被邀请者（单位或个人）的名称或姓名。如“某某单位”“某某先生”等。称呼后加上冒号。

（三）正文

要写清活动内容，如开座谈会、联欢晚会、生日派对、国庆宴会、婚礼、寿诞等。写明时间、地点、方式。如果是请人看戏或其他表演还应将入场券附上。若有其他要求也需注明，如“请准备发言”“请准备节目”等。

（四）结尾

要写上礼节性问候语或恭候语，如“致以——敬礼”“顺致——崇高的敬意”“敬请光临”等，在古代这叫作“具礼”。

（五）落款

标明邀请者（单位或个人）的名称和发柬日期。

写作技能要求

一、目的要明确，时间、地点、事项要准确

发请柬的主要目的是要告知被邀请者有关情况，因此发请柬中一定要准确写明相关活动的时间、地点、内容和要求等，不能出错或遗漏。如果有需要注意的事项，如联系人、联系电话、食宿或携带物品、文件要求、交通路线等，要在请柬的后面注明。

二、措辞要简洁、文雅，装帧、款式要精美

请柬具有邀请书的属性，但它比邀请书更为郑重，发请柬能表明对被邀请者的尊敬，因此请柬的措辞要简洁、文雅，除用礼貌用语外，语气带有希望、请求之意，以表诚心。

请柬除了具有一般应用文的实用价值之外，也具有特殊的艺术价值，所以在装帧、款式设计上讲究艺术性，力求美观悦目，书写工整流畅，把请柬制成一个有珍藏价值的精美纪念品。若购买制好的现成请柬，要注意字迹必须端正工整，以示尊重对方。

三、送达要适时

请柬的发送时间有讲究，如果过早发送，被邀请者容易遗忘，如果过迟发送，被邀请者会来不及准备。

例文评析

【例文1】

请　柬

尊敬的××先生：

敝公司定于2018年6月30日至7月5日8:00~17:00在××国际会展中心3号楼展览大厅举办医疗器械贸易洽谈会，敬备酒宴恭候。恭候光临。

（内容简洁，时间、地点具体明确）

新华医药器械有限公司

2018年6月26日

【例文2】

请　柬

×××女士/先生：

兹定于9月9日晚7:00~9:00在市教育局礼堂举行教师节茶话会，届时敬请光临。

此致

敬礼！

（内容简洁，时间、地点具体明确。由于是邀请参加教师节茶话会，行文显得既庄重，又喜庆，体现出对广大教师的尊重之情。全文语言简洁明快，典雅不俗。）

××市教育工会

2018 年 8 月 30 日

海 报

任务情境

中医药是中华民族智慧结晶、是传统医药的璀璨明珠，是中华文化软实力的重要内涵之一。××中医药大学×××教授对当前中药现代化发展以及中药研究与创新等方面进行了深入研究。为了让大家了解中药研究的现状与发展前景，学校科研处决定举办专题报告会。如果你是科研处老师，需要写一份海报张贴在学校宣传栏内，这份海报怎么写呢？

知识要点

一、海报的概念

海报是向公众报道或介绍有关电影、戏曲、杂技、体育、学术报告会等消息时所使用的一种招贴性应用文。

海报通常张贴在有关演出的场所或较为醒目的地方，告知有关活动的事项。一般不在报刊上发表。

二、海报的特点

（一）广告宣传性

海报希望社会各界的参与，它是广告的一种。有的海报加以美术的设计，以吸引更多的人加入活动。海报可以在媒体上刊登、播放，但大部分是张贴于人们易于见到的地方。其广告性色彩极其浓厚。

（二）商业性

海报是为某项活动作的前期广告和宣传，其目的是让人们参与其中，演出类海报占海报中的大部分，而演出类广告又往往着眼于商业性目的。当然，学术报告类的海报一般不具有商业性。

三、海报的常见类型

海报从内容上看可以分为下列三类：

（一）电影海报

这是影剧院公布演出电影的名称、时间、地点及内容介绍的一种海报。这类海报有的还会配上简单的宣传画，将电影中的主要人物画面形象地描绘出来，以扩大宣传的力度。

（二）文艺晚会、杂技、体育比赛等海报

这类海报同电影海报大同小异，它的内容是观众可以身临其境进行娱乐观赏的一种演出活动，这类海报一般有较强的参与性。海报的设计往往要新颖别致，引人入胜。

（三）学术报告类海报

这是一种为一些学术性的活动而发布的海报。一般张贴在学校或相关的单位。学术类海报具有较强的针对性。

构成要素及格式模板

一、构成要素

海报在文字上，一般都有标题、正文、结尾和落款三部分。

二、格式模板

构成要素	模　板
标题：只写文种。	**海　报**
正文：活动内容，时间、地点、票价等。	××××××××××××××××××××××××。 时间：×××××××××××× 地点：×××××××××××× 票价：××××××××××××
结尾：	欢迎参观！
落款：举办单位名称和日期。	主办单位名称 ××××年××月××日

三、海报各部分的格式、内容和写法要求

（一）标题

标题对海报来说，是十分重要的，它是海报的主题，是内容的集聚焦点。因此，标题必须醒目、新颖、简洁，能把一瞥之间的人的兴趣和注意力紧紧抓住，要使得人们“一见钟情”，被深深地吸引住，激起要踊跃参加的热情。一般的写法，是在上方正中间写出标题，如“海报”“精彩球赛”“新电影《×××××》”“填补国际空白的科技成就报告会”等。标题的字体一定要大而醒目。

（二）正文

正文的内容，是极为不同的，差别很大，但概括起来，大约有以下几个方面：

1. 活动内容　活动性质：是演出、赛事、会议、商品销售等，要明确告诉大家。情况介绍：活动的具体情况要有简明介绍。如球赛，是什么球队、水平如何；演出，有哪些演员、什么剧种、剧目；报告会，内容、报告人情况等。

2. 时间、地点、票价　举行活动的时间，一定要写得明白而具体，如“本月 6 日（星期三）下午 5 点 30 分”等，切不可粗线条地写“6 日下午”，因为下午的时间有好几个小时，会让大家弄不清楚。地点，也要明确，如“××大学图书馆三楼报告厅”“本市××区××路×××号××商场×楼”，必要时，要写明乘车路线。票价也要明确写出。

3. 参与方式

（三）结尾

在正文之后，另起一行可用稍大的字书写“莫失良机”“欢迎参加”等作结语。

（四）落款

结语后另起一行，右下方写落款。即举办单位名称和日期。

写作技能要求

1. 海报一定要具体真实地写明活动的地点、时间及主要内容。文中可以用些鼓动性的词语，但不可夸张事实。

2. 海报文字要求简洁明了，篇幅要短小精悍。

3. 海报的版式可以做些艺术性的处理，以吸引观众。

例文评析

【例文 1】

篮球友谊赛

（标题：点明主题、简洁醒目。）

本学院篮球队——××护理职业学院篮球队

对抗激烈，扣人心弦　　（简洁、含蓄介绍两队实力，吸引观众）

时间：8 月 5 日下午 4 时

地点：本学院体育馆　　（时间、地点清楚）

××医药技师学院团委

××××年××月××日

（落款：在右下方写明举办单位名称和日期。）

【例文2】

《关于中药事业发展前景展望及中药研究创新》报告会

（标题：主题明确）

国家××奖获得者、我院教授×××先生做《关于中药事业发展前景展望及中药研究创新》的专题报告。（情况介绍用语简洁明）

时间：10月26日（星期三）下午3时

地点：学校图书馆二楼学术报告厅

欢迎全校师生踊跃参加。

（内容明确，篇幅短小精悍，能使读者迅速抓住信息的要点）

××中医药大学科研处

××××年××月××日

（落款：在右下方写明举办单位名称和日期。）

知识链接

海报与广告的异同

1. 海报与广告共同点 海报与广告都传达特写信息

2. 海报与广告不同点 海报：往往是临时性的，对一件具体的事情，因而传达的信息较窄，时效性较强，旨在眼前促动人们做出反应与行动。广告（平面广告）：综合了所有平面范畴内的艺术形式，从形式到内容上它更严谨，它的目的是宣传特定的产品（广义的产品）。它旨在促动观者做出反应与行动。

目标检测

扫码“练一练”

一、判断题

1. 发送贺信的主要目的是恭贺对方。（　　）

2. 竖式请柬是从右向左书写的。（　　）

3. 祝贺是祝词的核心，虽然在阐述评价中体现了祝贺之意，但还必须有直接的祝贺语言。（　　）

4. 感谢信的称谓一般写被感谢单位的名称或个人姓名。（　　）

5. 慰问信叙述对方的先进事迹时不必交代清楚人物、事件、时间、地点、原因和结果。（　　）

6. 感谢信的正文可以不颂扬、不评价对方的品德，但要表示向对方学习。（　　）

7. 答谢词是指特定的公共礼仪场合的讲话，必要的客套话必须省略。（　　）

8. 海报文中可以用些鼓动性的词语，但不可夸张事实。（　　）

9. 口语化是欢迎词文字上的必然要求，在遣词用语上要运用生活化的语言，即简洁又富有生活的情趣。(　　)

10. 解说词，能够弥补实物或画面给人留下的认知空白，帮助人们更好地认识事物。(　　)

11. 感谢信以感谢为主，兼有表扬，所以评誉对方时可以适当拔高。(　　)

12. 海报是向公众报道或介绍有关电影、戏曲、杂技、体育、学术报告会等消息时所使用的，有时也在报刊上发表。(　　)

13. 在致答谢词必要的客套话是不能省略的。(　　)

14. 即席演讲稿是到某些会议、集会或某些活动场所发表演说的文稿，这种演讲往往是无准备的。(　　)

15. 即席演讲稿可以不要标题或通常只写文种。(　　)

16. 私人交往欢迎词一般是非官方的场合下使用的欢迎稿，在正式活动开始前后进行都可以。(　　)

17. 贺信以祝贺为主，兼有激励、赞扬、表彰、希望等作用。(　　)

18. 祝词不需要过多的含蓄，直来直去，有啥说啥。(　　)

19. 乔迁是日常应酬的请柬。(　　)

20. 鼓动性是演讲取得成功与否的关键。(　　)

二、单项选择题

1. 下列对请柬的理解，错误的是（　　）

A. 请柬的正文要交代清楚活动的时间、地点、内容

B. 请柬具有庄重通知、盛情邀请的作用

C. 请柬送达的时间越早越好

D. 请柬的发送可派专人送达也可以通过邮局邮寄

2. 对于欢迎词的理解，错误的是（　　）

A. 是一种应酬性讲话，不必认真　　B. 要尊重对方的风俗和习惯

C. 要使用敬语　　D. 篇幅要简短，措辞要得体

3. 下列文种中，不需要写祝颂语的是（　　）

A. 开幕词　　B. 祝词　　C. 请柬　　D. 欢送词

4. 下列文种中可以作为入场或者报道的凭证的是（　　）

A. 欢迎词　　B. 请柬　　C. 祝词　　D. 贺词

5. 慰问信要向被慰问者表示无限亲切、关怀的真挚感情，使对方感到慰问者的深厚情感，从中得到抚慰，因此慰问信写作时要求（　　）

A. 感情真挚　　B. 具有说服力　　C. 号召力强　　D. 论证充分

6. 慰问信是向慰问对象表示鼓励、慰劳和问候的书信，信中要表达亲切、热烈的关怀之情，因此慰问信具有（　　）

A. 说服力　　B. 艺术性　　C. 针对性　　D. 情感性

7. 为了增强解说词的感染力，使观众听完后能留下深刻的印象，写作解说词时要求（　　）

A. 逻辑性强　　B. 议论充分　　C. 形象艺术　　D. 内容真实

8. 演讲稿的主旨确立后，就要围绕这个主旨组织材料，进行论证，欲使演讲达到宣传、鼓动、教育和欣赏的目的，写作时要求（　　）

A. 主旨明确　　B. 有的放矢　　C. 论证充分　　D. 短小精悍

9. 欢迎词和欢送词大多是在欢迎和欢送现场当面向来宾口头表达的，所以遣词造句具有的特点是（　　）

A. 振振有词　　B. 多用口语　　C. 号召力强　　D. 说服力强

10. 解说词能把图画或实物无法或不易表达的事物本质特征的内容全部介绍出来，因此解说词具有（　　）

A. 形象生动的特点　　B. 主题鲜明的特点

C. 分析深刻的特点　　D. 扩展知识的特点

11. 演讲稿不同于其他文章，它是进行演讲的依据，而演讲采用有声语言传情达意，因此，演讲稿具有（　　）

A. 受众局限的特点　　B. 表述的传声性特点

C. 论证充分的特点　　D. 夸夸其谈的特点

12. 欢迎词和欢送词的开头，在写作时应（　　）

A. 热情洋溢　　B. 具有吸引力　　C. 设置悬念　　D. 开门见山

13. 对集体或个人的支持、帮助、关心表示感谢的一种专用书信是（　　）

A. 申请书　　B. 慰问信　　C. 感谢信　　D. 请柬

14. 主办隆重庆典、大型集会的单位主要领导在开会之初对主人对友好团体或个人的来访表示欢迎的讲话是（　　）

A. 开幕词　　B. 欢迎词　　C. 解说词　　D. 计划

15. 即使被邀请者近在咫尺，只要有必要，都可以郑重其事地发出请柬，以表示对被邀请者表示敬重，礼貌和热情，以及对有关活动的郑重态度，因此请柬具有特点（　　）

A. 重要性　　B. 夸张性　　C. 烦琐性　　D. 礼节性

16. 以下属于日常应酬请柬的是（　　）

A. 婚嫁　　B. 寿庆　　C. 社团聚会　　D. 庆典

17. 以下属于解说词的特点的是（　　）

A. 真实性　　B. 含蓄性　　C. 艺术性　　D. 拓展性

18. 演讲稿按性质分有（　　）

A. 宣传性演讲稿　　B. 学术性演讲稿　　C. 军事性演讲稿　　D. 外交性演讲稿

19. 行政机关、企事业单位、社会团体或个人在举行隆重庆典、大型集会、欢迎仪式或洗尘宴会上，主人对友好团体或个人的来访表示欢迎的讲话稿是（　　）

A. 演讲稿　　B. 贺信　　C. 祝词　　D. 欢迎词

20. 以下文种中语言不具有口语化的是（　　）

A. 解说词　　B. 欢迎词　　C. 请柬　　D. 演讲稿

三、多项选择题

1. 下列属于讲话稿一类的有（　　）

A. 开幕词　　B. 感谢信　　C. 欢迎词

D. 演讲稿　　E. 海报

2. 请柬的语言要求（　　）
A. 表达准确　B. 事理结合　C. 语气谦恭
D. 有说服力　E. 文明礼貌
3. 演讲稿的写作要求有（　　）
A. 有的放矢　B. 感情强烈　C. 语言有感染力
D. 主旨明确　E. 论证充分
4. 慰问信的写作格式包括（　　）
A. 标题　B. 称谓　C. 正文
D. 结尾　E. 落款
5. 海报的写作要求有（　　）
A. 措辞典雅　B. 短小精悍　C. 表达准确
D. 富有号召力　E. 语气谦恭
6. 贺信一般（　　）
A. 篇幅比较短　B. 感情充沛　C. 语言明快
D. 不可电子投递　E. 可以直接发给对方
7. 下列祝词属于祝酒词的有（　　）
A. 新春宴会致辞　B. ×职校艺术节活动开幕祝词
C. 招待会祝词　D. ×宾馆开馆仪式剪彩祝词
E. ×医药集团总经理新年祝词
8. 答谢词的特点是（　　）
A. 受众广泛　号召力强　B. 讲究客套　充满真情
C. 口头传播　富有情感　D. 注重照应　尊重习惯
E. 篇幅简短　气氛热烈
9. 欢迎词的正文一般包括的内容是（　　）
A. 表示诚挚友好的欢迎或问候之情　B. 本次来访对双方交流的现实意义
C. 回顾相互合作中共同的立场、观点等　D. 对今后合作的良好祝愿
E. 介绍本次来访的背景情况
10. 感谢信的主要特点是（　　）
A. 事实性　B. 感激性　C. 渲染性
D. 确指性　E. 公开性

四、改错题

（一）阅读下文，找出文中的错误并修改。

感谢信

××出租汽车公司：

5月3日下午，我公司经理×××乘坐贵公司“×××××”号出租车时，不慎将皮包丢失。内有人民币××万余元、身份证一个、护照一本及各种票据若干张。在我们焦急万分之时，贵公司司机×××先生主动将捡到的皮包送至我公司，使我公司避免了一次重

大损失。为此，我们再三表示感谢并拿出×万元作为酬谢，×××先生却说：“这是我应当做的”，表示不能接受。在此特致函贵公司，深表谢意。

××××年××月××日

×××公司

（二）下面是一篇病文，请写出修改稿。

请 柬

×××先生（小姐）：

在您的关心、指导和各方的帮助下，我厂研制生产的××治疗仪获得国家专利，现已全面投放市场，得到患者的广泛认可。现在确定于2018年6月10日在××饭店开个庆功会，邀您赴会！

××医疗器械厂厂长（签字）

2018年6月2日

（三）说说你对以下几种开场白的看法：

1.“大家让我来讲几句，本来我不想讲，一定要讲就讲吧。”

2.“同志们，我没什么准备，实在说不出什么。既然让我讲，只好随便讲点，说错了请大家原谅。”

3.“同志们，这几天实在太忙，始终抽不出时间，加上身体欠安，恐怕讲不好，请大家原谅。”

五、写作训练题

（一）根据下述材料，拟写一篇答谢词。

××职业技术学院吕院长带领生物制药系的部分师生到××制药厂参观学习，受到了厂领导和员工的热情欢迎和接待。××制药厂在师生临别时召开了欢送会。请你为吕院长写一篇答谢词。

（二）2018年××护理职业学院元旦文艺晚会准备于元月一日晚7∶30在学院礼堂举行，晚会邀请了兄弟院校文工团成员同台演出，节目精彩，内容丰富，有小品、相声、歌舞等。学院团委于2018年12月26日开始宣传，请你代为出一张海报。

（三）今年十月一日是××医药公司成立十周年纪念日。该公司是一家注重自力更生、艰苦创业的公司，不但在药品的研制和开发方面取得了重大成就，而且为医药行业培养了大批人才。多年来，该公司曾为×××大药房培训了二十名技术人员。

根据以上材料，以×××大药房总经理的名义给××医药公司写一份祝贺对方十周年庆典的贺信。

要求格式规范，语言简练，符合贺信写作的要求。

（四）请你以“我对当前一种社会现象的看法”为题，写一篇演讲稿。

第六章

就业文书写作

第一节　求职信　应聘信

学习目标

知识要求

1. 掌握求职信、应聘信写作步骤、格式要求、写作技巧要求。
2. 了解求职信、应聘信的概念、特点和分类。

技能要求

1. 能结合岗位需求写新颖、富有个性的求职信、应聘信。
2. 培养学生分析解决问题的能力和积极主动的求职精神。

扫码"学一学"

任务情境

王畅同学是××医学高等专科学校药学系一名大三的同学，将于今年7月份毕业。一日，他在学校就业指导中心看见了一则招聘信息：瑞通医药有限公司因为业务发展需要招聘医药代表3人，专业基础知识扎实、动手操作能力强、社会经验丰富的应届大学生优先考虑。看见这则信息之后，要运用已经学到的求职信、应聘信的知识，给这家公司的人事部门写封信，假如你是王畅，你该怎么写呢？

知识要点

一、求职信和应聘信的概念

求职信是求职者向用人单位介绍自己以谋求某份工作或职位而写作的一种专用书信。

应聘信是求职者根据用人单位招聘启事而投信竞聘岗位的一种专用书信。

求职信与应聘信属于求职（应聘）者针对用人单位而写的自荐信。求职信是不知道用人单位是否需要聘人。应聘信是获知用人单位公开招聘岗位。求职信对自己的介绍是全面的，可以向多个单位、多个部门投送。应聘信目标明确，针对性强，要根据用人单位岗位需要有侧重的介绍自己专长与优势。

二、求职信、应聘信的特点

（一）针对性

求职（应聘）者要充分考虑用人单位的不同情况、岗位的不同特点，有针对性地书写。那种千篇一律、不痛不痒的泛泛之谈必会让用人单位失去阅读兴趣。

（二）自荐性

求职信和应聘信是沟通求职（应聘）者与用人者的一种媒介，在相互不了解的情况下，求职（应聘）者要恰如其分地展现自己，向对方介绍自己的成绩、特长和优势，甚至个性，展示自己胜任工作的能力，用自身的“闪光点”吸引对方，以期引起用人单位的兴趣。

（三）独特性

是指内容和形式不同于一般书信。一个岗位会有许多的竞争者，要想在堆积如山的求职（应聘）材料中脱颖而出，就应该在内容与形式方面另辟蹊径，让人耳目一新。

（四）求实性

在介绍和推荐自己时，要实事求是，不能夸大，不能缩小，应以真实和坦诚的态度来赢得用人单位的好感与信任。

三、求职信和应聘信的分类

从格式上分有两种。

（一）条文式

多用于应聘者为了强调自己拥有招聘单位所要求的全部条件，将符合的条件逐条罗列出来，从而让用人单位了解自己对这个岗位的符合程度。

（二）文字式

以完整的书信格式介绍自己。

构成要素及格式模板

一、构成要素

求职信和应聘信通常由标题、称谓、问候语、正文、结尾、署名和日期、附件组成。

二、格式模板

构成要素	模　　板
标题：文种名称	**求职信（应聘信）**
称谓：多用敬语 问候语： 正文： 1. 基本情况及求职职位 2. 自身优势及发展潜力 结尾：表明非常希望得到面试机会。	×××××： 　　××！ 　　××××××××××××××××××××××××× ×，××××××××××××××××××××××××。 　　××××××××××××××××××××××××× ×，××××××××××××××××××××××××。 　　××××××××××××××××××××××××。 　　此致 敬礼
署名和日期	求职人：××× ××××年××月××日
附件	附件：1. ×××× 　　　2. ×××× 通讯地址：××××（邮编） 联系方式：××××

三、求职信和应聘信各部分的格式、内容和写法要求

（一）标题

标题是求职信的眉目，要求写得简明、醒目、典雅，一般在首页第一行居中写“求职信”或“应聘信”，字体要略大些。

（二）称谓

称谓是对受信人的称呼，在标题之下第二行顶格书写，后用冒号提领正文。若是求职信，通常称谓写单位名称或单位的人事处，可写××公司领导或人事部负责人；若是应聘信，方向很明确而且知道接收简历的具体人员时，就可以称呼得具体一点，称呼一般是姓名加职务，如××公司××领导、××经理等。为了表示郑重和尊重，可加上“尊敬的”等一类敬语。求职信不同于一般私人书信，受信人未曾见过面，所以称谓要恰当，郑重其事。

（三）问候语

问候语是对收信人礼貌的表示。要简单明了，大方得体。写在称呼下一行，一定要空两格，用感叹号。一般写上“您好”“近好”即可，在称谓下一行空两格开始写起。如果

收信方是某单位的话，可省略问候语。

（四）正文

正文是写作的重点和核心。要用准确简洁的语言将求职（应聘）人的基本情况以及求职的依据和理由充分、具体的表达出来，以便令用人单位信服并据此做出考核录用的决定。正文要另起一行空两格开始写，正文内容较多，可分段写。

1. 求职的原因和目的 通常要简明扼要地说明自己求职的原因和信息的由来。因为求职者一般是看到了哪里登的招聘广告或听到别人介绍后写的。应聘信可以开门见山地写“本人求学期间就十分仰慕贵公司，近日看到《×××报》招聘×××一名，更激发起我到贵公司求职的渴望。”如果不知道目标公司是否需要招聘新人时，你可以写一封自荐信去投石问路，如“久闻贵公司实力不凡，据悉贵公司欲开拓省外市场……故冒昧写信自荐，热切希望早日加盟贵公司。我的基本情况如下……”。

2. 简介基本情况 主要介绍自己的姓名、性别、就读的学校、所学专业和成绩。重点介绍自己学习的深度及广度，包括与求职岗位相关的社会实践、工作经历等。还可概括介绍自己在校期间曾经担任的职务、个人爱好、特长等。

3. 求职的优势、专长和潜力 这部分内容是写作的重中之重。要详细、具体地说明自己能胜任本岗位工作的各种知识、技能以及未来发展的潜力等表达对胜任工作的信心。如是应聘信，可以结合用人单位的具体岗位需求着重介绍自己应聘的有利条件，要特别突出自己的优势和“闪光点”，吸引打动对方。写这段内容，语言要中肯，恰到好处；态度要谦虚诚恳，不卑不亢，达到见字如见其人的效果。

另外，还要表达希望被录用的愿望。先说明自己对本工作的喜爱和迫切心情，再谈谈入选后的想法、打算或计划，使用人单位仿佛看到新鲜血液在汩汩流淌，增强用人单位录用你的决心。

（五）结尾

结尾也就是结束语，感谢对方阅读并希望用人单位能予接纳、恳请对方给予回复等。包括自己的态度、决心以及祝颂语等。求职信常用的结束语有“如蒙赐复，不胜感激!”“盼望答复”“敬候佳音”等等。最后以简洁的祝颂语结束，另起一行，空两格写“此致”，然后换行顶格写“敬礼”，或“愿贵公司鹏程万里，事业发达”等。

（六）署名和日期

写信人的姓名和成文日期写在信的右下方。姓名写在上面，成文日期写在姓名下面。署名通常要写明“求职者：×××”“应聘者：×××”，可以用“敬上”或“谨呈”等词以示礼貌和谦逊。如用打印机打出，在姓名处使用亲笔签名。日期要年月日俱全。

（七）附件

有说服力的附件是对求职者的鉴定的凭证。所以求职信的附件是不可忽视的组成部分。

在信的结尾处下一行空两格的位置，写上“附件”或“附”后加冒号，列出附件目录。如：附件 1. ××××××2. ××××××3. ××××××，然后将附件的复印件单独订在一起随信寄出。附件不需太多，但必须有分量，足以证明你的才华和能力。这样既方便招聘单位的审核，同时也给对方留下一个“有条不紊、很负责任、办事周到”的好印象。

此外，还要注明求职人的详细通讯地址、邮政编码和联系方式等，以方便用人单位联系。（在简历里已注明的，在这里可以省略不写）。

写作技能要求

一、确立目标、有的放矢

求职中，很多求职者采用“漫天撒网”的形式。面对堆积如山的求职资料，用人单位根本无暇从庞杂的材料中仔细摘取出求职者对用人单位的价值优势。因此，求职者要确立求职目标，结合用人单位与求职目标实际情况，认真挖掘自身优势，做到有的放矢。

二、措辞得体、言简意赅、以诚取信

用简洁、平实、自然的言语表达自己求职的想法、专长与优势，措辞要得体，既要讲究礼节，又要不卑不亢，切忌套话连篇、浮词满纸，求职（应聘）信的篇幅要短小精悍，内容要集中明确。同时专长与优势要真实，做到以诚取信，以情感人。只有内容真实、言而有信，才能取信于人，感动用人单位。

三、佐证材料、翔实具体

求职（应聘）者要想打动用人单位，在介绍自己能力素质、性格特点的时候，要多用生动的事实和准确的数据。例如，在介绍自己社会经验时，可列举社会实践与实习经历的单位名称、具体岗位及取得的成效。当介绍自己良好的专业成绩时，可用具体的考试分数或专业能力大赛获奖的次数等具体数据进行佐证，给用人单位留下客观、真实的深刻印象。

四、力求新颖、富有个性

面对众多竞争对手，求职（应聘）者必须精心设计，巧妙构思，不拘泥于通俗写法、要立意新颖，以独特的语言及多元化的思考方式，引起用人单位的关注。一封求职（应聘）信，无论内容多么完备，如果吸引不了用人单位的注意，一切都将枉然。

例文评析

【例文 1】

求职信

（标题：首页第一行居中）

尊敬的××医院负责人： （称谓：顶格写，用尊称。）

您好！ （问候语：另起一行空两格写。）

感谢您在百忙之中阅读这封求职信。

我叫王丽，女，24 岁，是××医学高等专科学校的一名应届专科毕业生，我所学的专业是临床医学。我求职的岗位是医生助理一职。（正文：介绍自己的姓名、性别、年龄、就读的学校、所学专业和求职的岗位。）

作为一名医学生，我热爱我的专业，并为其投入了巨大的精力和热情，圆满完成了所

有课程的学习，并多次获得学校二等、三等奖学金。两年的临床理论学习形成了我严谨的学习态度、缜密的思维方式，培养了良好的学习习惯。一年的临床实习经历更提高了我分析问题、解决问题的能力。尤其是在××大学第一临床医院实习过程中，实习医院给我提供了许多动手实践的机会，使我对临床各科室的常见病能够做出正确的诊断和最佳的处理。浓厚的学习兴趣、强烈的使命感、动手能力强、接受能力强，能够出色地完成各项工作任务，使我赢得了指导医师的一致好评，更使我信心百倍。（正文：个人学习、实践、兴趣等，重点介绍求职的优势、专长和潜力。）

三年的学习是短暂的，所学的知识也是有限的，作为一名刚刚走出大学校门的我，还缺少更多的工作经验。今后，我会抱着谦虚的态度从优秀的医生身上学习，以真诚的态度和娴熟的技能更好地服务于患者。

如有幸成为您的职员，我将以高尚的医德、热情的服务，不断学习，踏实做好属于自己的这份工作。

殷切期望您的佳音。

此致

敬礼

（结尾：以诚恳的态度表达求职意愿，感谢对方阅读并希望用人单位能予接纳、恳请对方给予回复，最后以简洁的祝颂语结束，另起一行，空两格写“此致”，然后换行顶格写“敬礼”。）

求职人：王丽

2014 年 4 月 9 日

（署名和日期）

附件：1. ××学校毕业证书复印件

2. ××市文明大学生复印件

通讯地址：××省××市××医学高等专科学校 12 级临床医学 5 班王丽收

（邮编：××××××）

联系方式：15512345775

邮箱：wangli@ 126. com

【例文 2】

应聘信

（标题：首页第一行居中）

尊敬的王经理：（称谓：顶格写，用尊称。）

您好！（问候语：另起一行空两格写。）

我叫王畅，男，23 岁，是××医药高等专科学校药品经营与管理专业的学生，将于今年7月毕业。我在5月25日学校就业指导中心网站上看到了贵公司的招聘启事，希望应聘医药代表一职。在校期间就得知贵公司在业界有很高的知名度，我一直仰慕许久。今看到了贵公司的招聘启事，更是欣喜至极。

（正文：开头简要介绍姓名、性别、年龄、毕业院校、所学专业、从何处获得应聘信息、求职岗位等。）

三年的大学生活，使我熟知了基本的药学理论知识，掌握了营销的相关知识与技能。在完成学业的基础上，丰富的校园实践开拓了我的视野。在校期间，担任社会实践部部长一职，曾组织同学们参与各种社会实践五次，在系里组织各项活动中为其他部门拉过赞助。暑假期间曾兼职做过营销员。在××制药有限公司实习十个月，对药品经营管理的基本技能、药品批发（或零售）的业务工作、药品贮存和应用等具有较强的综合运用和解决实际问题的能力。

诚然，在销售领域我还是一名新兵，但是我会凭着坚强的性格和积极的心态，在工作中锻炼并不断积累着，逐步实现自身的价值，与贵公司一起发展、壮大。

（正文：介绍专业与学习、实践情况，重点介绍能胜任本岗位工作的各种能力和今后发展的潜力。）

愿贵公司事业蒸蒸日上，热切盼望得到您的回复！　　（表示希望获得面试的机会）

此致

敬礼

（结尾：一是表达求职期盼的心情，力求获得一次面试的机会；二是必不可少的礼貌，可以写上简短的表示敬意、祝愿之类的祝词。最后不要忘记加上“此致”“敬礼”。）

应聘人：王畅

2014年5月27日

（署名和日期）

附件：1. ××学校毕业证书复印件

2. 英语四级证书复印件

通讯地址：××省××市××医药高等专科学校12级药品经营与管理班王畅收（邮编：××××××）

联系方式：15612345678

邮箱：wangchang@ 126. com

知识链接

写在纸尿片上的求职信

她现在是国际4A公司的创意副总监。说到她的求职经历，直到今天依旧有如传奇一般。当时她27岁，想应聘广告员，但她在广告这个行业的经验等于零。可她对那些小广告公司却不感兴趣，当她说要进国际排行50强的4A公司时，所有的朋友都认为那是痴人说梦。

但，事实是，她做到了！

她没有用普通的信封投递求职信，而是用一只包裹。她向所有她中意的公司全部投递了这样一只巨大的包裹，并且直达公司总经理。

试想一下，一个包裹，在一堆千篇一律的信封中已经鹤立鸡群，一下就抓住了所有的好奇视线。打开那只包裹后，里面空空如也，只有一张薄薄的纸尿片，上面写了一句话，“在这个行业里，我只是个婴儿。”背面写了她的联系方式。

几乎所有收到这张纸尿片的广告公司老总都在第一时间内给她打了邀请面试的电话。无一例外，他们问她的第一个问题就是：“为什么你要选择一张纸尿片?”她的回答同样富有创意。她说，我知道我不符合要求，因为我没有任何经验。但我就像这纸尿片一样，愿意学习，吸收性能特别强。并且，没有经验并不等于我是白纸一张，我希望你们能通过这个小小的细节看到我在创意上的能力。

她成功了。

第二节　个人简历

学习目标

知识要求

1. 掌握简历写作步骤、格式要求、写作技巧和注意事项。
2. 了解简历的概念、特点、分类。

技能要求

能够初步掌握简历的要领，编写具有自己特色的、适合岗位需求的求职简历。

扫码“学一学”

任务情境

康健制药有限公司正在招聘医药代表。张林想申请该工作，请根据该公司的招聘广告，写一份简历寄给该公司。请介绍你的自身情况，如个人基本信息、学历、工作经历、技能及社会能力等。

知识要点

一、简历的概念

简历，又称履历表，它是对求职（应聘）者工作、学习、生活经历有重点的加以概述的一种应用文书。它包含自己的基本信息：姓名、性别、年龄、民族、籍贯、政治面貌、学历、联系方式，以及自我评价、工作经历、学习经历、荣誉与成就、求职愿望、对这份工作的简要理解等。它与求职信是互相呼应、互为印证的。求职信中提到的重要成绩、经历、能力等重要信息在个人简历里都要具体呈现。

二、特点

（一）针对性

假如A公司要求你具备相关行业经验和良好的销售业绩，你在简历中清楚地陈述了有关的经历和事实并且把它们放在突出的位置，这就是针对性。做简历时必须结合不同的单位、不同的岗位有针对性地投递简历，千篇一律的海投简历获得面试的机会非常渺小。

（二）真实性

真实性是指写简历时一定要客观理性地总结自己的经历，做到真实、准确。不要试图编造工作经历或者业绩，大多数的谎言在面试过程中就会被识破，更何况许多大公司（尤其是外企）在提供OFFER前会根据简历和相关资料进行背景调查。

（三）精炼性

个人简历越短越好，在大多数情况下，是用表格形式填写。工作业绩使用量化数据，职业成功经历应含金量高。如社会实践、实习经历、志愿者服务等。

三、分类

简历按表现形式上可分为表格式、文本式和创新式。

（一）表格式简历

把自己想要呈现给用人单位的重要信息在表格中一一罗列出来，这种形式的简历优点在于能把求职（应聘）者的相关信息一目了然地展示给招聘方，大学应届毕业生通常会选用此种简历。

（二）文本式简历

文本式简历主要是以文章形式记述、罗列应聘者的相关信息。这种简历通常适合已具有一定工作经验的跳槽求职者，它便于求职（应聘）者展示本人丰富的人生阅历，比如，他们的科研成果、社会经验、工作业绩等，更易于引起用人单位的重视。

（三）创新式简历

这种简历强调的是与众不同的个性和标新立异，目的是表现求职者的创造力和想象力。但不是每个人都适用，它适合于广告策划、文案、美术设计、从事方向性研究的研发人员等职位。

构成要素及格式模板

一、构成要素

简历由标题、个人基本信息、求职意向、教育（培训）经历、实习（实践）经历、相关技能与专长、获奖情况、自我评价构成。

扫码“看一看”

二、格式模板

<table>
<tr><th>构成要素</th><th>模　　板</th></tr>
<tr><td>标题

个人基本信息

求职意向

教育、培训经历

实习、实践经历

相关技能与专长

获奖情况

自我评价</td><td>
个 人 简 历
<table>
<tr><td>姓名</td><td></td><td>性别</td><td></td><td rowspan="4">照片</td></tr>
<tr><td>民族</td><td></td><td>出生年月</td><td></td></tr>
<tr><td>籍贯</td><td></td><td>健康状况</td><td></td></tr>
<tr><td>学历</td><td></td><td>专业</td><td></td></tr>
<tr><td>通讯地址</td><td colspan="2"></td><td>邮政编码</td><td></td></tr>
<tr><td>移动电话</td><td colspan="2"></td><td>E-mail</td><td></td></tr>
<tr><td>求职意向</td><td colspan="4"></td></tr>
<tr><td>教育、培训经历</td><td colspan="4"></td></tr>
<tr><td>实习、实践经历</td><td colspan="4"></td></tr>
<tr><td>相关技能与专长</td><td colspan="4"></td></tr>
<tr><td>获奖情况</td><td colspan="4"></td></tr>
<tr><td>自我评价</td><td colspan="4"></td></tr>
</table>
</td></tr>
</table>

三、简历各部分的格式、内容和写法要求

（一）标题

首行居中写上“求职简历”“个人简历”“履历表”等名称。标题要醒目，排版时字要比正文部分文字大一号并且要加粗。

（二）个人基本信息

主要包括姓名、性别、出生年月、民族、籍贯、毕业院校、专业、学历、联系电话、通讯地址、邮箱、照片、健康状况等。这一部分放在最前面，便于用人单位取得联系。但需注意防止信息泄漏。

（三）求职意向

包括职位、工作地点、期望薪资等。要求简短清晰，一目了然，可以顺带勾画一下个人的发展方向。要求职业目标精确，忌讳过多；期望薪资初入职者建议合乎行情，或面议，或不写。

（四）教育、培训经历

主要介绍求职（应聘）者的受教育程度和所学主要的、有特色的专业课及学习成绩，如毕业的学校、专业和时间。受教育情况的各阶段时间前后应衔接，且采用倒叙的方法写。要求主次分明，突出重点。

（五）实习、实践经历

主要包括在学校、班级所担任的职务、学校组织的实习、见习、勤工助学、团体活动、志愿服务以及参与的科研、竞赛、社会实践、兼职等经历。注意突出主要才能、成果以及学习、工作、生活中有典型意义的事例，用人单位可以考察求职（应聘）者的团队精神、组织协调能力等。

（六）相关技能与专长

应将自身的技能、特长等核心竞争优势向用人单位展示。其关键在于具体，如团队协作精神、胜任岗位情况、沟通表达能力、人际交往能力等要把你的某一项技能具体化，尽量详细写你具备什么技能，达到什么程度，从之前的工作经验中总结出来。相关技能如计算机、外语等也可一并写入。介绍要恰如其分，语气要坚定，态度要诚恳。

（七）获奖情况

主要指在校期间所获得的各种奖励和荣誉，如院校奖学金、专业荣誉证书、兴趣爱好奖励、计算机技能、外语技能等。可以按照级别从高到低写，也可根据求职目标有所侧重的写。个人兴趣爱好也可以列上两三项，让用人单位了解求职者的工作、生活情况。

（八）自我评价

是对自我特质、优点、自身能力的综合评价。要求实事求是，最好不要摘抄别人的话，也不要写一些喊口号的话语。叙述要简练、中肯。

写作技能要求

一、目标明确，针对性强

在写意向职位时，一定要在简历最醒目处，明确、清楚表述自己希望的工作岗位、工作地点。企业对不同岗位的职业技能与素质需求各不相同，因此，简历应根据招聘企业的特点及职位要求进行量身定制，切忌一份简历“行走江湖”。

二、强调优势，突出个性

简历对于个人的能力、成就以及过去经验要突出强调；简历设计应从形式到内容都要与众不同、落落大方，不落窠臼。任何一位招聘者都会对别出心裁的简历感到眼前一亮。例如一位女生将简历设计成了一份精美的小礼品，简历被招聘方细细品味，细心、聪慧的女生得到了招聘方的赏识，求职成功。

三、内容真实、用词准确

简历内容一定要实事求是，内容具体真实，不能照搬照抄他人的简历。对于简历中的每个词、每句话都要认真仔细推敲，用词准确。

例文评析

【例文1】

个人简历

（标题：首页第一行居中）

个人基本信息

姓名	张林	性别	男	照片
民族	汉族	出生年月	1992.7	
籍贯	吉林农安	担任职务	班长 体育部部长	
学历	大专	专业	药学	
通讯地址	××医学高等专科学校2012级药学2班		邮政编码	××××××
移动电话	13577055555		E-mail	Zhanglin1992@163.com
求职意向	医药代表（求职目标要明确，岗位要相关，不能通用到每个简历上）			
教育、培训经历	2012.9～至今 ××大学药品经营与管理专业（自考本科）在读 2012.9～至今 ××医学高等专科学校药学专业 在读 （从高中到现在的教育或培训经历即可）			
实习、实践经历	2013.9～2014.7 校生命会心志愿者协会 会员（志愿活动） 2014.1～2014.2 吉林农安××大药房 销售员（实践） 2014.7～至今 吉林××药业有限公司 医药代表（实习） （实习、实践经历中要详细介绍工作内容及感悟）			
相关技能与专长	外语水平：CET-4 计算机能力：省二 其他技能：爱好运动，喜欢旅游，善于挑战自我。 （与求职不相关技能及专长可忽略。）			
获奖情况	在校期间获得校“三等奖学金”两次、“优秀班干部”“优秀学生会干部”“模拟面试大赛二等奖”“演讲比赛三等奖”、社会实践“先进个人”“文体活动积极分子”等荣誉称号 （获奖情况由高到低依次排序，与求职相关奖项可放前面）			
自我评价	本人性格开朗、诚实耿直、善于沟通、亲和力强。作为校学生会及班级干部，具有较强的组织能力和活动策划能力；曾多次参加校、系演讲及辩论活动，有较强的语言表达能力和逻辑思维；做事严谨，愿意为同学服务，在同学中威信较高，有良好的人际关系和积极的工作态度（自我评价叙述要简练、中肯）			

【例文2】

简　历

（标题：首页第一行居中，也可写求职简历或个人履历表）

姓　　名：王　红　　**性　　别：**女

民　　族：汉　　**出生年月：**1993.12

籍　　贯：安徽蚌埠　　　　　　　**健康状况**：优秀

专　　业：中药制药技术　　　　　**学　　历**：大专

毕业院校：××中医药高等专科学校

联系电话：15943288829　　　　　**E-mail**：Wanghong199312@163.com

通讯地址：××中医药高等专科学校12级中药制药技术班（邮编：××××××）

（个人基本情况介绍，联系电话等重要信息要反复核实，不能出现差错。）

求职意向：中药研发、检验、生产管理岗位　　　　（求职目标要明确，一目了然。）

教育、培训经历：2012.9~至今　××中医药高等专科学校　　中药专业

2014.12.23~12.30××省"双困生"培训

主修课程：中药学、方剂学、中药炮制学、中药制药工艺、中药制剂分析、中成药学、中医基础理论、制药设备与车间设计、药事管理与法规、中药药剂学等。（教育、培训情况以大学为主，专升本学习、特色培训、特色课程或专业成绩优异的也可列入。）

实习、实践经历：2013.7~2013.8　××大药房医药连锁公司　营业员

2014.7~至今××药检所　药检员

相关技能与专长：了解一般药品的生产流通过程，熟悉药品的质量标准，实习期间对多种药品进行质量检验，熟悉《中国药典》，掌握通用检验操作技巧，熟练掌握了薄层色谱、HPLC的检测原理与操作方法。能熟练掌握运用office办公软件。爱好唱歌。（重点表明与目标工作相关的实习、实践活动，介绍与求职工作相关的素质和能力。）

获奖情况：在校期间获得"国家励志奖学金"校"二、三等奖学金""自强大学生""优秀团员"、实验技能操作比赛"二等奖"、校园歌曲比赛"最佳风采奖"等荣誉称号。（获奖情况由高到低依次排序，与求职相关奖项可放前面。）

自我评价：生活中，我性格开朗、自立自强，虽然家庭困难，但勤工俭学减轻家里负担；学习上，我善于钻研、勤奋好学，每年都获得学校奖学金；实习中，我尽职尽责，吃苦耐劳。对药品的性能及一般质量要求有了更好的了解，动手能力有了较大的提升。（自我评价叙述要简练、中肯。）

知识链接

简历查错歌

简历首查错别字，语句通顺在其次。
时间经历逻辑通，信息精准要三思。
不做假账讲实事，前后标点要一致。
行距统一外观美，对齐功夫有人知。

扫码“学一学”

第三节　创业计划书

学习目标

知识要求

1. 掌握创业计划书的构成要素及写作要求。
2. 了解创业计划书的概念、特点和作用。

技能要求

1. 掌握创业计划书的撰写技巧。
2. 学会如何撰写创业计划书。

任务情境

张诚，男，家住吉林省珲春市，2012年毕业于××医学高等专科学校，所学专业为药学。在校期间曾担任校学生会副主席，经常组织各种竞赛、文体活动等。大二迎新时曾与同学卖过耳机、学习用品等。还曾和几名同学一起合伙送过快递。寒暑假做过推销员、售货员。实习时在××医院药房工作。现为××制药有限公司销售代表，业绩良好。虽然现在已经有了比较稳定的工作，但他一直没有忘记刚上大学时的梦想——创业。现在他想在珲春市创业开设药店，虽然已经有了一定的想法，但是想要找到合作伙伴、获得资金及其他政策的支持，还需制作一份详细的创业计划书，作为没有任何创业经验的他，该如何撰写创业计划书呢?

知识要点

一、创业计划书的概念

创业计划书是用以全方位描述与拟创办企业有关的内外部环境条件和要素特点，为业务的发展提供指示图和衡量业务进展情况标准的文书。

不同行业的创业书有所不同，不同人写的创业计划书也有所不同。但一般来说，创业计划书包括创业计划概述、产品服务、市场营销、管理、财务、关键风险等等。

二、特点

（一）前瞻性

对风险企业项目运作进行的前瞻性分析和运作，通过科学的方法对未来进行科学的预测。这些预测包括国家政策调整、市场预测、消费趋向变动、运营风险预测等。

（二）创新性

创业最鲜明的特点就是创新。这种创新不仅仅提出新的项目、新技术、新的营销模式、新思路，更重要的是把新的想法整合起来，逐步转变为现实。

（三）可行性

创业就是行动，没有具体的行动，创业就是一句空话，所以创业计划要具体，有可操作性。

（四）灵活性

由于受到创业者自身知识结构、信息完备程度、信息质量及人类有限理性的限制，难以准确地预测未来，因而对于不确定的未来，创业计划应具有灵活性，能顺应人们认识的深化而逐步调整。

三、作用

（一）指导作用

创业计划书是创业全过程的纲领性的文件，是创业实践的战略设计和现实指导。

（二）聚才作用

可以吸引创业人才加入，吸引新股东加盟；吸引有志之士参加创业团队；吸引对创业感兴趣的单位赞助和支持。

（三）整合作用

通过编写创业计划书，进行调研，梳理思路，完善信息，找到各种程序之间的衔接点，最终把各种资源有序的调动起来、围绕着创造和形成商业利润，进行最佳要素的组合。

（四）争取资金支持的作用

创业企业要获得风险投资的支持，其中一个重要的途径就是从审验创业计划书开始。

四、制定过程

（一）基础准备阶段

1. 市场调研。
2. 确定创业模式。
3. 搜集意见与建议。
4. 组建创业团队与分工。

（二）讨论构思阶段

1. 市场机遇与开发　通过了解，确定现有市场中的问题。考虑如何利用市场机会来解决这个问题，潜在顾客有多少，销售额有多大，市场开发潜力有多大，等等。

2. 产品与服务构思　在确定产品和服务领域后，下一步就是要针对真正的顾客需要，帮助解决他们面临的实际问题。大致确定如何销售产品和推销服务，确定企业的利润来源。

3. 竞争策略　在确定了竞争对手之后，需要进一步了解竞争对手的具体情况。比如，和竞争对手相比，你的产品或服务在成本、使用价值、外观设计、技术创新等方面有何长处。

构成要素及格式模板

一、构成要素

创业计划书由封面、摘要、市场环境、产品服务、人员及组织结构、营销策略、生产企化、财务规划、风险与风险管理、附录构成。

二、格式模板

构成要素	模　板
封面由标题、公司名称、公司性质、负责人、联系电话等构成。	××××创业计划书 公司名称：×××××××××××× 公司性质：×××××××××××× 负责人：××× 联系地址：×××××××××××× 联系电话：×××××××××××× 电子邮件：
正文： 一、摘要：介绍新企业的思路、创新点、竞争优势、潜在远景、企业规划、拟经营范围等 二、市场环境：明确产品或服务市场的现有情况和态势，详细了解竞争对手及客户、供应商状况等 三、产品服务：产品的概念、性能及特性，产品的市场竞争力，产品的市场前景预测等。） 四、人员及组织机构：团队成员及分工，对主要管理人员进行阐明，介绍他们的能力，职责和任务 五、营销策略：包括市场机构和营销渠道的选择、营销队伍的管理；促销计划和广告策略；价格决策 六、生产企化：产品制造和技术设备现状、新产品投产企化、技术提升、质量改进企化等 七、财务规划：销售预测和相应的支出，创业计划书的假设条件，预计的资产负债表，预计损益表，现金收支分析，资金的来源和使用等） 八、风险与风险管理：公司在市场、竞争、技术方面有哪些基本风险，如何应对 九、附录	一、摘要 ××××××××××××××× 二、市场环境 ××××××××××××××， ×××××××××××××××××。 三、产品服务 ××××××××××××××， ×××××××××××××××××。 四、人员及组织机构 ××××××××××××××， ×××××××××××××××××。 五、营销策略 ××××××××××××××， ×××××××××××××××××。 六、生产企化 ××××××××××××××， ×××××××××××××××××。 七、财务规划 ××××××××××××××， ×××××××××××××××××。 八、风险与风险管理 ××××××××××××××， ×××××××××××××××××。 九、附录

三、创业计划书各部分的格式、内容和写法要求

（一）封面

封面的设计要有审美观和艺术性，主要包括企业名称、公司性质、负责人、联系地址、联系电话、电子邮件、经营团队等信息。

（二）摘要

简要介绍新企业的思路、创新点、竞争优势及潜在远景。包括公司主要产品、业务范围、市场定位、营销策略、组织与管理、财务规划、资金需求等。

（三）市场环境

明确产品或服务市场的现有情况和态势，详细了解竞争对手及客户、供应商状况等在行业分析中，应该正确评价所选行业的基本特点、竞争状况以及未来的发展趋势等内容。

（四）产品服务

产品介绍应包括以下内容：产品的概念、性能及特性、产品的市场竞争力、产品的研究和开发过程、发展新产品的企化和成本分析、产品的市场前景预测、产品的品牌和专利等。

（五）人员及组织机构

包括团队的构成、成员分工、职责、如何管理等。

（六）营销策略

包括市场机构和营销渠道的选择、营销队伍的管理、促销和广告策略、价格决策等。

（七）生产企化

主要包括产品制造和技术设备现状、新产品投产企化、技术提升、质量改进企化等。（生产企业写，销售企业略）

（八）财务规划

一般包括销售预测和相应的支出、创业计划书的假设条件、预计的资产负债表、预计损益表、现金收支分析、资金的来源和使用等。

（九）风险与风险管理

包括市场风险、技术风险、经营风险、财务风险、人力资源风险及其他不可预见的风险等。

（十）附录

附录的内容分为附件、附图、和附表三个部分。

1. 附件 包括意向书、主要合同等文本，营业执照正副本等。

2. 附图 包括企业组织结构图，技术设计图，工艺流程图等。

3. 附表 包括主要产品目录，主要客户名单，主要设备清单等。

写作技能要求

一、主题明确、重点突出

要突出创业主题，打造特色，内容要详细充实，重点突出。

二、简洁精炼、条理分明

表达要简练，分析要有层次，条理分明。

三、充分调研、论证严谨

市场调研分析资料要翔实、反复论证，可信度高，使之合理规划，操作性强。

四、表述准确、创意十足

表述要通俗易懂，服务产品要有创意，能吸引投资者投资。

五、排版规范、装帧整齐

要按照装订要求认真排版，装帧整齐。

例文评析

【例文1】

康乐大药房创业计划书

公司名称：康乐大药房有限责任公司

公司性质：有限责任公司

负责人：张诚

联系地址：吉林省珲春市

联系电话：0433——××××××××

电子邮件：kangle@ 163. com

（封面直接写创业计划书或公司名称+创业计划书，包括公司性质、负责人、联系方式等。）

一、摘要

该药店取名康乐，寓意来这里买药的人都能够健康、快乐，解除病痛。选址在公园、菜市场、幼儿园、学校附近，人群集中在老年人和青少年。

该药店与众不同之处在于我们会根据在药店中老年人的高发病例（风湿病、心脑血管、脑梗疾病等）和少年的感冒、发烧病症，建立特色项目和普通项目相结合的销售模式，同时我们聘请专业药学人员对购药人员进行用药咨询与指导。建立独特的医药销售服务体系，通过建立客户的 VIP 个人资料库，将每一个客户的个人信息与家人等的信息收集于资料库中，用于完善我们的销售过程中的医药服务与售后服务。同时，药店会聘请已经退休的老中医每天上午进行坐诊，针对一些老年人疾病和患病幼儿进行诊断，进行中药治疗，方便老人行走不便和幼儿上大医院排队难等问题。通过这种人性化、全方位的医药服务，建立药店与顾客之间的信任桥梁，从而提高顾客对我们药店的忠诚度，帮助百姓对医药服务的了解，以此获得市场中绝大部分消费者的青睐，从而获得更大的医药市场份额占有率。

（介绍企业的定位、目标人群、创新点、竞争优势等）

二、市场环境

药店属于朝阳行业。随着人们生活水平的提高，人们对自身健康度的关注也在逐渐提升，对药品的认知度也在逐渐加强，同时对保健品的认识需求也在不断提升。药店周围老年人群多，如果做好宣传与服务，市场需求量会增加。另外，公园附近有很多学校、各种课后班，孩子如果有个发烧、头痛、感冒之类的疾病，在老中医的诊断下，家长会购买相应药品。

1. 优势

（1）地理环境好，人群多。

（2）老中医坐诊看病，吸引很多患者。

（3）管理与服务意识强，只要进店即有陪购人员，进行购药专业咨询与指导，不断树立品牌意识。

（4）VIP 顾客的定期回访。

（5）24 小时营业及免费送药。

（6）代煎中药。

（7）成立电商，进行网络销售非处方药及保健品（逐步推进）。

2. 劣势

（1）员工销售经验不足，店长管理经验少。

（2）药品种类少。

（3）规模小。

3. 机会

（1）建立特色服务，保证持续发展。

（2）加大营销力度，培养 VIP，逐步提高营业额。

4. 威胁

（1）盈利难：目前药店价格利润较低，成本投入较大。

（2）货源难：没有自己的货源渠道。

（详细了解竞争对手及客户、供应商状况等在行业分析中，正确评价所选行业的基本特点、竞争状况以及未来的发展趋势等内容。）

三、产品服务介绍

我们把药的重点放在非处方药、中药、保健品上。我们体现的是专业、优质、贴心的服务。顾客到药店让他们体验到我们的销售人员是专业的，我们的医生是值得信赖的，我们的产品是优质的。重点是改变药店的固有模式，提升人性化的服务。令消费者感到亲切、舒心、赞叹和满意。同时，提高购药者的用药安全和用药知识。将医药销售体系由单纯的买药阶段提升为医药服务阶段。不断和谐医患关系，更好的发展医药事业。

（产品的市场竞争力，产品的市场前景预测等）

四、人员及组织机构

在人员安排上，做到“人人有事做，事事有人管”，店长统一协调管理，其他人员各司其职、互帮互助，充分发挥每位人员最大的潜能。

店长 1 人：总体负责组织实施，整体规划。负责人员的调配、团队的凝聚力，激发工作人员潜能。

财务1人：负责收银、货款结算、人员开支等。

销售与咨询2人：要求具有执业药师证书，可以进行用药咨询、指导和销售。

货源渠道1人：做好市场调研，对进货渠道比较了解，定期调整药品种类。

老中医1人：具有职业（执业）医师证，医院退休人员，负责坐诊把脉，开药方。

要求上述人员具备：

（一）专业知识的掌握

医药知识的掌握，因为大多数来买药的顾客，更多的是对销售人员的一些咨询与信赖，这就需要销售人员要提供给他们专业、科学的购物指导。更要符合国家对医药销售人员的要求。

（二）销售技巧的掌握

洞察顾客的心理，提供给他们需要的产品，人性化的服务。

（三）良好的自身素质

具有亲和力，性格乐观开朗，喜欢与人沟通，勤劳刻苦，积极向上，自信，具有学习的能力。

（四）具备一定的组织管理能力。

（团队的构成、成员分工、职责、具备条件等）

五、营销策略

（一）免费看医、煎中药。

在公园门口发放宣传单，进店即可免费看病、量血压、煎中药。

（二）会员制度

药店会员卡免费办理，每消费一元即可积分。不同积分设立不同的礼物。几在药店买药的人都有成为会员的机会，其实也就是顾客信息的整合，了解顾客的特征，从而了解其需求。

（三）可以组织他们徒步、踏青、健康知识讲座等对健康有帮助，又能舒缓身心、缓解压力的方式来让他们了解很多药品。

（四）24小时营业及免费送药

1. 购买达到68元以上且送药范围在3000米以内的人员（处方药除外）。

2. 不在配送范围的也可送货上门，但要有误工费。

（五）网络推广

建立公司微信公共账号，定期发布药店药品介绍与活动开展情况，通过亲朋好友、VIP客户相互介绍、宣传。

（营销渠道方式、促销计划和广告策略等）

六、财务规划

财务预算（总计27万）：

店面租金5000 * 12 = 60000.00元

装修费20000.00元

药架、药柜、桌椅16000.00元

电脑、打印机等10000.00元

药品 40000.00 元

工资 2 * 4000.00 * 12 = 96000.00 元

5 * 3000.00 * 12 = 18000.00 元

流动资金 10000.00 元（因许多医药批发企业通常会给药店铺底，有的产品还会搞代销，进货资金不会太多。）

（一般包括，前三年销售预测和相应的支出。）

七、风险与风险管理

经营风险：

（一）药品价格的风险。

（二）行业内部竞争带来的风险。

（三）购买力不足的风险。

应对措施：

（一）公司与大部分供应商建立长期合作关系，及时掌握其生产经营信息，确保公司能够获得稳定、充足、低成本的原材料。

（二）根据国家药品价格管理政策，公司将有计划、有步骤的采取应对措施，降低风险。

（三）通过各种营销手段和优质服务吸引顾客。

（四）药品品种根据周边顾客需求不断完善。

（公司在市场、竞争、技术方面有哪些基本风险，如何应对。）

开药店是“中长线”的投资，刚开始两三年可能会有一定的困难，但切忌急躁，要稳步推进，一旦每日销售额在千元以上，则效益会很可观。只要定位准确，目标人群锁定。掌握好营销策略，未来医药市场将呈现快速成长。药店起步如果很难，届时可加盟连锁药店，获得品牌药店的名牌商标，从而有效降低创业和经营风险，提高成功率。

【例文 2】

书吧创业计划书

（封面直接写标题）

一、项目综述

（一）项目背景

俗话说：“知识就是力量、知识就是财富。”如今，书籍依然是我们获取智慧而能厚积薄发的力量源泉。而时下也正值全社会坚定不移地坚持可持续发展的战略路线的新时期，因此资源的循环使用也必将成为我们充分利用有限资源的最佳途径之一。近年来，大学生的学费问题已成为很多社会、高校及相关媒体关注的焦点，作为新时代的大学生，我们不仅应该知道怎么赚钱，更应该先懂得怎样省钱。据不完全统计，我国高等院校学生每学期的购买各类教辅用书及其他类书籍的费用一般在一千元钱左右，而这些书籍中的大部分都是可以循环使用的。据了解，在国外（特别是美国）高校学生大部分已经养成一届一届书籍循环使用的习惯！因此，二手书籍的流通使用将成为大学生解决高额书费问题的全新切入点。正基于此，学苑书吧在这个特殊时期的特殊环境下，以一种个性化的文化气息浓厚的精神大餐的实体店面形式，即将展示在世人面前！

（二）项目名称　学苑书吧

我们取名学苑书吧，谐音学院书吧，主要含义是希望帮助我们湖北民院的同学们能在我们轻松静谧的书吧氛围的众多的二手书籍中找到自己的意中书，找到自己心中向往的那个宝贝。

（三）项目内容

在创始阶段，本店经营初期是一个个体经营商，后期我们将陆续拓展经营范围、服务群体从而发展成为连锁经营模式、有限公司。我们的书籍主要来自校内大学生用过的教材、辅导书、工具书、光盘等。以合理的价格分门别类进行收购。例如，教科书可以按重量、按学科进行收购，然后以合理的价位打折出售给消费群体。同时面向社会及其他高校的二手书市场购买可读性强、可循环利用率高的书籍。具体业务简介如下：

基本业务：

1. 书籍来源——出版社、图书批发市场；定期在校内面向学生采购；到其他高校采购二手图书。

2. 我们主营二手书籍零售批发，我们附带新书籍、杂志、报刊、资料等出售（包括我们创业后期的网上售书）。

3. 书籍租赁——买书不如租书，对有些书看几天就花十几元也太不划算了。特色业务：

4. 书籍银行——顾客有些书籍可以存在我们的书吧里以赚取利息，这是一个双赢的模式。

5. 书籍寄售——对于有些不用的书籍可以放在我们的书吧里寄售，比如考试复习资料等。

6. 书吧的最大特色便是休闲，提供现场阅读场所，供应茶水、咖啡、水果、点心等休闲，在后期可以考虑与餐饮业主合作提供餐饮服务，再考虑加包间浪漫书屋等。

为了突出书吧的个性，增加书吧的收入，书吧门口可以搞些画展、专题展、考研现场咨询通报、新书海报等，给顾客一种十分热烈的氛围。此外，书吧还会及时收集各种畅销书的书讯，有条件的话就编制畅销书排行榜，为读者提供信息。

同时为了培养固定的顾客群，我们将推出读者会员等级积分卡，消费越多，积分越高，可享受的优惠越多，比如可享受免费赠送精美礼品等。

（四）项目预期社会效益和经济效益

随着社会的发展，人们的精神生活越来越丰富，对于非物质消费的要求越来越高。在生活节奏日益变快的同时，人们渴望在一个安静的地方得到放松的同时还能提高自己的素质与修养。去酒吧太闹，书店太乏味，唯独休闲书吧是个绝好的去处。恩施虽然不是大城市，但也有固定的精神消费群体，比如中小学生、大学生、白领族等，他们都需要休闲，需要充电，有着非常大的市场需求。

书吧在沿海经济发达地区发展迅速，如深圳、广州、上海等地，书吧是比较常见的文化休闲场所，据我的调查，这些地方的书吧，装修豪华，消费比较高，甚至按小时计费，这些书吧往往有许多其他服务，也是重要的利润来源，如提供茶水，咖啡等。规模书吧在全国大部分城市已经出现，中共中央也提倡建设“学习型社会”，这无疑给我们提供了更广阔的发展空间。

我们的收入主要有：会费收入、售书租书寄卖收入、存书共赢收入、书展收入、茶水服务收入、其他收入等；我们的支出主要有：门面租金及装修、进货购书、员工工资等，估计投资两年后即可回收资金。后期我们将高薪聘用专业的会计人才对资金进行合理有效的管理。此外，我们的书吧将对各类学校的贫困学生实行相应的特惠制度，并定期地向希望工程、贫困山区的学校等单位捐赠有价值的图书，在给社会营造良好的读书文化氛围的同时，树立自己的良好形象，给社会带来良好的效益。像我们学苑书吧这类休闲书吧，若发展达到一定的规模后，完全可以成为当地人们的个人图书馆，甚至可以提升整个城市的文化品位。

（项目概述包括创业背景、名称、内容、效益）

二、我们的宗旨

我们的宗旨：把书籍高效率的回收再利用，让有价值的书籍在大家的手上“玩转”起来！为了一切顾客，一切为了顾客！

三、战略目标

我们的经营目标是：合理的利润；发展长期客户；推广二手书籍的重复利用；为广大学子提供便利；保护环境，资源重复利用。我们将充分发挥自身优势，扩大经营群体，扩大经营规模，打开整个恩施市场，建立真实与网络相结合的二手书籍交易平台，进而提高书吧的知名度，作为恩施第一家书吧一定要努力打造恩施州二手书吧第一品牌。

（公司经营目标）

四、市场分析

通过我们的调查发现：我校很多大学生都不是恩施本地人。调查结果显示，每学期只有约 6% 的同学会把一部分有用且轻便的书籍带回家，而只有不到 1% 的同学会把所有的书籍都带回家。而同学们处理用过书籍最常见的方法就是当废纸卖掉，很可惜。而随着新学期的开始，一届又一届的新生使用相同的教材，不断地购买内容相同的参考书，复习资料等，花费了同学们很多不必要的开支。鉴于此，学苑书坊可以抓住这一供给和需求相平衡的机会，把握这一商机，通过网上淘宝书坊作为中转媒介，让供求与需要完美衔接，为同学们提供二手书籍交易的平台。

在调查过程中我们惊喜地发现，我校周边仍没有任何二手书店。因此，我们书吧营运后将很有竞争力，尚待挖掘的市场巨大。和书店相比，我们的书吧既有优势，又面临挑战。下面我们用 swot 分析方法对比分析我们书吧的状况。

市场环境分析：

地域：恩施高校少，但也有客户稳定，市场容量大

经济：恩施经济正处于发展中的地区，客户有一定购买力社会文化：恩施属于土家族自治州，民族文化气息浓厚。政策：国家对大学生创业采取鼓励态度，有税收减免政策。市场成熟度：产品处于发展期，潜力巨大。市场规模大。

消费者行为：客户多为大学生，偏好廉价书籍。购买习惯多样。同业情况：恩施书店众多，但主要经营新书，与我们书吧有很大差异性。

结论：二手书市场需求大；市场容量大；有良好的内外环境以及政策支持；客户群大量且稳定；有极大的价格优势；二手书经营有很大的特色性，竞争力强；有一定的竞争对手 。

（通过市场分析，得出结论。）

五、营销策略

我们的书吧首先将主要以实体店面的形式提供服务，初期可先在校内、腾讯 QQ 等同学们经常光顾的网络媒介上申请账号，让讯息更广泛、更灵通。发展到一定的阶段后，会同步开淘宝书吧，提供网上图书交易的平台，通过学校的主页面及百度搜索可直接链接到淘宝学苑书坊的页面上，为同学们在线提供更加快捷、准确、高效、时尚的交易平台。等到第一家书吧成功营运一年后，为了满足更多人的需要，会考虑校内外加盟、代理的方式，开设连锁加盟书吧，扩大市场份额。

后期我们将采取书吧实体店面与网络相结合的经营模式是一种全新的模式，积极地采取营销方案以占领市场。我们将充分发挥自己的优势、充分利用本校的特点和优势，通过制定有效的激励和评价机制来吸引客户、并扩建我们的经营范围。同时通过提供优秀的业务来吸引更多的用户。具体营销策划如下：

（一）宣传方式

1. 根据现有市场的特殊性，我们针对校园主要采取校园代理宣传活动，即在书店初期展开一周一次的宣传活动，然后在学生熟悉了二手书店以后，逐渐将宣传周期扩大。这个活动主要是雇佣校园兼职，定期地为我们发传单和在学校的宣传栏以及公寓的宣传板上张贴我们的广告。

2. 而对于非学生类人群的宣传，我们采取在小区的宣传栏上粘贴广告以及发放传单的方式，让更多的市民熟悉我们二手书店。

3. 利用网络工具，招聘校园兼职制作二手书店的网页，进行网上宣传，充分利用网络的信息化、高效化、无边界化。

4. 我们还将通过将一些旧书无偿捐助给慈善机构来让社会更多的人认识到我们学苑书吧，引起人们更多的关注。

（二）促销

一般来说，每个学期的开始和结束是学生的购书高潮，还有节假日也是购书送礼的高峰期。在这样的时期，我们采取大规模的促销活动。而在非购书高潮时期，我们将根据竞争对手的销售手段和刺激居民购书的热情而采取适当的促销活动。高峰期的促销方式不以价格战为主，因为这是书吧盈利的高峰期，我们针对学生购书以赠送个性书签，而对于送礼购书则给予免费包装的形式。书签和包装纸的成本较低，也比较贴切购书者的心境。而在非购书高潮期间则以适时的价格优惠为主，刺激消费。

（三）分送

我们的店面的选址将处于民院附近的中心位置，使恩施中职校、高职技校、普通中小学等的学生特别的我们湖北民院的学生到达我们店面的距离都不是很远，所以基本上我们不采取送货上门的方式。针对数量较多的买者，我们将会派送一名店员在当天比较空闲的时间段（比如上午）将书本送到目的地。

（四）售后

基于二手书的特殊性，它不像家用电器什么的，我们没有保修工作。顾客基本上是在店内挑选好要买的书本，直接付款就可以了。原则上我们是不予退货的。

但是，有一点我们必须意识到，宣传的时候，我们的宣传主要是集中在书吧开业的初期。一年以后我们的校园宣传及时在高峰期都可以不用以较高的频率和规模进行宣传。因为学生的宣传效应很高，所以以后的营销成本可以减少很多。

（五）预期营运模式

学苑书吧由于考虑采取小规模经营和成本问题，再加上书城本身的经营时间，一般分为淡、旺季。

销售旺季一般在开学时，在校生买书需求上升；而收购书籍一般在学期末，那时大四的学生会把自己的书以满意的价格卖给本书城。在旺季，书城会有两名销售人员在店内经营，而平时为了节省成本，实行早晚两班倒：店内只需一名销售人员，一名可到附近高校（湖北民族学院、恩施职业技术学院）上门收书。每天在营业完毕后都会相应做当天收售分析与核算。及时了解目标顾客的需求。每一周都会做一次书城全面的梳理，根据版本和市场需求来重新摆放书籍，将大部分目标顾客所需的书籍在近期大量收购，以差价售出，以求得近期盈利，形成良性循环！

（包括营销渠道的选择、营销队伍的管理、促销计划和广告策略等。）

六、管理结构

创业初期：扁平式组织结构。

由于考虑到成本问题，经营规模较小，所以书城目前仅需一名店长，其职责主要负责图书的选择与进货，协调和管理店员的工作，同时店长负责店内的财务管理，财务采取日结制度实行，即当天进行财务的结算，并填制报表，并负责每月进行盈亏计算，管理书吧财务以及对书吧经营做全程监督；吧员三名，主要负责吧内的销售服务与清洁，其中一名可雇佣下岗女工，为社会增加就业，但在经营淡季其中一名下各高校收书；一名精通网络的员工，便于以后的大规模网络经营，此员工预计在附近高校招兼职。此外，在某些时期可招收附近学生作为宣传人员。这样的经营模式，便于经营与管理，可以解决多方就业问题，极大地节约成本。但随着以后规模的扩大，人员问题会相应增加。同时采用店员考核制度与奖金制度相结合的方式提高员工工作积极性。

创业后期：直线职能型组织结构。

设总经理一名，市场部经理一名，服务部经理一名，财务部经理一名。书吧干事若干人，吧员若干人。这样的组织结构吸取了直线式和职能式的长处，避免了他们各自的短处，既保持了纵向的直线指挥系统，又设置了横向的职能管理系统。随着创业的进行，我们将逐步制定并不断完善我们各部门的经理的职责，制定好我们的管理制度，并在实践中不断完善。

（团队成员及分工、职责、任务。）

七、风险分析及对策

任何经营都有一定的风险，毋庸置疑，如何正视风险的存在、防范规避风险显得尤其重要，书吧经营的风险相对比较小，因为目前图批发市场是明显的买方市场批发商从出版社进书基本都是“寄销”的方式，三个月回款，而且剩余滞销的图书都可以退货，零售书吧从批发商进书几乎也可以采用了类似的方式。而且我们的主要货源是高校的二手图书，对于我们的主要产品——二手书籍，在最坏的条件下——全部积压，我们依然可以以卖废品的方式转让出去。但是，基于我们对于二手书市场的分析，二手书市场是十分理想的。而我们总的投资数目也较小，综上所述，风险指数也是很小的。

这样，我们的风险主要来自自身的经营管理，如何降低成本，开拓市场，吸引读者等方面，所以我们的书吧就不用担心昂贵的购书费了，可以采取分期付款的方式。我们的主要是竞争对手是校内外的大书店、网上书店，以及咖啡厅、歌吧等娱乐场所。

对策：对最主要的竞争者，构成最大的威胁，我们采取市场跟随者的战略，待时机成熟可采用市场挑战者战略。具体策略如下：

（一）主打我们的二手书籍，充分利用我们高校的优势、二手书籍的价格优势，进行有效的宣传，打出我们的信誉和品牌来。必要时请教我们的管理学老师等。

（二）新书在市场区域和经营种类上与别的书店形成差异。

（三）加强特色化、个性化服务，留住人才。

（四）提高新书上架与读者订书到位的速度。

（五）有针对性的图书种类分类，进行全面人性化的服务。

（六）结合供应茶水、咖啡等辅业，营造良好的读书氛围。

（七）断地跟踪图书市场，结合读者关心的问题及时对书籍的结构进行适当调整，最大限度的满足顾客的需要。

（公司在市场、竞争等方面存在的风险及应对策略。）

八、书吧管理细则（待定）（包括书吧各部门经理职责，吧员守则等）

纵观市场，二手书籍必将成为流行的趋势，而其对于节约社会资源，利于环境保护的优点也必将成为社会和政府所推崇的对象。建立学苑书吧，不仅可以让所有的市民体会到价格优惠，充实精神食粮，还可以为我们建立人与自然和谐的社会、走节约型道路做出重大贡献。

（本文源自大学生创业网：http：//www. studentboss. com/html/news/2013 - 06 - 13/134133. htm）

知识链接

测测你的创业能力

1. 你是否经常会认真考虑如何开办一家于自己的公司？

（1）是的

（2）有时会

（3）从不

2. 你认为发财的梦想对成功创业非常重要吗？

（1）是

（2）难说

（3）不是

3. 你是否觉得“只要有足够的资金，就一定能够赚到钱”呢？

（1）不是

（2）有时是

（3）是的

4. 你是否能够针对一项创业计划制定出具体详细的实施步骤？

（1）是

（2）很难说
（3）不是
5. 你认为“想赚钱必须能承受赔钱的压 力”吗?
（1）是
（2）很难说
（3）不是
6. 你对自己的创业能力充满信心吗?
（1）是
（2）难说
（3）不是
7. 在创业中，你认为勤奋比聪明更重要吗?
（1）不是，勤奋和聪明同样重要
（2）难说
（3）是，肯定就一定能够赚钱
8. 你觉得赚钱要靠运气吗?
（1）不是
（2）很难说
（3）是
9. 你认为向别人学习也能赚大钱吗?
（1）是的，但学习的同时要充分考虑自己的情况
（2）难说，每个人的情况都不同
（3）不是。“敢为天下先”者才堪称英雄
10. 你是否觉得想赚大钱必须能吃苦?
（1）是
（2）很难说
（3）不是

评分标准：

1. 每个问题选（1）得 2 分；选（2）得 1 分；选（3）得 0 分。

2. 总分在 0~12 分，说明你的创业能力较差，必须加强这方面的学习。

总分在 13~16 分，说明你的创业能力一般，仍需继续学习和锻炼，不断提高自己。

总分在 17 分以上，说明你的创业能力很强。

3. 这个评价仅供参考，只对你创业能力一种定性的评估。你的得分表明你目前的水平，而不表明你潜在的能力。

目标检测

一、判断题

1. 求职信和应聘信除了名称不同，其他均相同。（　　）
2. 简历是求职的补充完善。（　　）

扫码“练一练”

3. 求职信和应聘信属于针对用人单位而写的自荐信。(　　)

4. 简历从语言的表述上可分为中文简历和英文简历。(　　)

5. 应聘信对自己的介绍是全面的，可以向多个单位、多个部门投送。(　　)

6. 求职信是知道用人单位公开招聘岗位，目标比较明确，针对性强。(　　)

7. 应聘信可以结合用人单位的岗位需求着重介绍自己应聘的有利条件，要特别突出自己的优势。(　　)

8. 创业计划包括摘要、企业构思、法律形态、企业组织、企业财务和附件六个部分。(　　)

9. 简历如果对自己的情况能够客观如实地介绍，则不必再在文字中作自我评价。(　　)

10. 在简历中已经注明详细通讯地址和联系方式的，则在求职信中可省略。(　　)

11. 用人单位面对堆积如山的求职材料，根本无暇细看，找和本专业相同的人的求职信用就可以。(　　)

12. 用人单位在招聘时所提供的宣传材料不能作为求职信的附件。(　　)

13. 如果联系方式发生变化须及时在简历中进行调整。(　　)

14. 在制作简历的时候，应聘者可以根据自己的需要对自己的某些行为和经历进行虚构。(　　)

15. 创业计划书是用以全方位描述与拟创办企业有关的内外部环境条件和要素特点，为业务的发展提供指示图和衡量业务进展情况的标准。(　　)

16. 由于受创业者自身知识结构、信息完备程度、信息质量及人类有限理性的限制，难以准确地预测未来，因而对于不确定的未来，创业计划应具有灵活性。(　　)

17. 创业计划书一旦确定，就要严格执行，在行动中不能更改。(　　)

18. 创业计划书的周密性，与成功的可能性关系不大。(　　)

19. 创业计划书只是一份书面文件，因此是可有可无的纸上谈兵测试。(　　)

20. 制定创业计划时，我们应该相信自己的能力，对于销售预测部分，当然应该乐观一些。(　　)

二、单选题

1. 下列选项中哪个不属于在求职过程中可能会用到的信函形式（　　）

A. 申请信　　B. 求职信　　C. 介绍信　　D. 拒绝信

2. 不宜在求职缘由部分出现的是（　　）

A. 因学以致用　　B. 因个人兴趣爱好、发挥特长

C. 因出于对企业的仰慕、向往　　D. 因与领导关系密切

3. 不宜在求职信的结尾处写的是（　　）

A. 请求给予面试机会，表示感谢　　B. 对是否能被录用表明态度

C. 求职的缘由　　D. 祝颂语

4. 一份成功的简历不但能够获得面试的机会，还能够给招聘方留下好的印象，有利于求职者的求职。一个成功的求职者做简历前要明确三点内容是：(　　)

(1) 薪资及福利待遇；(2) 求职的目标；(3) 自己的优势；(4) 企业的性质、国企、民营、外企、合资……；(5) 招聘方的需求；(6) 企业的规模

A.（1）（3）（5） B.（2）（3）（5）

C.（2）（3）（4） D.（1）（2）（5）

5. 一份优秀的简历会成为大学生成功求职选择的助推器，下列有关简历的说法正确的是（ ）

A. 简历要尽量详细的描述自己，对于一些重要的实习经验要尽可能详尽的描述，篇幅越长越好

B. 简历要有明确的求职意向，要表明自己的特长、兴趣爱好等

C. 简历中语言表达要有深度，尽量用一些生僻的词汇或者网络语言，甚至可以用文言文来突出自己简历的个性

D. 简历对自己找工作不是很重要，所以不必花太多心思在简历的制作上，必要时可以制作一份公用的简历，遇到哪家单位都可以投递同一份简历

6. 创业计划不仅仅是一份书面计划，而是一个实实在在的行动（ ）

A. 纲领 B. 计划 C. 目标 D. 方向

7. 面对海量的求职信息，为了提高对有效信息的命中率，应遵循什么样的原则？下列说法错误的是（ ）

A. 发挥优势和学以致用的原则。即在筛选求职信息时，要尽量做到发挥所长，学以致用

B. 面对现实，理论联系实际的原则。在使用求职信息时，无论个人的愿望如何美好，在实际操作时则要面对现实

C. 晚做选择原则。信息无穷无尽，无比丰富，为了等待合适的机会，应该晚做抉择，等待时机

D. 善于开拓原则。即将那些潜在的信息，深入思考，加以引证，充分利用。正如人们常说的那样，信息的价值“会用则有，不会用则无”

8. 投递简历也是需要讲究技巧的，如何投递简历，下列说法错误的是（ ）

A. 在招聘会现场，投递简历应该有的放矢

B. 通过网络投递简历，如果一个单位有若干岗位空缺，为了提高命中率，可以同时申请多个职位

C. 投递简历之后，在一周的时间内，可以主动询问应聘结果

D. 投递简历应该遵循第一时间投递的原则，以抢占先机

9. 求职信如果提供附件，应将附件名称列于（ ）

A. 开头部分 B. 正文尾部

C. 落款与成文日期之后 D. 落款与成文日期之前

10. 创业计划书的撰写是在可行性报告的基础上，制定企业（ ）的规划

A. 1~2 年 B. 1~3 年 C. 1~4 年 D. 1~5 年

11. 下列关于简历的描述中错误的是（ ）

A. 简历是提供给未来雇主的书面交流材料

B. 一般来说简历有其自身的书写规律

C. 简历和目标职位之间要建立紧密、有针对性、清晰地联系

D. 简历越详细具体越好，“一张纸”简历不能满足求职要求

12. 关于简历，不正确的是（　　）

A. 站在对方的立场考虑问题　　B. 措辞达意，合体适用

C. 格式正确，篇幅适宜　　D. 不留自己的联系方式

13. 关于求职信，你认为正确的是（　　）

A. 求职信没有简历重要，不需要太重视　B. 尽可能面面俱到

C. 可以适当地进行渲染　　D. 需要得体、合意、规范

14. 毕业生求职开始之前需要做的最重要的准备工作是什么（　　）

A. 制作个人简历　B. 查询招聘信息　C. 明确求职意向　D. 学习求职礼仪

15. 个人简历一般可以不包含（　　）

A. 求职意向　B. 联系方式　C. 教育经历　D. 个人财产情况

16. 求职意向一般不包含（　　）

A. 职位名称　B. 同事姓名　C. 单位所在地区　D. 单位所属行业

17. 确定项目的方法：一是项目预选，二是市场调研，三是（　　）

A. 比较　B. 筛选　C. 汇总　D. 可行性分析

18. 创业，对于创业者来说面临着（　　）

A. 机遇　B. 风险　C. 机遇与风险并存　D. 获得大量利润

19. 创业计划的内容是（　　）

A. 财务规划　B. 市场分析　C. 营销策略　D. 以上都是

20. 创业计划书完成之后，是否可以马上开业（　　）

A. 是，马上可以开业

B. 否，还需制定一份“开办企业行动计划”

C. 否，还需做出“现金流量计划”

D. 否，还需制定“销售和利润计划”

三、多选题

1. 求职信的附件部分应提供的内容主要有（　　）

A. 个人简历　B. 学历证书　C. 身份证复印件　D. 个人联系方式

2. 求职信介绍自己的长处时应做到（　　）

A. 充分展示　　B. 根据职位特点针对性介绍

C. 客观坦诚　　D. 适当夸张

3. 个人简历一般包括哪些内容（　　）

A. 求职意向　B. 联系方式　C. 教育经历　D. 奖惩情况

4. 求职信和应聘信的特点有哪些（　　）

A. 针对性　B. 自荐性　C. 独特性　D. 求实性

5. 求职信的构成要素有哪些（　　）

A. 标题、称谓和问候语　　B. 正文

C. 结尾　　D. 署名、日期和附件

6. 应聘信从格式上可分为（　　）

A. 条文式　B. 文字式　C. 广泛式　D. 专递式

7. 简历的写作技能要求有哪些（　　）

A. 目标明确，针对性强　　B. 有所侧重、强调优势

C. 短小精美、用词准确　　D. 内容真实、忌假大空

8. 创业计划书的特点（　　）

A. 前瞻性　　B. 可行性　　C. 灵活性　　D. 创新性

9. 下面哪些属于创业计划书的内容（　　）

A. 封面、摘要　　B. 产品服务、营销策略

C. 行业分析及市场环境　　D. 人员及组织机构、财务规划

10. 撰写创业计划书的作用有哪些（　　）

A. 指导作用　　B. 聚才作用

C. 整合作用　　D. 争取资金支持的作用

11. 创业计划书中的风险管理包括（　　）

A. 市场风险　　B. 经营风险　　C. 财务风险　　D. 人力资源风险

12. 创业计划书的附录包括（　　）

A. 附件　　B. 附图　　C. 附表　　D. 其他

四、阅读改错

下面是一封求职信，阅读后请回答下列问题：

1. 用语是否得体？应怎么修改？

2. 结构上欠缺些什么？应怎么补上？哪些内容是多余的？请删去。

××制药厂：

前天接到我得旧同学××的来信，说贵厂公开招聘生产管理员。我是××学校药物制剂技术专业的毕业生，在校读书时，学习成绩优秀，爱好体育运动，是学校篮球队的成员。贵厂就设在我的家乡，我想，调回家乡工作正和我的心意，而且生产管理员的职务，也和我所学的专业对口。不知贵厂是否同意，请立即给我回信。

此致

敬礼！

××谨上

二○一四年八月十日

五、写作

1. 小张是一名即将毕业的药学专业的学生，性格有些内向，不善表达。在校期间学习成绩优异，动手操作能力强。平时参与的活动较少。在××药业实习，表现较好。今年五月份，××医药职业技术学院举办×××× 届毕业生双选会。招聘会上，××生物制药有限公司、××药业有限公司、××药房、××生物制品所等二十几家公司进行招聘。招聘的岗位有医药销售代表、生产车间人员、质检员、药房人员、科研人员等若干职位。如果你是小张，你想选择哪个企业哪个岗位，如何撰写求职简历？

2. 请结合自身实际，给××药业有限公司的人事部门写一封求职信。要求：格式规范、语言得体。事先并不知道该公司是否招人。

3. 如果你有创业的打算，行动之前请试着写一份详细的创业计划书。

第七章

医药工作文书写作

第一节　医药广告文案

扫码“学一学”

学习目标

知识要求

1. 掌握医药广告文案的书写格式要求。
2. 熟悉药品广告的几种常见形式。
3. 了解医药广告文案的概念。

技能要求　能正确书写医药广告文案。

任务情境

A公司为了拓展市场，突显自己的核心竞争力，现专门针对女性健康，生产出一款口服液，为了使这款新产品能更好地融入市场，A公司需要请B公司帮忙做广告文案，请问你知道怎样书写广告文案吗？

知识要点

一、医药广告文案的概念

广告文案是指为产品而写下的打动消费者内心的文字，它是广告内容的文字化表现。目前广告文案有广义与狭义之分，广义的广告文案是指广告作品的全部，它不仅包括语言文字，还包括图画等内容。狭义的广告文案仅指广告作品的语言文字。

医药广告文案是指借助各种大众传播媒介公开而广泛地传播医药生产信息、宣传医药企业形象、医药知识、促销医药产品，以获取商业利润的实用文体。

二、医药广告文案的特点

（一）真实性

医药广告属于特殊商品广告，因此对药品的功能、品质介绍等不能主观夸大或隐瞒，必须向公众传播真实的医药产品信息。

（二）严肃性

药品的配套监管法规较多，在进行医药广告文案创作时，必须是在满足各类法规允许的情况下进行。医药广告文案书写时常参考的法规有：《中华人民共和国广告法》《医疗广告管理法》《处方药与非处方药分类管理办法》《药品广告审查办法》《药品广告审查发布标准》等。

（三）特殊性

只有不用医师处方可自行购买的非处方药（OTC）能在大众传媒做广告。对于处方药只能在医学药学专业刊物上进行宣传。

（四）创新性

追求独特和新颖的表达形式，满足社会公众求新、求异、求奇的心理特征。

（五）艺术性

在真实性的基础上，充分渲染气氛，调动情感，增强广告信息传播的影响力。

构成要素及格式模板

一、构成要素

医药广告文案是由标题、正文、广告标语、广告随文四部分组成。

二、格式模板

构成要素	模　　板
标题：概括主旨或主要内容 **正文**：主体部分，文案传达的大部分广告信息 **广告语**：向消费者传递一种观念的语言 **随文（附文）**：位于文案最末部分，传达企业名称、地址、购买方法等附加信息	×××××××× 　　××××××××××××××××××××××××××××××××××。 　　×××××××××××。 　　××××××××××××××××××××××××××××××××××××。

三、医药广告文案各部分的格式、内容和写法要求

（一）标题

标题是对广告文案主旨的概括，是广告文案的统领。其主要任务是吸引消费者对广告中的重要信息的注意，引起读者兴趣，因此撰写标题，语言要朗朗上口、形式要灵活、句式要新颖独特，文字数量一般不宜太多，在12字以内为宜。标题的表现形式多样，可以是陈述式，例如："日夜'百服咛'，日夜照顾您"（儿童退烧药）；也可以是疑问式，例如：

“拒绝‘干涩’，眼睛也‘抗旱’？”（眼药水）；还可以采用正副标题的形式，例如：“只要青春不要痘——奇效痘立消”。

（二）正文

它是医药广告文案的主体部分。主要是对广告产品的介绍、阐述和说明。

1. 正文内容应包括

（1）形象说明医药产品的功能、特性、适应人群等。

（2）形象说明医药服务内容。

（3）说明医药产品或服务的厂家、地址、联系方式。

2. 医药广告文案书写常见的表现形式

（1）对比式：将药品的功效以恰当的电视画面或语言方式与某些事物进行对比，表现使用前后不一样的效果，以衬托广告药品特殊功效的作用。运用对比的方法会使人产生无限的联想和强大的视觉及心理冲击力。对比式是药品广告最常用的表现手法之一，主要运用于用药后有明显效果的药品广告。

（2）幽默式：药品广告通过幽默的方式将药品信息传达给目标消费者，使消费者在愉悦的心情中对产品留下深刻的印象。幽默使枯燥的药品广告更具趣味性，增加了消费者对药品广告的接受程度。幽默式主要运用于产品的导入期和成长期。

（3）口号式：口号式药品广告可以让消费者产生联想，让消费者从中感受到对药品的需求，即便目前这种需求不存在，但是广告潜移默化的作用可以让消费者在需求产生的第一时间想到它。口号式广告因其广告语短，朗朗上口且容易记忆，主要适用于产品的导入期。

（4）拟人式：把人的思想或行为动作赋予广告主体上的手法叫拟人法。这种手法往往使人感到亲切，拉近广告与消费者的距离，从而容易接受广告的内容或观点。拟人法偏向于感情诉求，因此适用于需重复购买的非处方药产品。

（5）名人推荐式：名人广告或形象代言人广告是较为传统和常用的药品广告表现手法。寻求合适的广告形象代言人，利用他们的知名度、美誉度及其个性特征，充分展示广告产品的诉求点，能够取得消费者的趋同心理，进而产生消费欲望。

（三）广告标语

又称广告口号、广告主题句，是指在一定时期内宣传医药产品和信息的特殊语言。广告标语是战略性的语言，以便体现它与其他企业精神的不同，突出其核心竞争力，使消费者掌握商品或服务的个性。广告标语是推广医药产品不可或缺的要素。

广告标语分为：联想式、比喻式、许诺式、推理式、赞扬式、命令式。广告标语的撰写要注意简洁明了、语言明确、便于记忆、易读上口。例如：“保护嗓子，请用金嗓子喉宝”。

（四）广告随文

也称广告附文。位于医药广告文案的最末部分，主要传达医药产品生产厂家或医药服务单位名称、地址、联系方式、购买方法等附加信息。广告随文的写法可以直接罗列，也可以委婉附言或制作标签表格，只要突出内容，引人关注便可。

写作技能要求

一、内容真实，语言准确规范，符合法律要求

真实是广告的生命，医药广告的真实性尤为重要。广告文案内容的真实性要求所介绍的药品要向消费者提供经得住检验的证据，切忌为吸引眼球而浮夸；医药广告不同于其他广告，准确规范的语言是医药广告文案书写最基本的要求，表达要准确、规范、完整，避免语法错误而产生歧义或误解，同时必须符合相关的法律法规。如药品、医疗器械广告不得含有不科学的表示功效的断言或者保证；不得含有说明治愈率或者有效率等内容。

二、创意要新颖，定位要准确

广告创意是广告主题的创造性思维，其主题定位如何，主要体现在创造性的艺术构思上，在铺天盖地的广告中要能激起人们的兴趣，广告文案必须要有非同凡响的创新，在构思中既要包括“传播什么”，又要包括“怎么传播”。同时不同的消费者有不同的心理需求和生活习惯，因此要针对不同层次的消费者对产品的特点、档次、用途、产地、原料等有不同的切入点，谁先谁后进行准确定位。

三、语言要简练，形式要多样，表现要生动

广告文案对产品的表述要简明扼要、精炼概括，尽可能用较少的文字、简短的语句表达出广告产品的精髓，实现有效的广告信息传播；表述时可运用对比、描述、引用、比喻等多形式、多手段吸引广告受众的注意力。诉之于听觉的广告语言，要注意优美、流畅和动听，使其易识别、易记忆和易传播，从而突出广告定位，很好地表现广告主题和广告创意，产生良好的广告效果。国外研究资料表明：文字、图像能引起人们注意的比例分别是22%和78%；文字和图像能够唤起记忆的比例分别是65%和35%。因此要求在进行文案创作时采用生动活泼、新颖独特的表现形式。

例文评析

【例文1】

不让秋雨淋湿好心情，心情好，脸色自然好。

不让秋日带给女人一点点伤，没有黄褐斑，脸色是真的。

不让秋风吹干肌肤的水，肌肤充满水分，脸色更加好。

不让秋夜成为失眠的开始，晚上睡得好，脸色才会好。

（广告文案围绕中心，运用排比句从四个方面宣传产品特点、构图及方案富有延续性及系列性，成功地推销了产品，该广告获得2000年全国报纸广告医药保健类铜奖。）

【例文 2】

德康血压计的广告文案

防范于未然，生之未雨绸缪

（标题朗朗上口，揭示文案主旨）

无论喧嚣城市还是狂放山野，
无论你身处世界哪一个角落，
抛开身旁追随和羡慕的视野，
在人海茫茫中尽情宣泄，
开辟生存，无限可能，
纵横天地任由激情洋溢。

（正文主题明确，意在揭露文案的中心思想）

拿得起，放不下，都是血压惹的祸

（广告口号，是推广医药产品不可或缺的部分）

上海医药集团有限公司　联系电话：021-88888888

（主要传达医药产品生产厂家或医药服务单位名称、地址、联系方式、购买方法等附加信息。）

知识链接

目前审查医药广告的法律文件

1.《中华人民共和国广告法》
2.《药品管理法》
3.《药品管理法实施条例》
4.《药品广告审查发布标准》
5.《医疗器械广告审查发布标准》
6.《处方药与非处方药分类管理办法》
7. 国家有关广告管理的其他规定

第二节　医药市场调查报告

学习目标

知识要求

1. 掌握医药市场调查报告的书写格式要求。
2. 熟悉医药市场调查报告的类型。
3. 了解医药市场调查报告的概念。

技能要求　能正确书写医药市场调查报告。

任务情境

随着竞争加剧，中国洗发水行业呈现了一个典型的金字塔形品牌格局。西安杨森公司为了找到洗发水市场的突破口，提高其在全国重点城市中的占有率，并为其今后的营销发展计划提供科学依据，西安杨森委托某市场调查公司在北京、哈尔滨、上海、广州、长沙、成都、西安7个城市中各选400人作为调查对象进行抽样入户调查。其调查内容主要对采乐洗发水的营销计划进行全面分析（销售渠道、产品情况、消费者使用情况等），从而了解到消费者对于采乐洗发水的满意度及美誉度，为今后营销计划的制定奠定了坚实基础。假如你是某市场调查公司的工作人员，你知道如何书写医药市场调查报告吗？

扫码“学一学”

知识要点

一、医药市场调查报告的概念

医药市场调查报告是指在进行深入的市场调查以后，对调查所获得的信息资料进行系统、科学和周密的整理、归纳、分析、综合后撰写的书面文字材料。主要是指对医药行业和医药市场进行调查后所形成的分析报告。其作用是帮助医药企业掌握市场的现状和趋势，为领导层决策提供重要依据；增强企业在市场竞争中的应变力和竞争力，提高企业的经济效益和社会效益。

扫码“看一看”

医药市场调查是书写医药市场调查报告的前提，如果没有进行市场调查，就无法撰写市场调查报告。为了更好地掌握市场调查报告的书写要求和方法，我们有必要了解医药市场调查的相关知识。

什么是医药市场调查？医药市场调查是根据市场预测、决策的需要，运用科学的方法和手段，有目的收集、记录、整理、分析和研究与医药市场有关的信息和资料。医药市场调查作为市场运营四大支柱（市场调查、商品计划、销售促进、流通政策）的先导支柱，是市场预测和经营决策的基础，为企业准确进行科学预测及制定市场营销战略提供重要依据；市场调查还有助于了解医药市场环境的变化趋势，全面、深入地了解药品目标市场、目标人群、竞争产品、营销渠道。

医药市场调查的内容一般包括产品的动态信息、市场动态信息、消费者需求信息、竞争者信息、销售绩效信息及宏观环境动态信息等。

市场调查的常用方法有文案调查法、实地调查法、网络调查法、抽样调查法。每种调查方法各有优缺点。

二、医药市场调查报告的种类

医药市场调查报告依据不同的标准有不同的分类。

（一）按其所涉及内容的范围可分为　综合性医药市场调查报告和专题性医药市场调查报告。

（二）按调查对象的不同可分为　市场供求情况的医药市场调查报告、医药产品情况的市场调查报告、医药消费者情况的市场调查报告、医药销售情况的市场调查报告以及医药市场竞争对手的市场调查报告。

（三）按表述手法的不同可分为　陈述型医药市场调查报告和分析型医药市场调查报告。

构成要素及格式模板

一、构成要素

医药市场调查报告是整个调查工作的总结，一般应包括标题、目录、概述、主体、结论与建议、附件六个部分组成。

二、格式模板

构成要素	模　板
标题：公文式或文章式	**关于××××的市场调查报告**
目录：目的在于方便阅读者阅读	1. ××××××× 2. ××××××× 3. ×××××××
概述：简明扼要阐明调查目的、调查方法、调查对象等基本信息 **主体**：对问卷调查表的内容进行详细的数据分析与归纳 **结论与建议**：提出观点并给出解决问题对策，用分条列款的形式完成	××××××××××××××××××××××××××××××。 ××××××××××××××××××××××××××××××。 ××××××××××××××××××××××××××××××。
附件：附上写调查报告所引用的数据图表、问卷调查表等	附件：1. ×××××××× 2. ××××××××

三、医药市场调查报告各部分的格式、内容和写法要求

（一）标题

医药市场调查报告的标题常用的有两种形式，一是公文式标题，由调查对象、调查内容和文种组成。如：《关于中国市场肠胃药品分类的市场调查报告》；二是文章式标题，即用简洁的语言概括调查的内容或主旨，有单标题和双标题之分。例如：《城镇居民家用医疗器械潜在购买力动向》《竞争在今天，希望在明天——全国医疗健身器械用户问卷调查分析报告》。

（二）目录

市场调研报告的目录是根据报告的篇幅而定的，篇幅长则需要加上目录；篇幅短，目

录可以省略。编写目录是为了方便读者阅读。

（三）概述

简要介绍调查的基本情况，即调查时间、地点、背景、范围、目的和方法。

（四）主体

它是调查报告的主干和中心，是调查报告的主要内容，要详细介绍、说明事物的真相，即市场动态、市场特点、本企业要解决的问题、调查结果以及调查结果对企业经营活动影响的分析、提出的建议等。写作时要客观、观点明确、层次清晰、重点突出。

（五）结论与建议

这是报告的结尾部分，是分析问题、得出结论、解决问题的必然结果。结果必须与概述相呼应，从而深化主题，加深企业决策者对该报告的重视。

（六）附件

附件部分是提供与调查结果有关的资料供决策者参考，提供的资料有调查报告引用资料的汇总统计表、数据图表、问卷调查表等。

写作技能要求

一、注重内容的真实性

实事求是，内容真实，是书写医药市场调查报告的前提。无论是记载调查情况、引用的数据和资料、引证的事例以及综合调研内容，还是分析结论，提出建议与方案，都应当坚持实事求是的基本原则，必须客观真实。

二、注重材料与结论的统一

医药市场调查报告是以调查的事实、数据和收集的资料为依据的，其结论是通过对收集的数据和事实进行综合分析得出来的。结论与材料是密不可分，相互统一的。切忌调查材料与调查结论相分离。

三、注重语言的准确、简明

医药市场调查报告的表述要把握好分寸和尺度，在数据准确、引证真实、叙述简明的基础上，力求增强语言的生动性和感染力，让阅读者产生浓厚兴趣。

四、注重针对性和时效性

市场调查是针对某一问题进行调研的，一份调查报告不可能解决所有问题，所以调查报告的针对性越强，其价值就越大。同时，市场是瞬息万变的，因此写作调查报告要迅速及时，否则，它就是“马后炮”失去了效用。

例文评析

【例文】

关于中国市场肠胃药品分类的市场调查报告

目录（略）

一、调查目的

为了了解中国市场上肠胃药品种的种类及销售情况，做到让消费者正确选择肠胃药，对症下药，本公司在2013年10月1日至2013年11月1日就药店和医院肠胃药品在18~50岁消费者之间的销售情况进行了市场调查。使用的调查方法是通过因果性调查、描述性调查、网络性调查。

（概述部分，简单概括调查目的、时间、调查方法等。）

二、胃肠药品市场背景

经过市场调查我们发现，现在市场上常用的治疗胃病的药物主要有：

1. 中和胃酸药类 如乐得胃、丽珠得乐和枸橼酸铋钾三种，用于胃及十二指肠溃疡，胃炎和胃酸过多的病人。

2. 抑制胃酸药类 H_2受体阻断剂及质子泵抑制剂为主，如雷尼替丁、西米替丁等。这些药用于治疗十二指肠溃疡、术后溃疡、良性胃溃疡、反流性食道炎、上消化道出血。

3. 黏膜保护类 如复方铝酸铋，主要治疗溃疡并胃酸过多、胃炎、神经性消化不良、胃肠痉挛等。此外，还可调节胃肠胀气，改善大便秘结，增进食欲和改善消化功能。

三、常见肠胃药物的市场分析

1. 市场环境：现代生活节奏的加快，人们饮食规律不能保证，胃病发生率越来越高，每个人的一生中几乎都会不同程度地发生急性或慢性胃病。

2. 数据显示我国有近30%的人患有各种胃炎，目前全国胃病患者的总人数粗略估计就有近4亿人，而且其中40%病情严重。

3. 胃病潜在患者：是指由于职业的原因，工作、饮食时间的不规律引发的胃病。

（略）

（正文部分，详细介绍调查报告的主要内容，写作时要层次分明、思路清晰。）

五、结论与建议

1. 胃病有许多中，如胃炎、溃疡、胃部肿瘤等，不同的胃病，治疗重点也不同，所以不能用同意的方法治疗胃病，需要因情况而异。

2. 胃肠疾病的患者要注意保暖，换季时尤其要注意，避免过度劳累和精神紧张，有些药物如解热镇痛类药物阿司匹林，某些降压药会引起胃黏膜的损伤甚至引起消化道出血，在用药时要慎重，就诊时一定要向医生提供相应的病史，尽量避免乱吃药。

3. 要进一步加大对医药管理法律法规及医药常识的宣传力度，提高广大人民群众认识药品的能力。

（对正文进行总结，与概述部分相互呼应，突出主题。）

六、附件（略）

（提供与调查相关的资料供阅读者参考，如市场调查问卷等。）

知识链接

药品市场调查的步骤

1. 确定问题与调查目标　由于调查对象非常复杂，不易准确发现问题和提出问题，因此通常在进行正式调查之前，先作初步调查即探测性调查，然后确定调查的问题及范围。问题选择应符合有用性、合理性原则。

2. 拟订调查计划　选择调查方式、调查方法、预算调查经费、部署调查人员、安排调查进度。

3. 制作调查问卷

4. 进行市场调查

5. 数据的统计与分析　根据收集到的数据和资料进行统计与分析。

6. 结合市场情况撰写市场调查报告

第三节　医药市场预测报告

扫码“学一学”

学习目标

知识要求

1. 掌握医药市场预测报告的书写格式要求。
2. 熟悉医药市场预测报告的分类。
3. 了解医药市场预测报告的概念。

技能要求　能正确书写医药市场预测报告。

任务情境

M公司是一家中国医药行业的龙头企业，近年来，由于竞争对手众多，本公司逐渐在市场竞争中失去了产品优势和市场优势，为了挽回龙头企业的引领地位，增强本企业未来的竞争力，M公司委托北京某咨询公司就2015～2019年中国医药行业市场分析与发展趋势做了市场预测，以便对今后的发展路线做出准确的定位和规划，请问你知道应该如何书写医药市场预测报告吗？

知识要点

一、医药市场预测报告的概念

医药市场预测报告是指在医药市场调查的基础上，运用科学的预测技术和方法对掌握的医药市场信息、资料进行分析研究，从而预测未来医药行业和市场发展趋势的一种预见性的书面文字材料。医药市场预测报告实际上是医药调查报告的一种特殊形式。

医药市场预测报告的书写是以医药市场调查与预测为前提的，如果没有进行市场预测，就无法撰写市场预测报告。

什么是医药市场预测？它是指在医药市场调查的基础上，运用科学的预测技术，对影响医药市场供求变化的诸多因素进行调查研究、分析和预见其发展趋势，掌握医药市场变化规律，为医药企业的营销决策提供科学的依据。

医药市场预测一般要经过以下几个步骤：确定医药市场预测目标，制定预测工作计划，组织搜集相关资料，选择预测方法，对调查搜集的资料进行综合分析预测，编写市场调查预测报告。

二、医药市场预测报告的特点

（一）科学性

医药市场预测报告要运用科学的预测理论和预测方法，充分搜集各种真实可靠的数据资料，以周密的调查研究为基础，找出预测对象的客观运行规律，得出合乎实际的结论，有效指导人们的实践活动。

（二）预见性

医药市场预测报告的性质就是利用医药市场过去与现状的相互联系对医药市场未来的发展趋势做出预见性的判断，目的是将医药市场需求的不确定性极小化，使预测结果和未来的实际情况的偏差概率达到最小化。

（三）近似性

医药市场预测报告的预测值只是一个近似值，与实际值存在偏差，不可能完全一致。

三、医药市场预测报告的分类

（一）按市场预测的空间范围

1. 国际医药市场预测报告。
2. 全国医药市场预测报告。
3. 地区医药市场预测报告。

（二）按市场预测的时间

1. 短期医药市场预测报告 是指对一年内（包括年度、季度、月度）医药市场发展前景的预测报告。

2. 中期医药市场预测报告 是指对两年至五年内医药市场发展前景的预测报告。

3. 长期医药市场预测报告 是指对超过五年的医药市场发展前景的预测报告。

（三）按市场预测的性质

1. 定性预测报告 对药品市场未来的发展趋势和变化方向做出性质上的判断与程度上的估计。定性预测法简单易行，不需要复杂的计算，使用面较广。

2. 定量预测报告 根据历史数据，运用统计学和数学模型等方法，对各种统计资料进行数据处理，着重从数量关系上分析推算，从而从“量”上估计市场发展变化趋势。定量预测法精确度较高，适合企业或公司进行市场预测。

构成要素及格式模板

一、构成要素

医药市场预测报告是由标题、目录、前言、正文、结尾五部分组成。

二、格式模板

构成要素	模　板
标题：预测时限+预测对象+文种	**2015 年 OTC 市场发展趋势预测报告**
目录：目的在于方便阅读者阅读	1. ×××××××× 2. ×××××××× ……
前言：简要说明预测主旨及主要内容	×××××××××××××××××××××××××××××××××。
正文：对预测内容进行详细分析推理，提出具体的结论与建议。	×××××××××××××××××××××××××××××××××。
结尾：归纳预测结论，提出展望。	×××××××××××××××××××××××××××××××××。

三、医药市场预测报告各部分的格式、内容和写法要求

（一）标题

医药市场预测报告的标题一般由预测时限、预测范围、预测对象构成。例如：《2014 年四川省药品消费现状及发展趋势展望》，标题要求简明、醒目。

（二）目录

市场调研报告的目录是根据报告的篇幅而定的，篇幅长则需要加上目录；篇幅短，目录可以省略。编写目录是为了方便读者阅读。

（三）前言

这一部分要求用简明扼要的文字，说明预测的主旨或简要介绍预测范围、对象、实践、地点和目的，有的还包括预测方法、过程和预测结论等。

（四）正文

一般由三个部分组成，包括基本情况介绍、预测、结论与建议。

1. 基本情况介绍　交代预测背景、目的，根据收集到的市场信息、数据资料，概括叙述预测对象的现状。

2. 预测部分　这是正文的重点和核心。根据各种因素分析，推导预测对象的未来趋势和可能发生的状况。要求：叙议结合，注意定性分析和定量分析的区别运用和结合运用。

3. 结论与建议 在预测的基础上，提出切合实际的建议，如确定企业经营方案的设想等。

（五）结尾

归纳预测结论，提出展望。也可与前言形成照应。

写作技能要求

一、目标明确，主次清晰。

二、资料充分，论据有力。

三、论证合理，逻辑严密。

四、观点鲜明，表达明确。

五、要客观地反映实际情况。

六、要注重预测报告的时效性。

七、忌用华丽辞藻和夸张手法。

例文评析

【例文】

2003年保健品的市场预测报告

目录（略）

我国保健品市场经历了1994~1995年的鼎盛时期，以及1996~1997年的整顿与平滞阶段。1996年，全国保健品产值跌至200亿元，1997年又滑至100亿元，1998年保健品行业属于修整期，产值均在100亿元左右，已远远低于1994年400亿元的产值。

从目前保健品市场的总体情况看，保健品市场的占有率在稳步上升，国内市场中不到20%的品种占据了50%的市场份额，这是保健品市场走向成熟的标志。有关专家预言，用高科技的手段去完善和发展保健品产业，将迎来21世纪保健品消费的新热潮。

（前言部分，以简短扼要的文字说明预测主旨。）

一、宏观政策影响

药健字产品是中国特有的一个产品类别，在国外只有食品与药品这两个品类概念，没有药健字产品一说。2001年中国入世，与国际接轨这一行业必须进行相关调整；再则国内保健品行业的“乱”也已引起各界关注，故此政府对保健品进行相关调整亦是引导该行业正常发展之所需。

（略）

五、竞争品分析

排毒养颜市场是云南盘龙云海药业有限公司做起来的，同样也是这个概念市场的最大受益者。但在“排毒养颜”这个树荫下已有不少乘凉的产品，它们作为后来者，在营销方面既有所成就，具有一定知名度，但它们的市场始终处于一种跟进状态，它们的存在抢走了排毒养颜胶囊一定的市场份额，但是从总体上来说它们对排毒养颜胶囊的市场占有率与市场份额的影响不大。也有业界人士认为，养颜排毒这个市场已基本饱和，利润回报不再像半年前那么丰厚。

（正文部分，叙述基本情况，根据各种因素分析，推导预测对象的未来趋势和可能发生的状况。）

综上所述，现在仍属于保健品行业的修整期，整个行业销售表现一般，没有热点产品。专家指出，21 世纪保健品的发展趋势是天然、安全和有效。保健品产业是一个综合性产业，需要多部门、多科学的联手，需要引入国外先进的技术和管理经验，需要形成现代化的、外向型的大型保健品集团，更要科学地、实事求是地开展保健品的广告宣传，为消费者创造良好的消费环境，引导消费者正确认识、使用保健品。

（归纳预测结论，提出展望。）

知识链接

医药市场预测与医药市场调查的异同

一、共同点

1. 主体相同　市场调查和市场预测的主体都是对市场信息具有需求的个人或组织，主要是医药企业。

2. 功能和作用相同　市场调查和市场预测的功能与作用都是为科学的营销决策和制定营销计划提供依据。

3. 本质相同　都是属于医药市场信息工作范畴。

二、区别

1. 结果不同　市场调查的结果是医药市场的各种历史信息和现状信息。市场预测的结果是医药市场的未来发展趋势信息。

2. 出发点不同　市场调查的出发点是通过医药市场的过去和现状的调查研究，达到了解历史、认识现状，掌握医药市场发展变化的轨迹、特点和规律的目的；市场预测的出发点是依据对医药市场历史和现状的认识，达到预计、认识未来，掌握医药市场的未来发展趋势的目的。

3. 技术方法不同　市场调查主要通过调查设计、资料搜集、资料处理等方法获得医药市场信息；市场预测主要运用定性分析方法及定量分析方法的数学模型技术获得医药市场信息。

第四节　医药市场经济活动分析报告

学习目标

知识要求

1. 掌握医药市场经济活动分析报告的书写格式要求。

2. 了解医药市场经济活动分析报告的概念。

技能要求　能正确书写医药市场经济活动分析报告。

扫码“学一学”

任务情境

2014年，国家继续实施积极的财政政策和稳健的货币政策，国内需求稳定增加，促进了医药行业的稳步发展和较好的经济效益，工业结构调整和产业升级也取得了积极进展。但由于受世界经济明显滑坡和国内经济运行下半年减弱、通货膨胀等影响，以及陆续出台的药品降价等客观因素影响，医药企业经济效益在高位增长中下半年出现了一定波动，国家经贸委经济运行局医药处就现目前的状况，对2014年医药行业经济运行情况进行了分析研究，从中探索经济规律，寻求改进方法，试图在2015年达到提高医药行业经济效益的目的。请问你知道如何书写医药市场经济活动分析报告吗？

知识要点

一、医药市场经济活动分析报告的概念

医药市场经济活动分析是运用科学的经济理论，以现实和历史的计划、根据会计核算、统计资料、有关原始记录和调查材料为依据，对一个地区、一个行业、一个单位或一个部门的药品经济活动，或某一项经济活动的情况进行系统客观的分析、总结的一种行为，反映这种分析内容和结果的书面文字材料就是医药市场经济活动分析报告。

二、医药市场经济活动分析报告的作用

1. 可以帮助决策者了解客观经济活动的情况，为制定和调整经济决策提供可靠依据，从而及时、正确地指导经济活动，解决经济问题。

2. 可以帮助医药企业了解其生产、经营、管理活动的情况，发现存在的问题，进而改善经营管理方式，提高经营管理水平，取得良好的经济效益。还可以及时帮助经济管理部门尤其是企业了解市场动态，预测市场未来的发展趋势，使其在生产、经营、管理活动中做到“未雨绸缪”。

3. 可以为财政、金融、工商、税务部门提供信息资料，使他们了解企业的生产、经营、管理情况，及时发现问题，采取相应措施，加强管理，有效地发挥其在经济活动中的职能作用。

三、医药市场经济活动分析报告的种类

1. 按照经济活动分析的对象，可以分为：财务状况分析报告、质量分析报告、成本分析报告、设备情况分析报告、库存结构分析报告、市场动态情况分析报告、资金运行情况分析报告等。

2. 按照经济活动分析的内容范围，可以分为：综合分析报告、专题分析报告、简要分析报告、

3. 按照经济活动分析的时间，可以分为定期分析报告、不定期分析报告。

4. 按照经济活动分析报告的形式，可以分为文章式分析报告和表格式分析报告。

构成要素及格式模板

一、构成要素

医药市场经济活动分析报告的基本结构是由标题、正文、落款三部分组成。

二、格式模板

构成要素	模　　板
标题：被分析企业名称+分析时限+分析内容+文种（也可以省去企业名称和时限）	**2018 年医药行业经济运行分析报告**
目录：目的在于方便阅读者阅读	1. ×××××××× 2. ×××××××× ……
正文：采取导语-主体-结尾的形式，体现出提出问题、分析问题、解决问题的构思思路。	××××××××××××××××××××××××××××××××××。
落款：写明报告单位或报告人的名称或姓名，注明报告日期。	×××××××××× ××××年××月××日

三、医药市场经济活动分析报告各部分的格式、内容和写法要求

（一）标题

标明被分析单位、分析的时限、分析的内容及文种。例如：四川省 2014 年药品消费结构分析报告。

（二）正文

药品经济活动分析报告一般采取导语、主体、结尾的结构形式。

导语部分：开门见山概述主要经济指标的完成情况、存在问题、分析的必要性和目的、分析的中心内容、经济活动的基本情况。

主体部分：这是经济活动分析报告全文的核心部分，要运用科学的经济活动分析方法，从不同的角度对有关数据进行运算推导，对影响经济指标的各种因素进行剖析，找出存在的问题及原因，针对分析结果，做出客观的评价。

结尾部分：主要是在提出问题、分析问题的基础上提出对策，即提出解决问题的意见、建议或措施。

（三）落款

一般要写明报告单位的名称或报告人姓名，最后注明报告日期。也有一些用于研究的经济活动分析报告不需要落款。

写作技能要求

完整、系统、准确的数据资料和实地调查的材料相结合，运用科学的分析方法进行中肯的评价，提出切实可行的建议，是写好医药市场经济活动分析报告的关键。

一、资料要充分、数据要准确

真实、准确的资料是判断情况、分析原因、总结经验教训、提出对策的依据。因此，经济活动分析报告的写作，首先要充分准备资料，包括各种核算资料、统计资料、调查搜集到的实际情况资料等。在此基础上，要进行分析研究，对各种资料去粗取精，去伪存真，使其数据准确、细节具体、资料系统化。

二、分析方法要科学

经济活动分析是一门科学，写经济活动分析报告时必须掌握并运用科学的分析方法，使写出的分析报告具有严密的科学性，从而正确的指导经济活动。常见的经济活动分析方法有：调查分析法、比较分析法、差额分析法、动态分析法和因素分析法等。

三、对策建议要可行

写经济活动分析报告，不是单纯的提出问题、分析问题，还要在分析、评价的基础上，以党和国家围绕经济活动制定的一系列方针、政策、规章指导为指南，提出具体实在、有理有据、切实可行的对策，从而指导经济工作或为经济发展决策提供参考。

四、观点要明确、结构要严谨、重点要突出

经济活动分析报告的篇幅一般较长，因此在写作时主题要突出，观点要明确；说明问题的材料要适用、典型、有代表性；结构安排要严谨周密，层次要分明，重点要突出；文字表述要简洁明；数据运用要准确无误，必要时可制成图表。

例文评析

【例文】

2018 年医药行业经济运行分析报告

2018 年，国家继续实施积极的财政政策和稳健的货币政策，国内需求稳定增加，促进了医药行业的稳步发展和较好的经济效益，工业结构调整和产业升级也取得了积极进展。但由于受世界经济明显滑坡和国内经济运行下半年减弱、通货膨胀等影响，以及陆续出台的药品降价等客观因素影响，医药企业经济效益在高位增长中下半年出现了一定波动，为了更好地总结经验，找出问题，能在 2019 年有长足的进步，国家经贸委经济运行局医药处就 2018 年的医药行业经济运行情况做出如下分析：

（导语部分：开门见山概述主要经济指标的完成情况、存在问题、分析的必要性和目

的、分析的中心内容、经济活动的基本情况。)

一、2018 年医药经济发展基本状况

医药工业新产品增值状况良好，为医药经济持续健康发展奠定了基础。2018 年，医药工业总产值中实现新产品产值 308 亿元，比上年同期增长 18.2%，提高了 5.2 个百分点，增值状况良好。从行业情况看，受高新技术产业发展的拉动，医疗器械和制药机械工业表现较为活跃，新产品增值显著。药用包装材料工业增长 36.23%，而生物制药工业仅增长 10.39%。

新技术、新产品的不断发展是医药经济赖以快速增长的产业基础，只有新产品的快速增长才能为医药行业的不断发展带来不懈的动力。从总体趋势上看，医药行业的不断快递发展具有较好的基础。

二、2018 年医药经济运行的基本特点

2018 年，虽然自四季度出现了高位震荡和明显波动，但全年医药经济总体上保持高速运行的基本态势，表现出一些明显的基本特征，分析其基本特征及内涵，有利于把握未来的经济走势。

(略)

三、对 2019 年医药经济运行趋势的预测和分析

从发展趋势看，今明两年是我国经济包括医药经济发展十分关键的时期。影响经济发展的有利和不利因素很多，预计 2019 年的医药市场将出现以下几个特点：

1. 宏观经济形势有利于医药经济的持续快速发展。经过多年积极的财政宏观调控实践，我国已经基本适应了摆脱短缺经济之后的新形势，取得了在供大于求主导趋势下的宏观调控经验。

2. 医药经济将持续保持总体稳定发展的局面，产销衔接状况将有所好转。

3. 经济增长的小幅波动不可避免。由于药品价格改革力度进一步加大，医疗保险制度和医药卫生体制改革的不断深化，药品价格将进一步下调，药品招标采购也将在地级以上城市普遍展开，对医药企业利润的冲击在所难免。

4. 市场竞争进一步加剧，企业兼并重组力度加大。

5. 走仿创结合的道路，在与国际跨国公司的合作中会出现新局面。

(主体部分：这是经济活动分析报告全文的核心部分，要运用科学的经济活动分析方法，从不同的角度对有关数据进行运算推导，找出存在的问题及原因，针对分析结果，做出客观的评价。)

总的看来，我国国民经济在 2019 年仍将继续保持较快的增长，但在国内外尚存和新出现的不利因素将大大增加我们队宏观经济调控的难度。我们必须审时度势，继续努力做好宏观调控工作，抓住有利时机，积极化解消极因素，力争在改革和加强结构调整同时，保持郭明经济适度快速、稳定协调的健康增长。

(结尾部分：主要是在提出问题、分析问题的基础上提出对策，即提出解决问题的意见、建议或措施。)

国家经贸委经济运行局医药处

2018 年××月××日

（一般要写明报告单位或报告人的姓名，最后注明报告日期递交相关主管部门。）

知识链接

医药市场经济活动分析最常用的分析方法

一、比较分析法

比较分析法，又称对比分析法或指标分析法，简称比较法或对比法。比较分析法是最常用、最基本的一种经济活动分析方法。在具体对比分析过程中，通常从以下几个方面来进行：

1. 比计划 即实际指标与计划指标对比。

2. 比历史 即实际指标与历史指标对比。

3. 比先进 即实际指标与先进指标对比。可以与本地或国内不同地区以及国外的同行业先进指标对比。

二、因素分析法

在经济活动分析中，通过比较分析法揭示出了事物间的差异，这种差异的形成，必然是多种因素共同作用的结果。为了找出影响最大的因素，克服不利因素，采取相应对策，促进经济的发展，就需使用因素分析法。在进行因素分析时，要注意抓住主要问题的主要因素作重点分析，并在此基础上解决问题，提出具体可行的建议。

第五节　医药活动策划书

学习目标

知识要求

1. 掌握医药活动策划书的书写格式及要求。
2. 了解医药活动策划书的概念。

技能要求 能正确书写医药活动策划书。

扫码“学一学”

任务情境

为了进行某药业产品介绍和相关学术推广、包括让医生认识产品的特点和优势，帮助其建立处方产品的信心，指导其选择患者并使用产品，同时进行相关学术交流，加强客户关系，最终达到品牌宣传、广告销售的目的，北京双鹤药业医药公司准备举办一次药业活动策划，请问你知道医药活动策划书怎么写吗？

知识要点

一、医药活动策划书的概念

医药活动策划书是指以获得社会交换中的更多优势和利益为目标，通过创造性思维的有效整合对某一未来的医药产品或活动进行周密的计划，能够付诸实践，具有可行性的有效书面材料。

二、医药活动策划书的特点

1. 预见性　根据对过去和现在的情况进行综合分析，对未来商务活动做出预见性的判断和安排。

2. 控制性　要求对参与人员的数量、资金的使用、物品的运用、目标实现的时间有具体安排，最大限度地降低风险、缩小成本、增大效益。

3. 全局性　是对某一商务活动整体实施策略的系统筹划和具体设计，应充分体现全局性特点。

构成要素及格式模板

一、构成要素

医药活动策划书的基本结构是由标题、正文、落款三部分组成。

二、格式模板

构成要素	模　　板
标题：时间+策划对象+策划内容+文种；正标题+副标题 **正文**：1. 前言 2. 主体：背景分析、计划实施方案、经费预算、预测效果及展望 **落款**：写明策划单位或策划人的姓名，注明日期。	**××××××××××活动策划书** 　　×××××××××××××× ××××××××××××××××。 　　×××××××××××××× ××××××××××××××××。 某医药公司 ××××年××月××日

三、医药活动策划书各部分的格式、内容和写法要求

（一）标题

包括时间、策划对象、策划内容、文种四部分。例如：“2019年3月8日某医药公司关心女性、感恩回馈活动策划书”。如果需要冠名协会，则可以考虑以正、副标题的形式出现，避免使用模糊标题。例如：“艾在端午——2018瑞来春堂端午节主题活动策划案”。

（二）正文

包括前言和主体两部分。

1. 前言　简要介绍策划对象基本情况、活动开展原因、社会影响、目的动机、意义、时间等。在进行陈述时要简明扼要，突出该活动核心构成或策划的独到之处，书写应明确、具体、到位。

2. 主体　包括背景分析、计划实施方案、经费预算、预测效果及展望四个部分。表述要力求详尽，不仅仅局限于用文字表述，也可以适当加入统计图表、数据等，便于统筹。

在进行经费预算书写时，要尽量符合实际花费，写出每一笔经费预算开支，以便于公司财务计划与报销处理。

（三）署名及日期

在文末右下角写明策划单位名称或策划个人姓名及日期。

写作技能要求

一、目标要明确，思路要清晰

一定要按照医药企业的属性确定要做什么活动，为什么要做活动，活动要达到什么目的？在策划整个方案时要时刻想着活动目的，每个细节都要向目标靠拢，这样才能主题突出，目标明确，思路清晰。

二、实施方案要具体，措施应可行

三、活动要有鲜明的记忆点

活动策划的目的在于让参与者通过活动对该产品或企业产生好感，提升销量和企业形象，因此，在进行活动策划时，一定要紧扣主题，找到参与者与产品或企业能充分结合的兴趣点，活动中满足参与者需要，让其在每个阶段都有明确的记忆点，从而增强参与者对该产品或企业的记忆程度。

例文评析

【例文】

2018年××健康乐园营销活动策划书

一、计划概要

通过对××整个市场状况和在营销4P方面的分析，提出本次“××健康乐园活动”的目标和具体运作方案。

本次“××健康乐园活动”主要目标是通过“××终端陈列比赛”和“--销售积分比赛”两个持续4个月的活动，改变××在全国零售终端整体落后的现状，使××的整体终端形象得到一个大的提升，单点销量有一个明显的进步。

（前言：写明策划对象基本情况简介、活动开展原因、社会影响、目的动机、意义、时间等。）

二、××活动的行动实施方案

（一）时间计划：2018年12月9日~2019年3月31日

（二）目标计划：

分为三个目标计划，每个阶段对工作效果进行评估，以根据变化进行一定的调整和补充。

1. 第一阶段：2018 年 12 月 9 日至 2018 年 12 月 31 日，主要目标：终端陈列进步。

2. 第二阶段：2019 年 1 月 1 日至 2019 年 2 月 28 日，主要目标：良好的客情关系形成和销量的提升。

3. 第三阶段：2019 年 3 月 1 日至 2019 年 3 月 31 日，主要目标：整体终端陈列水平超过主要竞争品。

略

三、经费预算（略）

四、效果预测

通过本次活动，让消费者了解到××的特点和优势，帮助建立对××的信心，加强客情关系，传递公司的企业文化，提升公司的品牌，最终达到产品销售的目的。

（主体：包括背景分析、计划实施方案、经费预算、预测效果及展望四个部分。这是策划的主体部分，表述方面要力求详尽。）

××医药公司

2018 年 9 月 1 日

（在文末右下角写明策划单位名称或策划个人姓名及日期）

知识链接

医药商务策划书的种类

1. 综合策划书是指整个行业或企业经济发展前景的综合规划，是针对企业战略、融资、管理、营销、生态五大领域的实施而制定的宏观的、全面的策划书。

2. 专题策划书是针对开展某一商务活动所制定的微观、具体的策划书。包括活动策划书、营销策划书、公关策划书、项目策划书、广告策划书、财务与融资策划书等。

目标检测

一、判断题

1. 市场需求预测即是凭借预测者的经验和感觉对未来市场需求量的猜断。（ ）
2. 购买者的意向会随着时间而转移，故购买者意向调查法只宜作短期预测。（ ）
3. 狭义的广告文案仅指广告作品的语言文字。（ ）
4. 市场调查的目的是根据市场调查策划产生的。（ ）
5. 市场调查策划与市场调查工作能否高质量的完成无关。（ ）
6. 专题策划书是针对开展某一商务活动所制定的宏观的策划书。（ ）
7. 市场预测报告的标题包括预测范围+预测时限+预测对象。（ ）

扫码“练一练”

8. 医药活动策划的标题部分标题部分包括时间、策划对象、策划内容三部分。(　　)

9. 广告标语又称广告口号、广告主题句。是指在一定时期内宣传医药产品和信息的特殊语言。(　　)

10. 抽样调查实际是一种专门组织的全面调查。(　　)

11. 文案调查法是利用企业内部和外部的现有的各种信息、情报资料，对调查内容进行分析研究的一种调查方法。(　　)

12. 预测性市场调查是指在收集整理资料基础上，运用科学的预测方法，分析市场在未来一定时期内产品供需变化情况的一种调查。(　　)

13. 只要预测准确，决策就会正确。(　　)

14. 进行描述性调查，方法要尽量简单，时间要短，着重发现问题是关键。(　　)

15. 搜集市场资料的方法常用的有文案调查法、二手资料搜集法等。(　　)

16. 观察法和访问法都是直接调查法，即在搜集市场资料时，市场调查者与被调查者是直接接触的。(　　)

17. 药品经济活动分析报告一般采取导语、主体、结尾的结构形式。(　　)

18. 医药活动策划书的基本结构是由标题、正文二部分组成。(　　)

19. 医药经济活动分析报告的正文部分一般采取导语、主体、结尾的结构形式。(　　)

20. 只要做了医药市场调查就能对企业经营决策起到决定性作用。(　　)

二、单项选择题

1. 在已明确所要研究问题的内容与重点后，拟定调研计划，进行实地调查，收集第一手资料，如实反映情况和问题，这是属于（　　）

A. 探测性调查　　B. 描述性调查　　C. 因果关系调查　　D. 定期性调查

2. 通过直接询问购买者的购买意向，据以判断销售量，这种购买者意向调查法适用于（　　）

A. 长期预测　　B. 短期预测　　C. 消费品预测　　D. 中期预测

3. 按照经济活动分析报告的形式，可以分为文章式分析报告和（　　）

A. 表格式分析报告　B. 专项式分析报告　C. 定期分析报告　D. 综合分析报告

4. （　　）包括市场状况分析、本企业的市场竞争环境分析等内容

A. 环境分析　　B. 市场分析　　C. 生产分析　　D. 销售分析

5. 下列哪一项不属于医药广告文案的构成要素（　　）

A. 标题　　B. 正文　　C. 广告标语　　D. 广告落款

6. 下列哪一项不属于市场的三要素（　　）

A. 顾客　　B. 购买欲望　　C. 购买行为　　D. 购买力

7. 皆在确定有关事物的因果联系的市场调查，称为（　　）

A. 因果性调查　　B. 探测性调查　　C. 结论性调查　　D. 描述性调查

8. 市场调查可以分为地方性调查、地区性调查、全国性调查、国际性调查，这种分类的标准是（　　）

A. 时间　　B. 区域范围　　C. 对象　　D. 功能特点

9. 市场调查可以分为企业的市场调查、政府机构市场调查、社会组织市场调查和个人

市场调查，这种分类属于（　　）

A. 范围　　B. 主体　　C. 时间　　D. 对象

10. 市场信息产生的过程和加工程度，可将市场信息分为（　　）

A. 外源和内源市场信息　　B. 过去和现在市场信息

C. 定性和定量市场信息　　D. 原始和加工市场信息

11. 在市场调查过程中，对信息的收集、加工、处理、分析和提供必须做到真实、准确，这是市场调查的（　　）

A. 全面性要求　　B. 准确性要求　　C. 及时性要求　　D. 经济行要求

12. 经过他人收集、记录、整理所积累，已经存在的各种资料和数据，称为（　　）

A. 原始资料　　B. 初级资料　　C. 第一手资料　　D. 第二手资料

13. 以获得社会交换中的更多优势和利益为目标，通过创造性思维的有效整合对某一未来的医药产品或活动进行周密的计划，能够付诸实践，具有可行性的有效书面形式（　　）

A. 医药活动策划书 B. 医药经济合同　　C. 市场调查报告　　D. 市场预测报告

14. 依据数字资料，运用统计分析和数学方法建立模型并做出预测值得方法称为（　　）

A. 定性预测法　　B. 定量预测法　　C. 长期预测法　　D. 短期预测法

15. 市场预测的程序是（　　）

A. 明确目的、收集资料、分析、预测　　B. 收集资料、明确目的、分析、预测

C. 分析、明确目的、收集资料、预测　　D. 明确目的、收集资料、预测、分析

16. 市场调查首先要解决的问题是（　　）

A. 确定调查方法　　B. 选定调查对象　　C. 明确调查目的　　D. 解决调查费用

17. 医药广告文案是由标题、正文、广告标语、（　　）四部分组成

A. 广告　　B. 广告随文　　C. 广告口号　　D. 广告词

18. （　　）是指为产品而写下的打动消费者内心的文字，它是广告内容的文字化表现

A. 广告策划　　B. 广告市场调查　　C. 广告文案　　D. 广告

19. 最常用、最基本的一种经济活动分析方法（　　）

A. 比较分析法　　B. 因素分析法　　C. 定量分析法　　D. 定性分析法

20. 医药活动策划书的构成要素不包括（　　）

A. 标题　　B. 落款　　C. 概述　　D. 经费预算

三、多项选择题

1. 医药活动策划书的标题部分包括（　　）

A. 时间　　B. 策划对象　　C. 策划内容　　D. 文种

2. 市场调查的步骤是（　　）

A. 收集信息　　B. 确定问题和调研目标

C. 分析信息　　D. 制定调研计划

3. 以下属于市场预测主要内容的是（　　）

A. 生产发展及其变化趋势预测　　B. 市场需求预测

C. 市场环境预测　　D. 市场占有率预测

4. 医药市场预测一般要经过以下哪几个步骤（　　）

A. 确定医药市场预测目标　　B. 制定预测工作计划
C. 组织搜集相关资料，选择预测方法　　D. 对调查搜集的资料进行综合分析预测

5. 市场调查人员应具备的素质包括（　　）
A. 要求强烈的事业心和责任感　　B. 要有高度的敏感性
C. 要有博学的知识　　D. 做到人人为我，我为人人

6. 市场调查的常用方法有（　　）
A. 文案调查法　　B. 实地调查法　　C. 网络调查法　　D. 抽样调查法

7. 按市场预测方法的不同，市场预测可以分为（　　）
A. 定性市场预测　　B. 单项商品预测　　C. 商品总量预测　　D. 定量市场预测

8. 市场预测具有的基本特征是（　　）
A. 系统性　　B. 科学性　　C. 合理性　　D. 应用性

9. 医药活动策划书的特点是（　　）
A. 全局性　　B. 预见性　　C. 趋向性　　D. 关联性

10. 按照经济合同分析报告的时间可分为（　　）
A. 综合分析报告　　B. 定期分析报告
C. 不定期分析报告　　D. 表格式分析报告

四、改错题

医药营销活动策划书

一、活动主题：宣传用药　温暖冬季

二、活动背景：应我院社团艺术文化节要求，宣传各协会，展示社团风采。利用我们的资源，提高同学们的安全用药意识，宣传安全用药纸质，所以我们同心协力筹备这个活动，丰富我们得课余生活。

三、活动目的：宣传用药知识，提高协会的影响力。

四、活动主体

活动地点：湖南环境生物职业技术学院广场

五、活动宣传

1. 发放药品知识传单

2. 宣传部出海报进行药品健康宣传

六、活动经费

1. 宣传海报纸张

2. 宣传笔和颜料

3. 传单费

医药营销协会

五、写作实训

某医药公司现将在四川省上市一款新药，但不知道这款新药能否满足四川市场的需求，符合四川区域人们的消费习惯，所以决定先在该地区进行市场调查，以便于对症下药。请就此案例编写一份医药市场调查报告。

第八章

医药科技文书写作

第一节 药品说明书

扫码“学一学”

学习目标

知识要求

1. 掌握药品说明书各项内容的书写要求。
2. 熟悉撰写药品说明书的格式。
3. 了解药品说明书的概念、特点和撰写的依据等。

技能要求 能用规范的医药语言准确表达药品说明书的主要内容。

扫码“看一看”

任务情境

国家药品监督管理局根据他汀类药物监测评价结果，决定对药品说明书【不良反应】【药物相互作用】进行修订，并在国家药品监督管理局网站给出了修订的要求。你能为企业修订辛伐他丁药物的说明书吗？

知识要点

一、药品说明书的概念

药品说明书是由药品生产企业撰写，经审批印制后，并提供给医务工作者和患者的载有与药物应用相关的所有重要信息的文书，主要包括药品的安全性和有效性等重要科学数据、结论及其他相关信息。

二、药品说明书的特点

药品是特殊的商品，其说明书也具有不同于其他商品说明书的特性。

（一）内容的科学性

药品说明书是关于药品使用的主要信息的集合，也是药品研发成果的结晶。这些信息包含了大量的长期研究的科学数据，并且要经过评审会的几轮专家评议，根据专家意见补充研究资料、说明相关问题，甚至要经过好几轮的答辩才能获得官方批准。

（二）格式的规范性

其他商品的说明书形式多种多样，但药品说明书的格式是以法规的形式予以固化，不得随意书写和改变格式，随着我国社会经济的发展，我国陆续出台了一些关于规范药品说明书的法规。主要包括《药品说明书和标签管理规定》《化学药品和治疗用生物制品说明书规范细则》《预防用生物制品说明书规范细则》《中药、天然药物处方药说明书内容书写要求》《放射性药品说明书规范细则》《化学药品非处方药说明书规范细则》和《中成药非处方药说明书规范细则》等。

（三）审批的严肃性

《药品说明书和标签管理规定》规定药品说明书由国家食品药品监督管理局予以核准，可见没有哪种商品的说明书具有如此高规格的审批，足以体现其审批的严肃性。

（四）文书的法律性

药品说明书是表达药物研究结果和结论的重要技术资料，是指导医务工作者和患者临床合理用药的主要依据，因此世界各国均把它置于法规的管理下。一方面，其内容的撰写有严格的要求和规定，不得弄虚作假；经药品行政监管部门审批后的药品说明书，不得自行修改，它是药品监督管理行政部门执法的依据。另一方面，对医务工作者临床用药具有一定的约束力。所以，药品说明书是一种广义的法律文书。

（五）修订的经常性

药品说明书不是终生不变的，由于临床试验不可能完全暴露与药品临床应用相关的所有安全性和有效性信息，使得药品说明书具有不完善的特征，药品生产企业有责任主动跟踪药品上市后的安全性、有效性情况，需要对药品说明书进行修改的，应当及时提出修改申请。同时，根据药品不良反应监测、药品再评价结果等信息，国家药品行政监督管理部门也可以要求药品生产企业修改药品说明书。因此药品说明书的完善、修订以及维护应成为经常性的工作。

（六）使用的必读性

药品说明书是指导医务工作者和病人合理用药时的重要信息来源，其内容又不断更新完善，尤其是患者自购非处方药时，阅读药品说明书具有极其重要的作用。

三、药品说明书的书写依据

药品说明书的内容应尽可能来源于可靠的非临床试验和临床试验（应用）的结果，其技术文件包括该药物的药学、药理毒理、临床试验的结果和结论以及其他相关文献。

构成要素及格式模板

药品种类繁多，并实行处方药和非处方药分类管理。不同性质药品的说明书，其撰写格式和书写要求各有不同，下面以化学药品非处方药予以说明。

一、构成要素

药品说明书由药品标识、标题、警示语、正文、附文构成。

二、格式模板

构成要素	模　　板
药品标识："非处方药、外用药品"标注	OTC 甲
标题：由药品名称、文种构成	**××××说明书**
警示语	请仔细阅读说明书并按说明使用或在药师指导下购买使用 1. ×××××××××××××× 2. ××××××××××××××
正文：分项列出：	
【药品名称】	【药品名称】×××××
【成分】	【成分】××××××，××××××××××××××。
【性状】	【性状】×××××××××××××
【作用类别】	【作用类别】×××××××××××××。
……	……
附文：分项列出：	
【贮藏】	【贮藏】×××××××××××××。
【包装】	【包装】×××××××××××××。
【有效期】	【有效期】×××××××××××××。
……	……

三、药品说明书各部分的内容与写法要求

（一）药品标识（OTC）

非处方药、外用药品标注在说明书首页右上角标注。

（二）标题

由药品通用名称、文种（说明书）构成。

（三）警示语

警示语是指需特别提醒用药人在用药安全方面需特别注意的事项。通常位于标题下一行。

（四）正文

1. 药品名称　通用名称属《中国药典》收载的品种，其通用名称应当与药典一致；药典未收载的品种，其名称应当符合药品通用名称命名原则，有经批准的商品名称和有英文名称可列出，汉语拼音需列出。

2. 成分　列出处方组成及各成分含量和所有辅料成分，并与注册批准文件一致。

3. 性状 应与国家批准的该品种药品标准中的性状一致。

4. 作用类别 按照国家食品药品监督管理总局公布的该药品非处方药类别书写。

5. 适应证 按照国家食品药品监督管理总局公布的非处方药适应证书写。

6. 规格 指每支、每片或其他每一单位制剂中含有主药的重量、含量或装量。计量单位必须以中文表示。

7. 用法用量 用量按照国家食品药品监督管理总局公布的该药品非处方药用量书写。

8. 不良反应 列出该药品已知的或者可能发生的不良反应。并按不良反应的严重程度、发生的频率或症状的系统性列出。

9. 禁忌 应列出该药品不能应用的各种情况，如禁止应用该药品的人群或疾病等情况。

10. 注意事项 列出使用该药必须注意的问题，包括需要慎用的情况（如肝、肾功能的问题），影响药物疗效的因素（如食物、烟、酒等），孕妇、哺乳期妇女、儿童、老人等特殊人群用药，用药对于临床检验的影响，滥用或药物依赖情况，以及其他保障用药人自我药疗安全用药的有关内容。

11. 药物相互作用 应列出与该药产生相互作用的药物及合并用药的注意事项。

（五）附文

分项列出：贮藏、包装、有效期、执行标准、批准文号、说明书修订日期、生产企业等内容。

写作技能要求

一、表述可靠、完整

一方面说明书的内容应尽可能完善，既包括对安全和有效用药所需的重要信息，也包括负面信息；另一方面项目说明要完整，如有多种给药途径，应分别说明给药剂量和给药间隔时间。不同患者需调整剂量需说明具体的调整方法，不能笼统叙述为调整剂量。

二、用语客观、科学、规范、准确、简练

说明书的文字表述应客观、科学、规范、准确、简练，不能带有暗示性、误导性和不适当宣传的语言。对药品名称、药学专业名词、疾病名称、临床检验名称和结果的表述须使用规范用语；对用药的合理性和用药的安全、有效要准确，不能含糊其辞、模棱两可。比如，在适应证的书写中是缓解症状还是治愈疾病，是辅助治疗还是主要治疗手段；在用法用量中是静脉注射还是静脉滴注，儿童用量酌减的表述不明确。

三、项目呼应

比如，警示语是不良反应、禁忌、注意事项、药物过量项目中应特别注意内容的摘要，这些项目内容应与之呼应，并详细予以说明；药品规格应与给药剂量相匹配；用法用量中的适应证应与适应证项一致，不应随意增减。

例文评析

【例文】

OTC
甲类
（药品标识）

布洛芬片说明书

（由药品名称和文种构成）

请仔细阅读说明书并按说明使用或在药师指导下购买使用

1. 对其他非甾体抗炎药过敏者禁用。
2. 孕妇及哺乳期妇女禁用。
3. 对阿司匹林过敏的哮喘患者禁用。

（警示语）

【药品名称】

通用名称：布洛芬片

英文名称：Ibuprofen Tablets

汉语拼音：Buluofen Pian

【成分】本品每片含布洛芬 0.1 克。辅料为：淀粉、羟丙纤维素、滑石粉、微晶纤维素、蔗糖。

【性状】本品为糖衣片，除去包衣后显白色。

【作用类别】本品为解热镇痛类非处方药药品。

【适应证】用于缓解轻至中度疼痛如头痛、关节痛、偏头痛、牙痛、肌肉痛、神经痛、痛经。也用于普通感冒或流行性感冒引起的发热。

【规格】0.1 克。

【用法用量】口服。成人一次 2 片，若持续疼痛或发热，可间隔 4~6 小时重复用药 1 次，24 小时不超过 4 次。儿童用量见下表：

年龄（岁）	体重（千克）	一次用量（片）	次数
1~3	10~15	0.5	若持续疼痛或发热，可间隔 4~6 小时重复用药 1 次，24 小时不超过 4 次。
4~6	16~21	1	
7~9	22~27	1.5	
10~12	28~32	2	

【不良反应】1. 少数患者可出现恶心、呕吐、胃烧灼感或轻度消化不良、胃肠道溃疡及出血、转氨酶升高、头痛、头晕、耳鸣、视力模糊、精神紧张、嗜睡、下肢水肿或体重骤增。2. 罕见皮疹、过敏性肾炎、膀胱炎、肾病综合征、肾乳头坏死或肾功能衰竭、支气管痉挛。

【禁忌】对其他非甾体抗炎药过敏者禁用。孕妇及哺乳期妇女禁用。对阿司匹林过敏的哮喘患者禁用。

【注意事项】①本品为对症治疗药，不宜长期或大量使用，用于止痛不得超过5天，用于解热不得超过3天，如症状不缓解，请咨询医师或药师。②1岁以下儿童应在医师指导下使用。③不能同时服用其他含有解热镇痛药的药品（如某些复方抗感冒药）。④服用本品期间不得饮酒或含有酒精的饮料。⑤有下列情况患者慎用：60岁以上、支气管哮喘、肝肾功能不全、凝血机制或血小板功能障碍（如血友病）。⑥下列情况患者应在医师指导下使用：有消化性溃疡史、胃肠道出血、心功能不全、高血压。⑦如服用过量或出现严重不良反应，应立即就医。⑧对本品过敏者禁用，过敏体质者慎用。⑨本品性状发生改变时禁止使用。⑩请将本品放在儿童不能接触的地方。⑪儿童必须在成人监护下使用。⑫如正在使用其他药品，使用本品前请咨询医师或药师。⑬如出现胃肠道出血或溃疡、胸痛、气短、无力、言语含糊等情况，应停药并咨询医师。⑭第一次使用本品如出现皮疹或过敏症状，应停药并咨询医师。

【药物相互作用】①本品与其他解热、镇痛、抗炎药物同用时可增加胃肠道不良反应，并可能导致溃疡。②本品与肝素、双香豆素等抗凝药同用时，可导致凝血酶原时间延长，增加出血倾向。③本品与地高辛、甲氨蝶呤、口服降血糖药物同用时，能使这些药物的血药浓度增高，不宜同用。④本品与呋塞米（呋喃苯胺酸）同用时，后者的排钠和降压作用减弱；与抗高血压药同时，也降低后者的降压效果。⑤如与其他药物同时使用可能会发生药物相互作用，详情请咨询医师或药师。⑥本品能抑制前列腺素的合成，具有解热镇痛及抗炎作用。

（正文：详细、清楚、规范。用法用量增加了儿童剂量表，明确了儿童患者的具体使用量。在注意事项下增加“1岁以下儿童应在医师指导下使用”，对药物的使用更加严谨。）

【贮藏】密封保存。

【包装】塑料瓶装，100片/瓶。

【有效期】36个月

【执行标准】《中国药典》2010年版二部

【批准文号】国药准字H××××××××

【说明书修改日期】××××年××月××日

【生产企业】

企业名称：（略）

地　　址：（略）

邮政编码：（略）

电话号码：（略）

传真号码：（略）

如有问题可与生产企业联系

（本药品说明书是按照国家药品监督管理局发布的药品说明书范本书写的。书写格式和字体完全符合化学药非处方药的规定）

知识链接

药品的标签

药品的标签是指药品包装上印有或者贴有的内容，分为内标签和外标签。

药品内标签指直接接触药品的包装的标签，包含药品通用名称、适应证或者功能主治、规格、用法用量、生产日期、产品批号、有效期、生产企业等内容。

外标签指内标签以外的其他包装的标签，包含药品通用名称、成分、性状、适应证或者功能主治、规格、用法用量、不良反应、禁忌、注意事项、贮藏、生产日期、产品批号、有效期、批准文号、生产企业等内容。

第二节　药品检验报告

扫码“学一学”

学习目标

知识要求

1. 掌握药品检验报告的书写要求。
2. 了解药品检验报告的概念、种类及用途等。

技能要求　能正确书写药品检验报告。

任务情境

某药品检验所中药室完成了藿香正气水的检验任务，给你检验记录，能编制出正确无误的检验报告吗？

知识要点

一、药品检验报告的概念

药品检验报告是实验室按照药品质量标准的规定，通过化学、物理、仪器的分析方法，对药品内在质量出具的技术文书。

二、药品检验报告的分类

按检验的性质可将药品检验报告分为三方药品检验报告和生产药品检验报告。

（一）三方药品检验报告

是指取得实验室资质认定证书的实验室（一般为国家、省、市药品检验所）出具的药品检验报告。其作用具有第三方公正性、权威性和法律效力。可用于药品监督管理、质量评价、成果及司法鉴定。

按检验目的三方药品检验报告分为：

1. 评价检验报告 是指为了考察某一种药品或某一类药品质量的总体状况而出具的药品检验报告。

2. 监督检验报告 是指为了保证市场药品质量，最大限度发现药品质量问题，有计划、按比例地定期不定期进行监督抽验而出具的药品检验报告。

3. 复核检验报告 是指被监督抽样的当事人对出具不合格检验结果有异议，检验机构再次检验而出具的药品检验报告。

4. 注册检验报告 是指对药品注册的样品和标准复核而出具的药品检验报告。

5. 进口检验报告 是指口岸药品检验机构对进口药品依法实施检验出具的药品检验报告。

6. 委托检验报告 是指其他行政事业单位、企业或个人委托药品检验所进行检验而出具的药品检验报告。

（二）生产药品检验报告

是指药品生产企业实验室出具的药品检验报告。用于企业自身购入原辅料和生产的中间产品、药品是否合格或质量控制的证明文件，也用于企业间商业往来的信誉证明，但不具有第三方的公正性。

按检验的对象分为：

1. 原辅料检验报告 是指对生产企业购进的原料药和辅料进行检验而出具的检验报告。

2. 中间品检验报告 是指对药品生产过程中的半成品或中间体进行质量控制而出具的检验报告。

3. 成品检验报告 是指按该药成品质量标准进行检验而出具的药品检验报告。

构成要素及格式模板

一、构成要素

药品检验报告由标题和正文构成。正文分为表头栏目，检验项目、标准规定和检验结果，检验结论三部分。

二、格式模板

药品检验报告按全国统一规范格式书写。药品生产企业的药品检验报告一般自行设计固定格式，其格式与药品检验报告基本类似。

<table>
<tr><th>构成要素</th><th>模　　板</th></tr>
<tr><td>标题
正文：
1. 表头栏

2. 主体

3. 检验结论</td><td>
××××××××××药品检验报告
报告编号：　　　　　　　　共　页，第　页
<table>
<tr><td>检品名称</td><td colspan="3"></td></tr>
<tr><td>批 号</td><td></td><td>规 格</td><td></td></tr>
<tr><td>生产单位/产地</td><td></td><td>包 装</td><td></td></tr>
<tr><td>供样单位</td><td></td><td>效 期</td><td></td></tr>
<tr><td>检验目的</td><td></td><td>检品数量</td><td></td></tr>
<tr><td>检验项目</td><td></td><td>收样日期</td><td></td></tr>
<tr><td>检验依据</td><td></td><td>报告日期</td><td></td></tr>
<tr><td>检验项目</td><td colspan="2">标准规定</td><td>检验结果</td></tr>
<tr><td>【性状】</td><td colspan="2"></td><td></td></tr>
<tr><td></td><td colspan="2"></td><td></td></tr>
<tr><td>【鉴别】</td><td colspan="2"></td><td></td></tr>
<tr><td></td><td colspan="2"></td><td></td></tr>
<tr><td>【检查】</td><td colspan="2"></td><td></td></tr>
<tr><td></td><td colspan="2"></td><td></td></tr>
<tr><td>【含量测定】</td><td colspan="2"></td><td></td></tr>
<tr><td></td><td colspan="2"></td><td></td></tr>
<tr><td>结论</td><td colspan="3"></td></tr>
<tr><td>主检人</td><td colspan="2">授权签字人</td><td></td></tr>
</table>
</td></tr>
</table>

三、药品检验报告的各部分的格式、内容和写法要求

（一）标题

标题由药品检验所名称或药品生产企业名称、文种构成。

（二）正文

1. 表头栏　报告编号：按规定书写，具有识别性和唯一性的一组数字加字母组成。如：为 8 位数，前 4 位为年号，后 4 位为流水号，按检品的分类在年号后加分类代码（如监督抽验 A，委托检验 B，复验 C 等）。

检品名称：按药品包装实样上的通用名称（即质量标准的法定名称）书写。

批号：按药品包装实样上的批号填写。

供样单位：按照委托函或抽样凭证上供样单位公章填写全称。

检验目的：按“监督抽验”“评价抽验”“委托检验”“复验”等字样书写。

检验项目：按“全检”“部分检验”“单项检验”书写，“部分检验”在其后加括号书写具体项目内容，“单项检验”按具体项目名称如“含量测定”书写。

规格：按样品包装实样上的规格（即质量标准中的规格）书写。

包装：指与药品直接接触的包装材料，如“塑料袋”“铝塑板”等。

检品数量：按收到药品的包装数量乘原包装规格书写，如“3 瓶×100 片/瓶”。

效期：按药品包装所示书写。

收样日期：按收到检品的年、月、日填写。

报告日期：授权签字人签发时间。

检验依据：按药品说明书或与委托人约定的标准书写。

2. 主体　主体部分包括：检验项目、标准规定和检验结果

“检验项目”下纵向按质量标准列出“【性状】、【鉴别】、【检查】、【含量测定】”等大项目，各大项目下所包含的具体检验项目名称和排列顺序，应按质量标准上的顺序书写。

【性状】在“标准规定”下按标准内容书写，内容太多时，可扼要描述。“检验结果”下，当标准规定中只存在一种状态时，若检品性状与之相符写符合规定，标准规定中存在一种以上的状态时按实际情况描述；若检品性状不符合标准规定，应先写出不符合规定之处，再加写“（不符合规定）”。

熔点、比旋度或吸收系数等物理常数，应在“标准规定”下按质量标准书写具体数据，“检验结果”下写实测数据，不合格的应在数据之后加写“（不符合规定）”。

【鉴别】应将质量标准中的序号（1）、（2）……等列在“检验项目”下，每一序号之后应加注检验方法简称，如：化学反应、薄层色谱、高效液相色谱、紫外光谱、红外光谱、显微特征。

化学反应，在“标准规定”下写“应呈正反应”，“检验结果”下写“呈正反应”或“不呈正反应（不符合规定）”。

分光光度法或薄层色谱法，“标准规定”下用简洁的文字书写，“检验结果”下列出具体数据或描述为“与对照图谱一致（或不一致）、与对照品相同（或不相同）、与对照品色谱相应的位置上（未）显相同颜色的斑点”。不符合规定的加写“（不符合规定）”。

【检查】pH 值、水分、干燥失重、炽灼残渣、相对密度等，若质量标准中有明确数值要求的，应在“标准规定”下写出，在“检验结果”下写出实测数值（但炽灼残渣小于 0.1%时，写“符合规定”），超出范围时加写“（不符合规定）”。

溶出度（或释放度），应在“标准规定”下写出“限度（Q）为标示量的××%”，或“不得低于标示量的××%”，检验合格的，在“检验结果”下写“符合规定”，不合格的，应列出具体测定数据，并加写“（不符合规定）”。

装（重）量差异，检验合格及不合格时，“标准规定”下均应照药典制剂通则中规定描述，合格时“检验结果”写“符合规定”；不合格时，“标准规定”下除应照药典制剂通则中规定描述规定限度、标示装量和判断标准，在“检验结果”下写出限度范围和不合格的具体数值，并加写“（不符合规定）”。

微生物限度，检验合格的，在“标准规定”及“检验结果”下分别写“应符合规定”“符合规定”，不合格的，在“标准规定”和“检验结果”下均应写出具体规定和实测

数据。

其余所有项目，有明确数值要求的，在“标准规定”下写出规定数值，以文字说明为主，不易用数字或简单语言确切表达的，可写“应符合规定”。在“检验结果”下则对应写出数据或“符合规定”与“（不符合规定）”。仅为限度，不能测得准确数值的，则写“符合规定”或“（不符合规定）”。文字叙述不能夹杂数学符号。“不得过……”不能写为“≤……”，“百万分之十”不能写为“10ppm”等。

【含量测定】在“标准规定”下，按质量标准的内容和格式书写；在“检验结果”下写出相应的实测数值，数值的有效位应与质量标准中的要求一致。

3. 检验结论　检验结论应包括检验依据和检验结论。全检：本品按×××检验，结果符合（或不符合）规定。部分检验和单项检验：本品按×××检验上述项目，结果符合（或不符合）规定。

主检人：是指检验人签名。

授权签字人：是指授权签字人签名。

写作技能要求

一、每一张药品检验报告只针对一个批号。

二、标准引用要完整。比如，某药品标准收载于《中国药典》2010年版，但《中国药典》2010年版第一增补本对部分内容进行了修订或增订，在引用标准时，还要书写增补本的版本号。

三、检验项目应按照药品质量标准的顺序依次书写，不能前后颠倒。

四、检验项目应按质量标准规定名称书写，不能使用习惯用语。比如，“重量差异”不能写成“片重差异”，“可见异物”不能写成“澄明度”。

例文评析

【例文1】

×××药品检验所药品检验报告

（药品检验所名称+文种名称）

报告编号：2014A0002　　　　共3页，第3页

检品名称	维生素 B_6 片		
批号	20131202	规格	10mg
生产单位/产地	/	包装	塑料瓶
检验目的	监督抽验	检品数量	2瓶×100片/瓶
检验项目	全检	收样日期	2014-5-2-
检验依据	《中国药典》2010年版	报告日期	2014-5-15-
（表头部分信息完整，符合规定格式；检验项目与药典标准一致，并与结论相对应。）			

续表

供样单位	/	效期	2016-12
检验项目	标准规定	检验结果	
【性状】	应为白色片	白色片	
【鉴别】 化学反应 高效液相色谱 化学反应	应呈正反应 供试品溶液主峰的保留时间应与对照品溶液主峰的保留时间一致 应呈正反应	呈正反应 与对照品溶液主峰的保留时间一致 应呈正反应	
【检查】 有关物质 含量均匀度 崩解时限	供试品溶液各杂质峰面积的和不得大于对照品溶液主峰的面积 A+1.80S≤15.0 应在15分钟内全部崩解	各杂质峰面积的和小于对照品溶液主峰的面积 10.3 21分钟（不符合规定）	
【含量测定】	本品含维生素 B_6（$C_8H_{11}NO_3 \cdot HCl$）应为标示量的93.0%～107.0%	101.1%	
结论	本品按《中国药典》2010年版检验，结果不符合规定。		
主检人	×××	授权签字人	×××

（检验标准和检验结果表达正确、清晰、易于解读）

【例文2】

××××制药有限公司成品检验报告

（药品生产企业名称+文种名称）

检验报告编号 C21-131016

品名	肺力咳胶囊	规格	每粒装0.3克
批号	20131016	生产日期	2013-10-16
包装规格	30粒/盒	取样日期	2013-11-06
批量	19825盒	报告日期	2013-11-12
检验依据	国家食品药品监督管理局国家药品标准 WS-10217（ZD-0217）-2002-2012Z		
（表头部分的设计栏目能够满足报告与样品间的对应关系）			
检验项目	标准规定	检验结果	单项结论
【性状】	本品为硬胶囊，内容物为黄褐色至棕色的粉末及颗粒；味苦。	为硬胶囊，内容为棕色粉末，味苦。	符合规定
【鉴别】			
（1）薄层色谱	应与对照品色谱相应的位置上，显相同颜色的斑点	与对照品相同	符合规定
（2）薄层色谱	应与对照药材色谱相应的位置上，显相同颜色的荧光斑点	与对照品药材相同	符合规定
（3）薄层色谱	应与对照药材色谱相应的位置上，显相同颜色的主斑点	与对照品药材相同	符合规定

续表

检验项目	标准规定	检验结果	单项结论
【检查】			
水分	不得过9.0%	4.0%	符合规定
装量差异	应符合规定	符合规定	符合规定
崩解时限	应符合规定	符合规定	符合规定
【含量测定】	本品每粒含黄芩以黄芩苷（$C_{21}H_{18}O_{11}$）计，不得少于7.5mg	10.47mg	符合规定

结论：本品按国家食品药品监督管理局国家药品标准WS-10217（ZD-0217）-2002-2012Z检验，结果符合规定。

（在每一个检验项目设计了“单项结论”，成品是否合格一目了然。检验项目与质量标准一致，标准规定和检验结果书写规范、结论明确。）

检验人：××× 日期：2013-11-6 复核人×××日期：2013-06-11

检验室主管：××× 日期：2013-06-12

（结尾部分：检验人、复核人和审批人清楚，证明检验报告内容的真实、可靠。）

知识链接

药品检验记录

检验记录是药品检测过程中的检测条件、操作步骤、检测数据、观察到的实验现象及时予以记载和描述，记录的信息足能保证检验过程“复现”，是出具检验报告的原始依据。

检验记录应用统一印刷的活页记录纸和各类专用检验记录表格，并用蓝黑墨水或碳素墨水笔及签字笔书写（显微绘图可用铅笔）。所有非仪器自动采集并打印的数据及计算全过程的具体数据均不得打印，必须用笔记录，仪器自动采集并打印的数据（称量数据除外）或图谱，应剪贴于记录上的适宜处或附在记录中，粘贴处应有操作者签名或盖章。

第三节　医药新闻

扫码“学一学”

学习目标

知识要求

1. 掌握医药新闻的构成要素。
2. 了解医药新闻的概念、种类和特点。

技能要求　掌握医药新闻的写作技能要求，能在写作中熟练运用。

任务情境

为加强企业在生产过程中实施对产品质量与卫生安全的自主性管理，提高我国药品安全保障水平，2011 年 3 月，国家食品药品监督管理局正式实施新版 GMP 认证。为顺利通过新版 GMP 认证，立德公司在时间紧、任务重，既要迎接 GMP 检查，又要保证生产的正常运作的情况下，积极学习新文件，转换新思路，公司各部门紧密合作，齐心协力，加强了企业软件的更新，引入了偏差管理、变更管理、质量风险评估等新理念，注重科学性和企业质量管理体系的建设，顺利通过认证。企业拟及时把这个成绩报道出去，这则新闻稿要怎样写呢？

知识要点

一、医药新闻的概念

医药新闻是新闻的一个分支。医药新闻是用概括的叙述方式，比较简明扼要的文字，迅速及时地对国内外医学领域新近发生的、有价值的、群众最关心的事件的报道。医药消息是最为常见的医药新闻形式。医药新闻注重专业性与新闻性结合、准确性与通俗性结合、微观性与宏观性结合。

二、医药新闻的特点

（一）真实性

真实是新闻的生命，新闻报道的内容无论是重大事件，还是普通小事，都要真实可靠。概念、术语、数字运用要准确，所报道事实的作用、意义、价值要真实。

（二）新颖性

新闻只有新，并且能给人启迪、有指导性，才能引起受众的注意。医药新闻的“新”是建立在准确性、科学性基础上的“新”。

（三）时效性

要敏锐地发现医学领域中的新人、新事、新情况、新问题，尽快地了解，迅速及时地反映。

三、医药新闻的分类

（一）动态新闻

迅速而准确地报道新近发生的重大事件、重要活动和最新出现的新情况、新动态、新成就、新问题。

（二）综合新闻

把发生在不同地点、不同时间、各具特色、性质相同的事实综合在一起，并体现一个主题。其特点是在综合、概括事实的基础上，进行分析，提出见解，揭示规律。

（三）典型新闻

对一些典型经验、成功做法集中报道。这种新闻是在介绍经验、做法之后，总结经验，揭示规律，以达到以点带面，推动工作的目的，也称经验新闻。

（四）新闻述评

兼有新闻与评论作用，往往在叙述新闻事实的同时，由作者直接发出一些必要的议论，简明地表明作者的观点。

构成要素及格式模板

一、构成要素

医学新闻一般由标题、导语、主体、背景、结语组成，其中标题、导语、主体是不可缺少的要素。

二、格式模板

构成要素	模　板
标题：1. 单标题：概括主旨或事实 2. 双标题：正标题和副标题 **导语**：新闻的开头部分，提示新闻主题思想。 **主体**：新闻的主要部分，对新闻事实作具体叙述。 **背景**：（位置不固定）叙述事件发生的历史环境和原因，充实内容，深化主题 **结语**：其方式有小结式、启发式、评论式、号召式、展望式等	×××××××××××××× ××××××××××××××××××××，××××××××××。 ××××××××××××××××××××，××××××××××。 ××××××××××××××××××××，××××××××××。 ××××××××××××××××××××，××××××××××。

三、医药新闻各部分的格式、内容和写法要求

（一）标题

医药新闻的标题应当简明、准确地概括新闻的内容以帮助读者理解报道的事实。文字力求言简意明、平易亲切、准确新颖、富有吸引力，可分为单标题和双标题。单标题又称作单行标题，常用于揭示新闻的主旨或概括内容。双标题分正标题和副标题，正标题突出内容或点明主旨，副标题提示新闻的事实结果。

（二）导语

导语是新闻的开头部分。它是由新闻中最主要、最新鲜的事实或精辟的议论组成，鲜明地提示新闻主题思想。导语的形式主要有以下几种：

1. 叙述式　用摘录或综合的方法，简明扼要地写出主要事实、经验，或对全篇事实材料进行综合概括，揭示主要内容。

2. 描写式　对新闻的主要事实或某一有意义的侧面作简洁朴素而又有特色的描写，给读者以鲜明的印象。

3. 提问式 把新闻中要解决的问题或要介绍的经验、做法以设问的形式提出，然后再用事实作答，引起读者的关注和思考。

（三）主体

主体是新闻的主要部分，紧接导语之后，对导语作具体全面的阐述，具体展开事实或进一步突出中心，从而写出导语所概括的内容，表现新闻的主体思想。其基本结构形式有以下三种：

1. 倒金字塔结构 倒金字塔结构也成“倒三角”结构，大多数新闻都采用这种结构方式，即将最新、最重要、读者最关心的信息放在最前面，然后按事实主次递减的顺序来安排，借以突出最重要、最新鲜的事实。这种结构方便读者快速阅读，由主到次把握新闻最重要的内容。

2. 金字塔结构 即按事件发展的先后顺序来组织材料。

3. 提要式结构 在导语中概括最重要的新闻事实，并将并列的次要新闻事实以提要形式加以组织，用数字或“——”引出。

（四）背景

背景是指事件发生的历史环境和原因，目的在于帮助读者深刻理解新闻的内容和价值，起到衬托、深化主题的作用。背景既可在主体部分出现，也可在导语或结尾部分出现，位置不固定。

背景材料一般有三类：

1. 对比材料 即对事物进行前后、正反的比较对照，以突出事件的重要性。

2. 说明性材料 即介绍政治背景、地理位置、历史演变、物质条件等。

3. 诠释性材料 即人物生平的说明，专业术语的介绍，历史典故的解释等，以帮助读者理解新闻的内容。

（五）结语

结语是新闻的最后一段或一句话。新闻的结尾方式有小结式、启发式、评论式、号召式、展望式等，有的新闻结尾就在事实之中。

写作技能要求

一、要素齐全

新闻报道的时间、地点、人物、事件、原因、结果这六大要素要相对齐备。

二、内容准确

对事实的表达要准确，且要符合医学原理，采用的医学数据要准确无误，不能写事实而非的东西。

三、简单明了

要在简明扼要的文字里用医学事实说话，说明中心或主题，必要时可以有适当的评论。要注意运用通俗易懂的语言和读者喜闻乐见的形式报道撰写医药新闻，防止堆砌难懂的医学术语和医学概念。

四、结构严密，层次分明

一般是按照事物的内在联系，把最重要、最鲜明的事实写在最前面，然后再写次要的。也可以依照事物的产生、发展、变化的顺序来写，但要突出主要部分。

【例文 1】

军事科学院中药安全性研究获国家科技进步一等奖

（标题：简明、准确地概括新闻的内容）

解放军军事医学科学院女科学家高月领衔的“中药安全性关键技术研究与应用”项目，在 10 日举行的国家科技奖励大会上，获得国家科技进步一等奖。同时，该院还获得国家科技进步奖创新团队奖、国家技术发明二等奖，创造了中国军队历史上首次由一个单位同时获得这三项大奖的纪录。（导语：概括新闻事件）

贺福初院士带领团队获得国家科技进步奖创新团队奖。他领衔的蛋白质组学创新团队创建于 1998 年，主要研究方向是蛋白质组学、功能基因组学、系统生物学。15 年来，该团队构建了迄今国际上质量最高、规模最大的人类第一个器官（肝脏）蛋白质组的表达谱、修饰谱、连锁图、定位图、综合数据库等，首次实现了人类组织/器官转录组和蛋白质组的全面对接，在炎症诱发肿瘤、p53 调控、骨形成调节、重要信号通路与疾病、疾病遗传易感性等方面，发现了一批针对肝脏疾病、恶性肿瘤、免疫系统疾病、骨质疏松等重大疾病的潜在药靶及蛋白质药物，为防治提供了系列新靶点、新思路。

由该院放射与辐射医学研究所女科学家高月领衔的“中药安全性关键技术研究与应用”项目，历时 10 余年攻关，创建了中药早期毒性预测、毒性物质分析和配伍禁忌评价 3 类技术 8 种方法，并利用这一综合技术平台对临床易发不良反应的 7 大类中药的安全性进行了系统研究，阐明了中药配伍理论的现代生物学机制，实证了“十八反”、寒热配伍、甘草“调和诸药”等中医经典理论。项目组研制的“红益胶囊”“刺白胶囊”等 3 种新药装备部队，直接促进 103 种创新药物的研发，为中药造福人类开辟了更加广阔的前景。

该院微生物流行病研究所女科学家端青带领团队研制的鹦鹉热衣原体基因工程疫苗及快速侦检试剂，填补了中国在这一领域的空白，获 2013 年度国家技术发明二等奖。

（主体：展开叙述）

【例文 2】

联邦制药中山公司顺利通过新版 GMP 认证

（标题：概括中心）

2013 年是联邦中山公司的新版 GMP 认证年。全公司十一个生产车间分三批全部顺利通过新版 GMP 认证，其中包括无菌制剂车间五个，非无菌制剂车间六个，在联邦制药的发展史上留下浓墨重彩的一笔。

（导语：概述式）

新版 GMP 于 2011 年 1 月颁布，2011 年 3 月正式实施，旨在提升企业的质量管理能力和整体水平，加强我国药品安全保障。统计数据显示，目前新版 GMP 通过率其实并不高，进展不快。截止到今年 5 月份，全国共有 1319 家无菌药品生产企业，通过新版 GMP 认证的药品生产企业为 306 家（其中核发 394 张证书），只占无菌药品生产企业生产总数的 23.2%；非菌药品生产企业有 3839 家，通过新版 GMP 认证的药品生产企业（不含医用氧、中药饮片及体外诊断试剂）为 553 家（其中核发 654 张证书），仅占非无菌药品生产企业生产总数的 14.4%。

未雨绸缪改造升级

业内流传这样一句话："实行 GMP 是找死，不实行 GMP 是等死。"此次新版 GMP 认证的考验也是史无前例的。中山公司程玉宝副厂长对此次认证的艰辛总结出三点：门槛高，时间紧，任务重。

新版 GMP 要求企业加强了对药品生产过程的有效监督和流程管控，对于生产设备的设计、制造、安装、维护的标准要求也很高。中山公司在现有的设施基础上，追加投资用于升级改造。除了资金的补充，认证时间短也是一大挑战，全厂十一个在生产车间，均要在不到一年的时间里完成认证，其工作难度可想而知。另外就是认证与生产并行，既要开展新版 GMP 的认证工作，又要保证生产的正常运作，确保市场有效供应。

（背景材料：衬托、深化主题）

研究政策寻找对策

新版药品 GMP 的实施，将有力推动调整我国医药经济结构，继续促进医药产业升级。真金不怕火炼，联邦制药作为行业的一个佼佼者，从未停止过改革创新的步伐。先进的生产工艺，严格的质量控制，让"联邦品牌"一直走在行业的前列。

研究政策、寻找对策是此次完成此次认证的一大法宝。负责质量管理的李华副厂长告诉笔者，此次新版 GMP 的认证，比以前更加严格。在得到政府政策的扶持下，我们积极学习新文件，转换新思路，从无到有，从有到精，公司各部门紧密合作，齐心协力，超前于国家食品药品监督管理局给定的认证期限。目前，公司已经拿到国家认证证书 1 张，广东省认证证书 2 张，这将有利于公司相关药品剂型在招投标中获得加分，享受到更加优惠的市场准入政策。

加强学习与时俱进

在当前竞争激烈的医药环境下，如果不保持一颗学习的心态，如果不去创新理念就会被市场淘汰。参加过多次 GMP 认证的全体人员皆深有体会。

这次新版 GMP 的认证，中山公司加强了企业软件的更新，引入了偏差管理、变更管理、质量风险评估等新理念，更注重科学性和企业质量管理体系的建设，也越来越靠近了欧美的 GMP 认证。在认证前期，在全公司深入开展有关新版 GMP 的培训学习，组织各部门负责人前往其他企业观摩学习，结合公司的生产实际，一步一步完善自己的不足，为顺利通过 GMP 认证奠定了坚实的基础。

（主体：以逻辑顺序展开叙述，事例具体，数字准确）

机遇与挑战总是并存的，联邦制药中山公司紧紧抓住机遇，迎难而上，攻克了一个又一个难关，终于在短短九个月的时间里，交出了一份令市场满意的答卷。

（结尾：总结成绩）

知识链接

新 闻

新闻是用概括简明的文字迅速及时地报道社会上新近或者正在发生的活动、事件、现象，是报纸、电台、电视台、互联网经常使用的记录社会、传播信息、反映时代的文体。广义的新闻指消息、通讯、人物专访、访谈、报告文学、特写、评论等，狭义的新闻单指消息，消息是新闻中运用最广的一种文体。

扫码“学一学”

第四节 医药文摘

学习目标

知识要求

1. 掌握医药文摘的构成要素。
2. 了解医药文摘的概念、种类和特点。

技能要求

1. 能利用医药文摘快速掌握医卫论文的主要内容。
2. 能写作医药文摘。

任务情境

在撰写毕业论文的过程中，我们要参考大量专业论文，医药论文浩如烟海，你知道可以通过文摘快速掌握论文的主要内容，以确定是否跟自己的毕业论文有较高相关度，以便选取合适的参考论文吗？

知识要点

一、医药文摘的概念

医药文摘是医药文献的内容摘录，是对文章内容不加注释和评论，以简洁的文字表述文章要点的短文。医药文摘能方便读者不用阅读全文即能获得该篇文章的必要信息，进行有关文献资料的检索，这对于学术论文的交流等方面有很重要的意义。医药文摘兼有报道和检索两种作用，既可以报道文献信息和科技动态，也可以作为检索有关医药文献资料的工具。

医药文摘是医药论文的窗口，亦可供各类文稿和数据库采用。一篇医药论文能否吸引读者，摘要起着十分重要的作用。因此，医学生和临床工作者在撰写医药论文之前，应该学会如何写好医药文摘。

二、医药文摘的特点

（一）客观准确

以提供文献内容梗概为目的，确切地记述科技文献的重要内容，忠实于原始文献，不加评论和补充解释。

（二）高度浓缩

对原著的中心思想、基本论点、论据和结论融会贯通后，直接对科技文章或书刊进行浓缩，用简练的语言报道原始文献中精华，记述文献重要内容。主题鲜明，重点突出。

（三）兼备文献检索功能

既具有报道性质，传递科技信息，又具有文献检索功能。

三、医药文摘的分类

医药文摘常用的类型有报道性文摘、指示性文摘、引语式文摘、题录式文摘。

（一）报道性文摘

是对原始文献基本论点、主要内容进行浓缩，即对原文内容进行概括性介绍，起到报道作用。该种文摘主要介绍摘文的来源、研究的目的和范围，主要研究内容、实验方法、数据、现象与结果等，有时也包括具有情报价值的其他重要的信息。该种文摘除了有报道作用外，也具有文献检索作用。报道性文摘适用于文摘刊物刊载或作为学术论文的提要，也适用于技术和专利说明书等。

（二）指示性文摘

这类文摘只介绍原文的主题范围和内容纲目，即指明一次文献的论题及取得的成果性质和水平，不涉及具体的数据、方法、结果和结论。指示性文摘通过简要的文字，可以使读者对该研究的主要内容有一个轮廓性的了解，以帮助读者确定是否需要阅读原始文献，所以它只起检索作用。一般适用于篇幅过长或内容不太集中的文章（综述、述评、科研总结）、学术性期刊的简报、图书等。

指示性文摘的特点和写作要求与报道性文摘相似。由于指示性文摘只摘录原始文献中的精华部分，文字更精练，通常控制在100~200字。

（三）引语式文摘（片段式文摘）

是摘编者根据需要将原文的有关句、段抄录下来而编制的文摘，常用于做文摘卡或摘要式笔记。其写法是：作者根据实际需要，除了对原文的内容作扼要叙述外，有时把原文重点语句摘录下来（引语必须原文照录），与摘要其他部分结合起来，形成一个整体。常用于文摘卡片或摘要笔记或用于写文摘综述时参考。

（四）题录式文摘（又称索引式文摘）

只将题录各项摘录出来，不摘内容，专为检索服务。

构成要素及格式模板

一、构成要素

医药文摘一般由题录、正文、署名三部分组成。

二、格式模板

构成要素	模　板
题录：文题、原文作者、原文的期刊名称或出版单位、出版地、年份、卷（期）、起止页码 **正文**：文摘的主体部分 **署名**：摘录者（摘译者、审核者）	×××××××××××××××× 　　×××××××××××××××××××××，× ××××××××××××××××××××××××××× ×，××××××××××××××××。（×××）

三、医药文摘各部分的格式、内容和写法要求

（一）题录

包括文题、原文作者（如有两个以上作者，仅写第一作者，后加“等”）、发表原文的期刊名称或出版单位、出版地、年份、卷（期）、起止页码。如为外文应注明文种。

（二）正文

是文摘的主体部分，表述被摘录文章的主要内容。

（三）署名

指摘录者或摘译者及审核者的署名。将署名置于小括号内。

写作技能要求

一、应排除本学科领域已成为常识的内容或人所周知的知识内容，应当着重反映文献的新内容和原文作者特别强调的观点。

二、文摘内容要求高度概括，简明扼要，摘其精华，取其重点。

三、要忠于原著本意，客观、如实地反映文献内容，不可对原著内容作诠释和评论，也不要加入自己的主观见解。

四、文本结构要严谨，表达简明，语义确切。书写要合乎语法，保持上下文的逻辑关系，尽量同作者的文体保持一致。

五、摘要慎用长句，句型应力求简单。每句话要表意明白，无空泛、笼统、含混之词，句子之间要上下连贯，互相呼应。

例文评析

【例文1】

盐酸尼卡地平明显增加他克莫司血药浓度1例分析/周仑//中国医院药学杂志/2010，21（2）．1879-1880

（题录）

目的：报告1例盐酸尼卡地平明显增加他克莫司（FK506）血药浓度的病例，提示两药之间会发生相互作用于，防范不良反应的发生。方法：回顾分析我科诊治的1例服用F506的肝移植术后患者合并高血压危象，在应用盐酸尼卡地平控制血压后，FK506血药浓度的变化。结果：盐酸尼卡地平明显增加了FK506的血药浓度，患者出现肾功能不全加重，最终发展为尿毒症行透析治疗。结论：对移植合并高血压的患者，在控制血压的同时要注意其对免疫抑制物浓度的影响，避免不良反应的发生。（周仑）

（在正文部分简单介绍分析目的、研究方法、使用结果、得出结论等。该种文摘除了有报道作用外，也具有文献检索作用。正文后将署名置于小括号内）

【例文2】

耳压疗法的辨证施护/燕群美//护理学杂志/1991，6（1）．30-31

（题录）

耳压疗法常用以配合其他疗法治疗胆石症、高血压、近视、糖尿病等多种疾病。耳压的理论基础是中医经络学说。文中就耳压疗法的适应证选择、穴位确定、手法、贴压剂等问题作了比较详尽的论述。（燕群美）

（该例文摘不涉及具体的数据、方法、结果和结论，文字更精练。正文后将署名置于小括号内）

知识链接

读书笔记

人们在阅读的过程中，对书中内容有疑问的或见解的而进行圈点、评注，或是对书中的名言警语、新颖材料进行摘录抄写，或是对书的内容要点进行归纳，或是随后记下自己的心得体会，这些圈点、评注、摘抄、归纳和心得体会的文字，都叫读书笔记。

读书笔记一般有批注、摘录、提纲、心得四种。

1. 批注笔记就是边读边把自己的看法、疑问等或在书上划出表示重点、次重点、疑问等等的符号，或在书的天头、地脑作些评语和注释。

2. 摘录笔记就是将书中的精彩观点、新颖材料及名言警句等摘抄下来，以备将来选用。

3. 提纲笔记就是将书中的中心思想、段落大意、内容要点及写作方法等等，以提纲挈领的方式写出来。

4. 心得笔记就是阅读后，将自己的心得、体会、感想等写出来。

扫码“学一学”

第五节　医药论文

学习目标

知识要求

1. 掌握医药论文的写作步骤与格式要求。
2. 了解医药论文的概念、特点和分类。

技能要求　能利用所学完成论文撰写。

任务情境

林××是××中医药高等专科学校药学专业的一名大三学生，她在刚一入学时就参加了××大学药学与药品营销专业的自考本科学习，每学期都顺利通过了考试，现在马上要进行学位论文的申请了，需要撰写毕业论文，她应该怎么写呢？

知识要点

一、医药论文的概念

医药论文是科技论文的一个分支，它是对医药工作者在医学、药学、临床上进行创造性的科学实验和理论分析，并运用逻辑思维方法揭示其客观规律和本质的一种论说性文体。它是报道自然科学研究和技术开发创新性工作成果的论说文章，是阐述原始研究结果并公开发表的书面报告。

二、特点

（一）科学性

衡量医药论文水平的首要条件是论文的科学性。它要求作者在立论上不得主观臆造，必须从客观实际出发，从中引出符合实际的结论。主要包括：

1. 选题要有足够的科学依据。
2. 采用的材料和选择的方法要有充分的可比性和必要的随机性。
3. 如实反映研究过程，准确提供观察数据，全面分析研究资料。
4. 推理具有逻辑性，结论强调严谨性。

（二）创新性

科学贵在创新，只有不断创新，人类社会才能进步。医药论文的创新性在于作者较已发表的文献提出新的观点或理论。只有在一定程度上有所创新，才能从新的角度反映出新的成就。基础研究要求选题新，方法先进，有新观点；临床研究要求收集的病例数更多，观察研究更深入，诊断和治疗方法有创新，效果更佳，提出新见解等。

（三）实用性

发表论文的目的就是给同行参阅、效仿使用、推动医药事业向前发展。如读者用了论文中提供的方法有效，能取得良好的社会效益和经济效益。从现代需要观点出发，能解决防病治病实际问题，具有很强的实用价值。除少量纯理论研究性论文外，大多数医药论著应结合临床、预防工作的实际。论著的实用价值越大，指导作用越强，读者越欢迎。

（四）可读性

言不在多，而在于精。它要求论文结构严谨、层次清楚、用词准确、论据充足、术语规范、逻辑性强，而且要求语言通顺、文风清新、可读性强，使读者用最少的时间，获取最多的知识和信息。

三、分类

（一）按写作目的分

1. 学术论文　各学科领域的专业人员表述科研成果的论文，是某一学科课题在实践性、理论性或观测性上取得创新的科研成果或见解的科学记录，或是某种已知原理应用实际取得新进展的科学总结。学术论文可提交科研部门参考，也可在学术会议上宣读、交流，或在学术刊物上发表，因此也叫杂志论文或期刊论文。

2. 学位论文　为申报学位而撰写的论文，它表明作者在掌握本门学科的基础理论、专业知识和基本技能上所达到的水平及对所研究课题的新见解、新成果，上级科研主管部门或作者导师借此对申请学位的作者进行学术水平的考察。学位论文包括学士论文、硕士论文、博士论文。

（二）按采取的科研方法分

1. 实验研究型论文　主要是利用科学的实验方法获取客观数据，并对数据资料进行归纳、分析、处理后写成的论文。包括各种动物实验、疾病的病因、诊断、治疗、疗效实验，新药的合成及其药理、毒理研究实验等。

2. 临床研究型论文　主要是通过对临床病例的病因、发病机制、临床表现、治疗及疗效等方面进行观察、分析和讨论，提出自己的见解而写成的论文。包括临床病例分析、病例报告、疗效观察、病例（病理）讨论、专题研究总结等。

3. 调查报告型论文　对一定范围的人群就某个病种、某个疾病或预防保健情况进行调查，将数据资料经统计学处理后写成的专业性论文。包括流行病调查、职业病调查、地方病调查、正常人体指标调查、儿童或妇女病调查、新病种发现的调查报告等。

4. 理论研究型论文　主要是选择某一学科内具有创造性的课题，以该学科的科学理论及相关学科、边缘学科的理论为指导，在广泛研究文献资料的基础上提出创新见解而写成的论文。

5. 技术交流型论文　是紧密结合医药卫生、护理技术工作的实践，将自己的体会、经验、工作方法和某项革新加以总结而写成的论文。一般具有较强的实用性、业务性、技术性。

6. 文献加工型论文　主要是作者在阅读过程中收集了某一领域或专题的大量的文献资料后，经过归纳、分析、综合而写成的专题性学术论文。常见的有综述、述评、问题解答、译文等。

此外，还可以按研究内容、文章体裁、文章的议论方式分类。

构成要素及格式模板

一、构成要素

医药论文写作过程分为题目选择、拟定提纲、文件检索与应用、撰写论文四个阶段。具体格式由标题、作者署名和简介、摘要、关键词、正文、参考文献六部分构成。

二、格式模板

构成要素	模板 1（学术论文）
标题	**题　目**
作者署名	作者 （单位　省市　邮编）
摘要	摘要：×××。
关键词	关键词：××××××××××××××
	英文论文题目 **Abstract:** **Key Words:**
正文由前言、方法、结果、讨论构成	**前言**（主要介绍目的、研究思路、理论依据、研究方法、预期结果和意义） **方法**（可以用“材料和方法”“对象和方法”“资料和方法”“仪器与试药”。） **结果**（归纳分析，得出结论。） **讨论**（对本文研究结果进行评价、阐明和推论）
参考文献	**参考文献** [1] 主要责任者．文献题名［文献标识］. 出版地：出版者，出版年．起止页码． [2] 主要责任者．文献题名［J］. 刊名，年，卷（期）：起页码-止页码．

构成要素	模板 2
标题	**医院用药分析**
作者署名	作者 （单位　省市　邮编）
摘要	摘要：×××××××××××××××××××××××。
关键词	关键词：××××××××××××××××××××××。
	英文论文题目 **Abstract**: **Key Words**:
正文由前言、方法、结果、讨论构成	前言 ×××××××××××××××××××××××××。 1　资料来源、研究对象和用药情况 ×××××××××××××××××××××××××××。 1.1　资料来源×××××××××××××××××××。 1.2　研究对象×××××××××××××××××××。 1.3　用药情况×××××××××××××××××××。 2　结果与分析××××××××××××××××××××。 3　讨论××××××××××××××××××××××××。 4　结论××××××××××××××××××××××××。
参考文献	参考文献 [1] 主要责任者．文献题名［文献标识］．出版地：出版者，出版年．起止页码． [2] 主要责任者．文献题名［J］．刊名，年，卷（期）：起页码-止页码．

三、医药论文各部分的格式、内容和写法要求

（一）标题

标题是论文的题目，拟定标题必须做到清楚、精练、准确、醒目。应恰当、简明地反映文章的主题，尽量不超过 20 个字，切忌冗长繁杂。要做到言简意赅，使人一看就能迅速获得一个明确的概念，查阅到项目，正确了解文稿的内容。篇名既要高度概括全文的中心内容，又要如实地反映文稿的性质、研究的对象和主要项目。

（二）作者署名和简介

作者署名是文责自负和拥有版权的标志。论文作者要用真名，不可过多，一般不超过

5~6 人。应本着实事求是的原则，必须参加全部或部分主要工作，或参与本文章撰写。署名次序按贡献大小排列先后顺序，写明作者姓名、工作单位全称及科室名称、城市名称及邮政编码，不同单位的作者在姓名右上角标示角标 1，2……，并在其工作单位前相应标出 1，2……。对于虽参加部分具体工作或给予该项研究工作帮助和支持，但非文稿的主要完成者，可放在文末致谢（排在全文后，参考文献前）。

作者简介便于读者或杂志社与作者进行联系，包括以下内容，作者姓名、出生年月、性别、籍贯、学历、职称、学术成就、联系方式、通讯地址、邮政编码等。

（三）摘要

摘要是正文的高度浓缩，是向读者介绍文章的主要观点和精华所在。它的意义是便于读者快速了解文章要点和进行检索，应力求简明扼要，能独立成章。结构式摘要必须包括四要素：目的、方法、结果和结论。目的是指主题范围；方法是指所用的材料、受试对象、手段等；结果是指实验数据，统计结果等；结论是指对实验结果的分析、评价、建议等。摘要中不用第一人称，不加注释，不空洞议论，不模棱两可，不分段落，不用图表和公式，不用疑难词、缩写词。字数控制在 200 字左右。英文摘要的撰写可将中文内容摘要直接译成英文。篇名、作者姓名、工作单位和关键词等应与中文完全一致。中国人姓名用汉语拼音，姓和名的第一个字母大写，两个拼音名之间不加连字号。

（四）关键词

关键词是表达文稿主题且具有实质意义的词汇或词组，从标题、摘要或正文中选取。每篇文章标引 3~5 个关键词，列在摘要下方。选出的关键词应能准确地提供检索信息，适合文献检索的要求。医药论文应尽可能选用《医学主题词词表》《中医药主题词表》中的术语。

（五）正文

正文由前言、方法、结果、讨论构成。各部分应妥善安排，既要明确分工，又要互相配合，避免遗漏。正文内的小标题层次一般以如下形式分配：

1……

1.1……

1.1.1……

（1）……

1. 前言 前言又称引言，是论文开篇的一段短文，起提纲挈领作用。它主要概述全文所述问题的目的、意义、研究思路、理论依据、适用范围等，使读者对本文的主旨和背景有概括的了解，以引出下文。前言要求点明主题，抓住中心。可以少量引用以往的重要文献并加以分析，但不可长篇幅追溯历史，罗列文献。前言部分一般为 200—300 字。

2. 方法 是论著的主要内容，起着承上启下的作用，是用来说明科学性和表现主题的。主要说明实验所使用的材料、方法和研究的基本过程，提供论文的科学依据。主要介绍研究对象（人或实验动物，包括对照组）的选择及研究所采取的方法。由于各类论文不同，常用标题有“材料和方法”“对象和方法”“资料和方法”“仪器与试药”等。

材料应注意完整性、客观性、可比性和基本数据。调查资料应以客观指标为主，实验资料应以科学性为依据，临床资料应以可靠性和完整性为基础。方法应着重介绍对研究对象所采用的方法与求得数据的步骤。对人所共知的内容可省略，标明参考文献的出处即可。

对前人的方法和改进的地方应说明改进部分，对创新方法则应具体详细叙述，以便他人重复或验证。方法应注意可重复性、保密性（要执行国家科技保密规定），精密度要强、准确、观察客观、细致、记录详细，力求采用本学科最新的先进技术，一般可引用文献。

在实验研究中应表明：①具体的实验对象（人或动物的选择标准与特征）；②具体的实验方法（仪器设备、试剂规格和来源、操作方法及建立方法的原理）；③实验的环境条件（实验环境、饲养条件等）；④分组方法（对照组、实验组的设立、例数、次数）；⑤观察方法（观察指标、记录方法）；⑥实验程序。

3. 结果 这是论文的中心内容，是作者通过实验研究、临床研究、分析观察所得的研究成果和总体归纳。结果一般从观测数据导出，要求真实可靠、实事求是。所有数据要准确无误，经过统计学处理，对不符合主观设想的数据和结果，应做客观的分析和报道。任何实验研究和临床观察结果都应有对照，以尽可能消除差异。对不能用文字描述或文字描述过于累赘时，应采用图表形式表达。

4. 讨论 是将所得结论或研究成果，从理论上进一步分析，把结果进行总结、提高和升华，以证实所得结果的可靠性，并阐明研究中具有科学性、先进性的论据。一般讨论应突出几个方面：①阐述本文研究的原理和机制；②本文结果与文献或过去的工作进行对比，分析各自优缺点；③提出研究观察中所得出的新观点；④对各种不同的观点进行比较和评价；⑤提出今后探索方向和展望等；⑥讨论要实事求是，不要主观推测。

当然，以上问题不可能在每篇文章中面面俱到，要因文制宜，言之有物。此外，讨论要紧扣本文研究结果，突出新发现和新观点，避免重复前述内容和以往文献曾报道的内容，但也不能仅仅描述为与他人的报告“相一致”“相符合”等。

（六）参考文献

参考文献是论文的必要组成部分，它不仅表明论文的科学依据和历史背景，而且提示作者在前人研究基础上的提高、发展与创新所在，或对作者的特殊见解提供论证线索，为读者提供了有关书目数据，起着导向作用。读者从参考文献中比较作者与前人研究结果的内在联系的异同，评价其意义。

引用参考文献有3个原则：①权威性——指引用学科权威人士及单位署名的经典性权威论文，非此则难以置信其先进性、创新性；②时效性——指引用文献新，尤其是近年和当年国内外文献，以表明作者了解当前学科动态，处在学科研究前沿；③适当性——指引用文献确与论文内容紧密相关，系作者阅读过，且确已理解引文的论点，对其论文确有参考意义。未公开发表的内部资料、论文不能引用，可用括号标注正文中。教科书亦应少引用。

文中参考文献亦应少而精，国内多数期刊要求：论著勿超过10篇，综述可引用20~30篇。参考文献按在正文中首次引用的先后顺序用［ ］（称为温哥华格式）以阿拉伯数字编号，在右上角标出，参考文献如是期刊类文献按作者．（一般要求列出前3名作者姓名，均是姓前名后，逐个列出，超过3人，第3人后用，加等．）文题．刊名，年；卷（期）：起页次序．排印。如是图书文献按作者姓名．书名．版次．出版地：出版者，年份：页．（或起止页．）

写作技能要求

一、立论客观，具有独创性　文章的基本观点来自具体材料的分析和研究，所提出的问题在本专业学科领域内有一定的理论意义或实际意义，并通过独立研究，体现出客户的认知和看法。

二、论据翔实，富有确证性　论文做到旁征博引，多方佐证，有主证和旁证。医药论文的写作关系到服务对象的健康和生命安全，必须做到真实可靠、准确无误，应排除任何缺乏可靠依据的主观推测和偏见。

三、论证严密，富有逻辑性　提出问题、分析问题和解决问题，要符合客观事物的发展规律，全篇论文形成一个有机的整体，使判断与推理言之有序，天衣无缝。

四、体式明确，标注规范　论文以论点的形成构成全文的结构格局，以多方论证的内容组成文章丰满的整体，以较深的理论分析辉映全篇。医药论文要体现严密的规范性，使用的术语、数据、符号、图表等，都必须符合本专业的标准和国家的规定。

五、语言准确、表达简明　论文最基本的要求是读者能看懂。因此，我们写出的论文应当想得清，说得明，想得深，说得透，做到深入浅出，言简意赅。

例文评析

【例文 1】

超声法提取荔枝核黄酮类化合物的工艺研究

（标题：正文居中，简要反映文章的主题）

林××　惠××　孙××　孙××

（××医学高等专科学校　××省××市　邮编：××××××）

（作者署名和简介）

摘要目的：确定超声法提取荔枝核黄酮类化合物的最佳提取条件。**方法：**以荔枝核中总黄酮的含量为指标，以提取温度、提取时间、提取溶剂、提取次数、料液比为因素，利用单因素试验确定因素水平，正交实验法进行试验设计，对超声法提取荔枝核黄酮的工艺进行系统研究。**结果：**超声法提取荔枝核黄酮类化合物的最佳工艺条件为：提取温度 100℃，时间 60min，50% 乙醇溶剂，料液比 1∶15。**结论：**本方法试验结果可为优化荔枝核黄酮的提取工艺提供一定的依据。

（摘要一般由目的、方法、结果、结论构成。）

关键词　超声法；荔枝核；黄酮类化合物；正交实验

（关键词从标题、摘要或正文中选取，一般 3-5 个）

The study on the ultrasonic extraction technology of Litchi seeds flavonoids

LIN×× HUI× SUN ×× SUN ×

(××medical college , Changchun , ××××××)

ABSTRACT: **Objective**: Definite Litchi seeds flavonoids optimum ultrasonic extraction condition. **Methods**: taking the Litchi seeds toal flavonoids content as a target, taking the extracting temperature, the extracting time, the extracting solvent, the extracting times, the material fluid ratio as the factors, using the single factor expriment to make sure the level of the factors, the orthogonal testing method is used to carry on the experimental design to systematically study ultrasonic extraction methods of Litchi seeds flavonoids. **Results**: The best ultrasonic extracting technological conditions of Litchi seeds flavonoids are: the extracting temperature: 100℃; the extracting time: 60minutes; 50% ethanol solvent; expected material fluid ratio: 1 : 15. **Conclusion**: This experimental results may be the basis of the Litchi seeds flavonoid's extracting technology.

KEY WORDS: Ultrasonic methods; Litchi seeds; Flavonoids; Orthogonal test

（英文摘要与关键词）

荔枝核（*Litchi semen*）是无患子科植物荔枝（*Litchi chinensis Sonn*）的成熟种子[1]，除少量用于中药外，大部分弃之未用，造成了环境污染和资源浪费。现代临床研究发现从荔枝核中提取出来的活性物质有降血糖，调节血脂，抗氧化，抗病毒等作用[2]，有研究还发现荔枝核中黄酮类化合物能够抑制乙肝病毒复制、修复受损肝细胞。我国现有 1 亿多乙肝患者，充分利用荔枝核资源，研究提取荔枝核黄酮类化合物的工艺，进一步开发出抗乙肝药物和产品将具有重要的社会意义和价值[3]。

（前言概述全文的目的、意义、研究思路、理论依据和适用范围等。）

1 仪器与试药

1.1 仪器

TU-1901 双光束紫外可见分光光度计（北京普析通用仪器责任有限公司），电子天平 BS224S（赛多利斯科学仪器北京有限公司），KQ-2200E 型超声波提取器（江苏省昆山市超声仪器有限公司）。

1.2 试药

荔枝核经吉林大学药学院生药教研室王广树教授鉴定为中药荔枝核（*Litchi semen*）（购于长春药材公司）、标准品芦丁（中国医药集团上海化学试剂公司，批号：20090709，纯度=98.8%）、氢氧化钠（北京化工厂）、硝酸铝（北京化工厂）、亚硝酸钠（北京化工厂）、95%乙醇（北京化工厂）等均为分析纯试剂。

2 实验方法

2.1 荔枝核粗黄酮样品液的制备

精密称取干燥至恒重的荔枝核最粗粉 5.00 克，加一定浓度乙醇在超声波提取器（功率：100W，频率：20kHz）中提取，提取液合并后浓缩，定容于100ml的容量瓶中。

2.2　荔枝核中粗黄酮的测定方法[4]

采用硝酸铝-亚硝酸钠比色法，以芦丁为标准品绘制标准曲线。

2.2.1　标准品溶液的配制

精密称取0.0318g干燥至恒重的芦丁标准品，用50%乙醇溶解后定容至100ml量瓶中，制成0.318mg/ml的标准溶液。

2.2.2　标准曲线的制备

分别精密吸取上述标准溶液0.00，1.00、2.00、3.00、4.00、5.00、6.00ml至25ml容量瓶中，加水至6.00ml。加5% $NaNO_2$溶液1.00ml，混匀后放置6min，加入10% $AlNO_3$溶液1.00ml，混匀后放置6min，加入4% NaOH溶液10.00ml，显色，加水至刻度，静置15min后，在波长511nm处测定吸光度（以蒸馏水作空白对照），即得标准曲线。以质量m对吸收度A回归方程：$A=0.4633m-0.03353$，$r=0.9998$，质量在0.3180-1.908mg范围内，芦丁吸收度与质量之间有良好的线性关系。

2.2.3　精密度试验

精密量取超声提取法（料液比单因素影响）项下“1号”样品1.0ml（6份），按标准曲线的制备项下的方法测定吸光度，测得结果显示：RSD为0.471%（$n=6$），表明精密度符合要求。

2.2.4　稳定性试验

精密量取对照品溶液4.0ml，照2.2.2项下的方法测定吸光度，每隔30min测定一次，至2.5h，测得结果显示：RSD为0.279%（$n=6$），说明吸光度在150min内稳定。

2.2.5　重复性试验

精密量取超声提取法（料液比单因素影响）项下“1号”样品1.0ml，按标准曲线的制备项下的方法测定吸光度，重复操作6次，测得结果显示：RSD为0.510%（$n=6$）。

2.2.6　加样回收率试验

精密量取超声提取法（料液比单因素影响）项下“1号”样品液0.5ml（6份），分别加入标准品溶液1.5ml，照样品测定项下方法测定吸光度，计算回收率，测得结果显示：RSD=0.304%（$n=6$）。

表1　加样回收率试验结果

Table 1　Add sample recovery test results

编号	样品液总黄酮量（mg）	加入标准品量（mg）	测得量（mg）	回收率（%）	X	RSD（%）
1	0.7312	0.4770	1.209	100.2		
2	0.7312	0.4770	1.207	99.75		
3	0.7312	0.4770	1.205	99.33	99.80	0.3502
4	0.7312	0.4770	1.207	99.75		
5	0.7312	0.4770	1.209	100.2		
6	0.7312	0.4770	1.206	99.54		

2.2.7　荔枝核粗黄酮样品液的测定

精密吸取在不同提取条件下用超声波提取器提取的荔枝核黄酮样品液 1.0ml，按 2.2.2 标准曲线制备项下的方法操作。

（实验研究所用的仪器、材料、方法和过程）

3　结果与分析

3.1　单因素实验结果与分析[5]

3.1.1　提取次数对黄酮得率的影响　图 1 显示提取次数 2 次与 5 次比较，样品黄酮的得率增加不大，提取次数越多，所需的乙醇用量增加，后续工作量也相应增加，考虑节省时间和能源，所以确定提取次数 2 次为最佳。

3.1.2　提取温度对黄酮得率的影响　图 2 显示随着提取温度的升高黄酮得率呈上升趋势，温度越高，分子运动越快，有效成分扩散速度越快，提取效率越高。

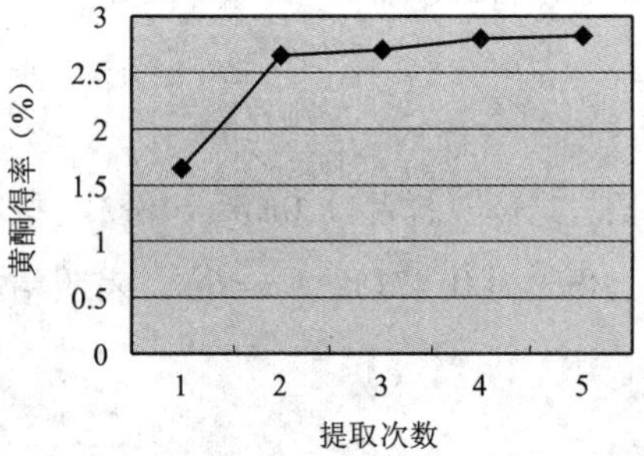

图 1　提取次数对黄酮得率的影响

Figure 1　The extracting times for flavonoids yield influence

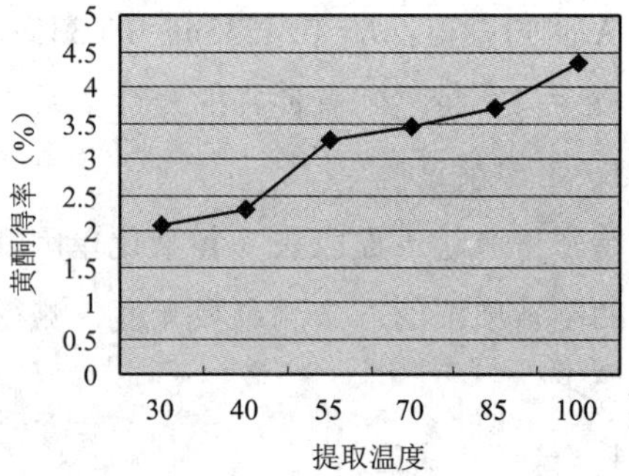

图 2　提取温度对黄酮得率的影响

Figure 2　The extracting temperature for flavonoids yield influence

3.1.3　提取时间对黄酮得率的影响　图 3 显示随着提取时间的延长，黄酮得率呈上升趋势，提取时间越长，超声振荡越久，提取效率也越高，但提取 45min 后得率增加不大。

3.1.4　提取溶剂对黄酮得率的影响　图 4 显示当乙醇浓度达到 50% 时黄酮得率达到最高值，之后随着乙醇浓度的增大，黄酮得率反而下降，黄酮类化合物与乙醇都含有羟基，50% 乙醇溶液的极性与多数黄酮化合物极性接近，所以当乙醇浓度达到 50% 时黄酮提取效果达到最佳。

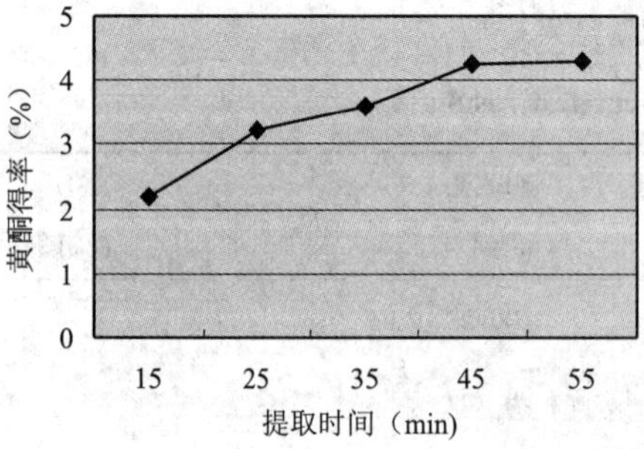

图 3　提取时间对黄酮得率的影响

Figure 3　Theextracting time for flavonoids yield influence Figure

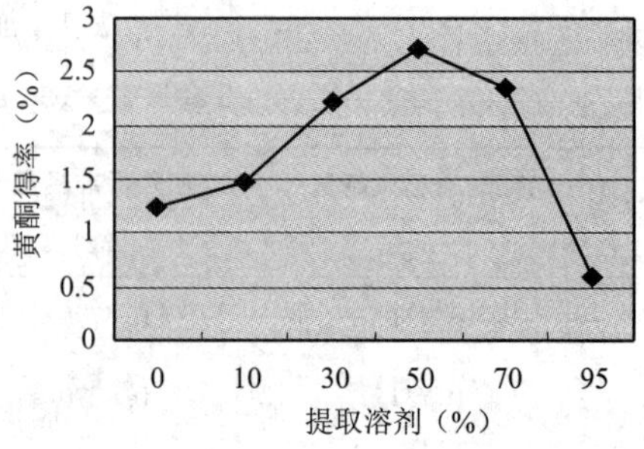

图 4　提取溶剂对黄酮得率的影响

Figure 4　The extracting solvent for flavonoids yield influence

3.1.5　提取的料液比对黄酮得率的影响　图 5 显示当料液比为 1∶15 时黄酮得率呈最高状态，随着料液比的增大相应黄酮得率呈缓慢下降趋势，提取溶剂量的增加，有利于黄酮化合物的溶解和扩散，但达到一定程度后，黄酮提取率变化不大。

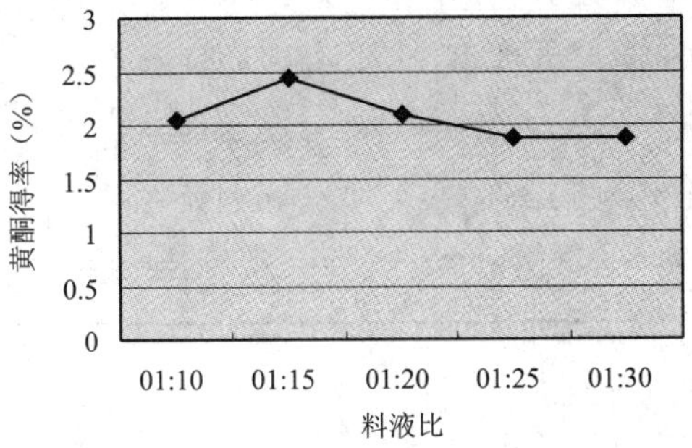

图 5　料液比对黄酮得率的影响

Figure 5　The material fluid ratio for flavonoids yield influence

3.2　荔枝核黄酮提取条件的优化

在单因素考察的基础上，以总黄酮得率为考核指标，用 L_9（3^4）正交表设计使用，考察了提取时间、提取温度、料液比和溶剂等因素对提取效果的影响，结果见表 2、表 3。

表 2　正交实验结果

Table 2　Orthogonal test results

试验号	A 时间/min	B 温度/℃	C 料液比/倍	D 溶剂/乙醇浓度	黄酮得率 x_i
1	30	70	1∶10	30%	4.04
2	30	85	1∶15	50%	5.47
3	30	100	1∶20	70%	4.53
4	45	70	1∶15	70%	3.89
5	45	85	1∶20	30%	3.38
6	45	100	1∶10	50%	5.61
7	60	70	1∶20	50%	4.51
8	60	85	1∶10	70%	5.38
9	60	100	1∶15	30%	5.78
K_1	14.04	12.44	15.05	13.20	
K_2	12.89	14.24	15.14	15.60	
K_3	15.68	15.93	12.42	13.81	
k_1	4.68	4.15	5.02	4.40	$K=42.61$
k_2	4.30	4.75	5.05	5.20	
k_3	5.23	5.31	4.14	4.60	
R	0.93	1.16	0.91	0.80	

表 3　正交实验方差分析表

Table 3　Orthogonal test variance analysis table

因素	离差平方和	自由度	平均离差平方和	F 值	显著性
A	$Q_A=1.3107$	$f_A=2$	$S_A^2=0.6554$	$F_A=1.2635$	不显著
B	$Q_B=2.0307$	$f_B=2$	$S_B^2=1.0154$	$F_B=1.9576$	不显著
C	$Q_C=1.5915$	$f_C=2$	$S_C^2=0.7958$	$F_C=1.5342$	不显著
$D(e)$	$Q_D=1.0373$	$f_e=2$	$S_D^2=0.5187$		
总和	$Q_T=5.9702$	$f_T=8$			

3.3　小结与讨论

（1）从表 2 的极差值 R 反映知，4 种因素对总黄酮提取率的影响程度从主到次的排序为 B、A、C、D，即温度、时间、料液比和溶剂。

（2）均值 $k_i^{因素}$ 反映了该因素水平 i 对指标的影响，该指标值越大越好。由 $k_2^A<k_1^A<k_3^A$ 知因素 A 的水平 3 比其他两个水平好，同样由 $k_1^B<k_2^B<k_3^B$，$k_3^C<k_1^C<k_2^C$ 和 $k_1^D<k_3^D<k_2^D$ 可知，最佳工艺条件是 $A_3B_3C_2D_2$，即提取时间 60min，温度 100℃，料液比 1∶15，50% 乙醇溶剂。按该优化条件下平行实验 6 次，平均得率为 5.98%，相对标准偏差 RSD ＝2.14%（$n=6$）。

（3）由表 3 知，在水平 0.05 下，$F_{0.05}$（2，2）19，由于 F_A，F_B，F_C 均小于 $F_{0.05}$（2，2）19，故 A、B、C、D 四因素对荔枝核中黄酮得率影响均不显著。

（4）荔枝核作为荔枝开发利用的废弃物被扔掉，造成了资源浪费和环境污染，本文立足荔枝核废弃物的再利用，并对荔枝核活性成分黄酮提取条件进行优化试验，以最大限度提高荔枝核中黄酮的提取率。

（5）对于超声波提取工艺是否会影响提取物的药效，我们正在做进一步的研究。（结果一般从观测数据中导出，要求真实、可靠。讨论将所得结论进行分析，以证实结果的可靠性。阐明今后探索方向和展望等。）

参考文献

[1] 江苏新医学院，中药大辞典［M］. 上海：上海人民出版社，1977：1616.

[2] 陈剑梅，郭洁文，徐峰. 荔枝核活性成分提取及药理作用的研究进展［J］. 今日药学，2011，21（11）：710-712.

[3] 汤建萍，周春山，涂秋云，等. 荔枝核黄酮类化合物的提取工艺研究［J］. 应用化工，2007，36（2）：109-113.

[4] 汤建萍，丁立稳，周春山. 紫外分光光度法测定荔枝核抗乙肝成分的含量［J］. 时珍国医国药，2006，17（11）：2218-2219.

[5] 汤建萍，周春山，丁立稳. 正交实验法优选荔枝核抗乙肝成分的提取工艺［J］. 中成药，2007，29（1）：132-135.（参考文献应少而精，论著勿超过 10 篇，综述可饮用 20~30 篇。）

【例文 2】

综合心理护理干预对地震创伤手术患者康复的影响

（标题：正文居中，简要反映文章的主题）

段艮芳　王　健　周万明

（作者署名和简介）

摘要目的　探讨心理护理干预对地震创伤手术患者康复的影响。方法 将地震创伤手术患者 40 例随机分为两组：综合心理护理干预组和常规护理组，每组各 20 例，评估综合心理护理干预对患者的心理状况、对医患关系满意度和住院时间的影响效果。心理测试采用 SCL-90、HAMD 及 HAMA 等。**结果** 综合心理护理干预组的 SCL-90、HAMD、HAMA 中抑郁、焦虑及恐惧等因子较常规护理组低；对医患关系的满意度明显高于常规护理组；住院时间明显低于常规护理组（$P<0.05$）。**结论**　综合心理护理干预可明显减轻地震创伤手术患者的抑郁、焦虑及恐惧等心理障碍，有利于他们康复治疗。

（摘要由目的、方法、结果、结论构成。）

关键词　心理护理；地震；创伤后应激障碍

（关键词从标题、摘要或正文中选取，一般 3-5 个）

Effect of mental nursing for operation patients with earthquake trauma on their rehabilitation.

DUAN ××[1], WANG ×[2], ZHOU ××[3].

1　Department of Nursing, Sichuan Traditional Chinese Medicine College;

2　Department of operating room, Mianyang Center Hospital, Mianyang 62100, China

[**Abstract**] **objective**: To observe the effect of mental nursing for operation patients with earthquake trauma on their rehabilitation. **Methods**: Forty operation patients with earthquake trauma were randomly divided into two groups: mental nursing group and conventional nursing group. Psychological consult was used in mental nursing group. The results were recorded by psychologic test, investigation questionnaire and nursing statistics. The measuring scales include SCL－90, HAMD and HAMA. **Results**: The degree of satisfaction in mental nursing group was obviously higher than the one in conventional nursing group. The value of depression and anxiety in mental nursing group were lower than these conventional nursing group. The length of stay in mental nursing group was also shorter ($P<0.05$). Conclusion: Mental nursing could reduce dysphrenia for operation patients with earthquake trauma and facilitate their restoration.

[**Key words**] Mental nursing; Earthquake; Post-traumatic stress disorder

（英文摘要与关键词）

地震是造成创伤最多的自然灾害[1]，大量的创伤患者将接受手术治疗。然而，不论是地震创伤本身还是后续的手术治疗，患者可因此产生创伤后应激障碍（post-traumatic stress disorder，PTSD）[2,3]，出现抑郁、恐惧及悲观等心理问题，严重影响地震创伤手术患者的康复。本文将心理护理干预应用于地震创伤手术患者康复治疗中，取得了满意效果，现报道如下。　　（前言概述全文的目的、意义、研究思路、理论依据和适用范围等。）

1　资料与方法

1.1　病例分组：选择25~45岁，意识清醒，既往无精神疾患，因地震创伤拟行下肢骨折内固定术的患者40例，随机分为两组：综合心理护理干预组（以下简称干预组）和常规护理组（以下简称对照组）。两组患者在年龄、性别及地震创伤严重程度上无差异显著性意义（$P>0.05$）。

1.2　综合心理护理干预方法

1.2.1　手术前：针对患者的焦虑、紧张、恐惧心理，综合运用倾听、鼓励、支持等“八大参与性技术”，对患者进行疏导。

1.2.2　手术期：针对患者的焦虑、紧张、恐惧、担忧心理，召开地震创伤手术患者护理指导会，运用认知疗法，纠正患者对手术的一些不合理信念，寻找患者社会支持系统。

1.2.3　手术后：针对患者的焦虑、恐惧、紧张、失眠、易激惹、抑郁、负罪心理，运用森田疗法、行为主义、个别心理咨询，建立患者同质团体，使患者顺其自然，逐渐树立身心康复的信心和勇气，适应手术后的生活。

1.3　测试工具与方法

手术前后的心理状况采用症状自评量表（Symptom checklist，90，SCL-90）、汉密尔顿抑郁量表（hamilton rating scale for depression，HAMD）、汉密尔顿焦虑量表（hamilton anxiety，HAMA）。由不参加心理护理干预的心理咨询师进行单盲测评。其他评估资料为自行设计，包括患者的情绪情感、生活态度、医患关系、表彰与建议等。对患者不明白的问题，采用统一的中性语气解释。量表施测与问卷调查按对等同步原则分初期、中期、晚期三个时段进行。

1.4　统计学处理

计量资料采用均数±标准差（$\overline{X} \pm s$）表示，计数资料采用频数统计，分别使用SPSS13.0统计软件进行单因素方差分析及卡方检验，$\alpha=0.05$表示差异有显著性意义。

（临床方法一般根据研究对象所采用的方法和数据进行研究。

2　结果

2.1　干预组与对照组在前、中、后期量表评分的对比

对两组患者前、中、后期进行同步对等测试，干预组中各量表总分及抑郁、焦虑、敌对、恐怖等因子分呈逐渐下降趋势，中期各量表分均低于初期分数，个别因子分差异有显著性（$P<0.05$），后期测试各量表分数明显低于初期测试分数，差异具有显著性（$P<0.05$）。对照组中抑郁、焦虑、敌对、恐怖等因子分前、中、后期各测试无规则变化，统计

K线图呈不规则（表1）。

表1 干预组与对照组的疗效比较表（$\overline{X}\pm s$，n=20）

分组	初期		中期		后期	
	干预组	对照组	干预组	对照组	干预组	对照组
SCL总分	65.0±29.6	64.7±27.3	58.09±28.4	65.3±25.4	48.1±12.3*	62.8±12.9
躯体化	0.4±0.1	0.4±0.1	0.2±0.1*	0.3±0.1	0.1±0.1*	0.3±0.1
强迫	0.6±0.4	0.6±0.3	0.5±0.1	0.6±0.2	0.2±0.1*	0.5±0.2
人际	0.7±0.3	0.6±0.2	0.7±0.3	0.5±0.2	0.8±0.3	0.5±0.2
抑郁	0.9±0.5	1.0±0.5	0.8±0.3	1.1±0.4	0.4±0.2*	1.3±0.4
焦虑	1.2±0.5	1.2±0.4	0.5±0.2*	1.2±0.5	0.3±0.1*	1.2±0.5
敌对	0.5±0.2	0.4±0.2	0.2±0.1*	0.5±0.2	0.2±0.1*	0.5±0.3
恐怖	1.8±0.6	1.7±0.6	0.9±0.3*	1.8±0.4	0.7±0.3*	1.6±0.5
偏执	0.9±0.2	0.8±0.2	0.7±0.2	0.5±0.2	0.4±0.2*	0.6±0.1
精神病性	0.4±0.2	0.4±0.2	0.3±0.1	0.2±0.3	0.2±0.1	0.3±0.1
其他	0.6±0.3	0.5±0.2	0.5±0.2	0.5±0.2	0.5±0.1	0.5±0.2

与初期比较 * $P<0.05$

2.2 统计、调查问卷结果

干预组与对照组同步对等调查问卷统计。初期：情绪情感（抑郁、焦虑等典型状态），生活态度（乐观与绝望），医患关系（满意度），表彰与建议等主要内容差异均无显著意义。中期：情绪情感（抑郁、焦虑等典型状态），干预组明显低于对照组；生活态度（乐观与绝望）——乐观，干预组明显高于对照组，绝望因子呈相反状态；医患关系（满意度），干预组显著高于对照组；表彰与建议——表彰，干预组显著高于对照组，建议，对照组高于干预组；后期：情绪情感（抑郁、焦虑等典型状态），生活态度（乐观与绝望），医患关系（满意度）三项与中期基本相同；表彰与建议——表彰，统计差距明显减少，建议，干预组明显高于对照组（表2）。

表2 统计、调查问卷的差异比较（频数统计，n=20）

项目	初期		中期		后期	
	干预组	对照组	干预组	对照组	干预组	对照组
抑郁	10	10	5*	12	4*	13
焦虑	10	10	4*	13	4*	14
乐观	16	17	13*	6	12*	5
悲观	8	8	6*	14	7*	16
表彰	1	1	8*	2	6	2
建议	1	1	1*	6	7*	2
满意	14	15	15*	6	16*	5

同期组间比较 * $P<0.05$

2.3　医疗费用及住院天数统计结果

干预组与对照组的医疗费用分别是 2.41 万元和 2.38 万元，两者比较差异无显著意义；两者的住院天数分别是 33.2 天和 40.7 天，前者明显低于后者，组间比较差异有显著性意义（$P<0.05$）。（结果一般通过实验研究、临床研究、分析观察所得，数据要求真实可靠、实事求是。）

3　讨论

地震是造成创伤最多的自然灾害。地震的突然发生，产生了大量的创伤患者。大部分创伤患者将接受手术治疗。地震创伤手术患者不仅经受了地震带来的生理创伤及残酷的精神创伤，而且还要面临手术带来的再一次精神压力。不少患者会出现急性应激障碍[4]，表现为焦虑、恐惧、紧张、失眠、易激惹、抑郁、负罪感等心理问题，严重影响他们的精神康复。王丽萍在对 35 例唐山大地震中 PTSD 患者进行了观察测试，发现他们无法摆脱地震所致精神创伤的痛苦记忆，PTSD 严重影响了患者的身心健康[5]。我们有必要了解这些患者的精神状态，对他们进行必要的心理干预，缓解他们的不良心理问题，促进心理康复。而心理护理干预在他们的心理康复中占有重要地位，扬瑞等认为及时地对创伤患者开展心理护理能有效地减轻伤后应激障碍的症状[6]。

手术是一种创伤性治疗措施，能使患者产生一系列心理障碍，对地震创伤手术患者进行心理护理干预应该是一全面系统的治疗过程[7]。本观察将心理护理干预应用到地震创伤手术患者的康复治疗中，提示心理护理干预能够缓解地震创伤手术患者的抑郁、焦虑、敌对及恐怖等不良情绪，患者的情绪情感，生活态度及医患关系等亦有明显改善，而且后期效果尤其显著。应用心理护理干预的患者其住院时间明显比对照组短，提示心理护理干预能使患者尽快重塑生活信心，早日摆脱地震创伤带来的心理阴影，加速其康复进程，有助于他们及早重返社会生活。而且我们的观察统计显示心理护理干预并不显著增加医疗费用，说明即使在医疗经费困难的情况下对这些患者实施心理干预亦并无问题。

通过本观察，我们认为心理护理干预可显著改善地震创伤手术患者的抑郁、焦虑、恐惧及负罪等心理障碍，有利于他们的康复治疗。

（讨论是将所得结论进一步分析，提高和升华，证实所得结果的可靠性。）

参考文献

1. 王正国．灾难和事故的创伤救治［M］．第 1 版．北京：人民卫生出版社，2005：8-10.

2. 汪向东，赵丞智，新福尚隆，等．地震后创伤性应激障碍的发生率及影响因素［J］．中国心理卫生杂志，1999，13（1）：28-30.

3. Sakir O, Aytekin S. Frequency of PTSD in a Group of Search and Rescue Workers Two Months After 2003 Bingol（Turkey）Earthquake. Journal of Nervous & Mental Disease, 2004, 192（8）：573-575.

4. 张本，徐广明，马文有，等．大地震创伤后应激障碍患者的心理与神经内分泌变化［J］．中国心理卫生杂志，2002，16（12）：817-821.

5. 王丽萍，张本，姜涛，等．唐山大地震所致慢性创伤后应急障碍临床研究［J］．中国心理卫生杂志，2005，19（8）：517-520.

6. 杨瑞，李亚洁．创伤病人的心理学效应及心理护理［J］．护理研究，2004，18（4）：578-579.

7. 王燕琼．病人在手术室期间的心理探讨及护理［J］．基层医学坛，2007，11（9）：834-835．（参考文献应少而精，论著勿超过 10 篇，综述可饮用 20-30 篇。）

知识链接

毕业论文的装订格式

毕业论文的装订格式各个学校不尽相同，现举例某所高校毕业论文的装订要求。

1. 封面（学校统一印制）

2. 毕业论文任务书

3. 毕业论文实践记录表

4. 毕业论文评审成绩表（包括指导教师意见、答辩小组意见）

5. 毕业论文［内容依次为诚信承诺、中文摘要与关键词、英文摘要与关键词、目录页、文本主体（包括引言、正文与结论）、参考文献、附录（可选）、外文文献与翻译、致谢）。

6. 封底（学校统一印制）

扫码“学一学”

目标检测

一、判断题

1. 药品说明书上已经记载了所有可能发生的不良反应。（　　）

2. 《中成药非处方药说明书规范细则》与《化学药品非处方药说明书规范细则》的项目名称除作用类别外，其他项目的名称完全一致。（　　）

3. 非处方药品说明书标题的下方必须标注“请仔细阅读说明书并在医师指导下使用”的忠告用语。（　　）

4. 每个实验室出具的检验报告书都具有法律效力。（　　）

5. 药品检验所检验报告中的检验结果均应书写符合规定或不符合规定。（　　）

6. 药品检验报告的结论包括检验依据和检验结论。（　　）

7. 医药新闻允许有夸大的成分。（　　）

8. 医药新闻中，标题、导语、主体、背景、结语缺一不可。（　　）

9. 狭义的新闻单指消息；广义的新闻指消息、通讯、报告文学、特写、评论等。（　　）

10. 新闻就是对新近或者正在发生发现的、对公众有知悉意义的事实的报道。（　　）

11. 医药文摘常用的类型有报道性文摘、指示性文摘、引语式文摘、题录式文摘。（　　）

12. 报道性文摘只适用于文摘刊物刊载或作为学术论文的提要。（　　）

13. 新闻背景只可在主体部分出现，位置相对固定。（　　）

14. 新闻的特点在“新”。（　　）

15. 新闻很少采用“倒金字塔”结构。（　　）

16. 医药文摘是医药文献的内容摘录，可以对文章内容进行评论。（　　）

17. 学术论文只要有较强的理论性，就可以不进行新的探索。(　　)
18. 论文摘要的字数要控制在500字左右。(　　)
19. 引言力求言简意赅，较短的论文只用小段文字，不用另外用小标题裂开。(　　)
20. 医药论文的摘要由目的、方法、论据和结果四要素构成。(　　)

二、单项选择题

1. 关于成分的说法，哪种是错误的（　　）
   A. 非处方药说明书都必须列出所有辅料成分
   B. 中成药非处方药说明书中必须标明所有成分
   C. 中成药非处方药说明书中必须标明全部处方组成
   D. 化学药品非处方药说明书中须标明全部活性成分
2. 非处方药关于用法用量说法，哪种是错误的（　　）
   A. 说明书上的儿童用法用量应当在注意事项中说明
   B. 药物用量常注明一日几次，每次多少量
   C. 儿童可用量酌减
   D. 一定要按照说明书的用法和用量使用，不要随便更改
3. 以下对药品说明书的说法不正确的是（　　）
   A. 可指导人们正确储藏和保管药品
   B. 是药物信息情报最基本、最重要的来源
   C. 是指导医生用药的唯一依据
   D. 与药品研制、生产、销售、使用等环节密切相关
4. 药品检验所出具报告表头栏目报告日期应书写为（　　）
   A. 检验完成日期　　B. 授权签字人签字日期
   C. 报告发出日期　　D. 开始检验日期
5. 药品检验报告中药品名称应书写为（　　）
   A. 商品名称　　B. 商标名
   C. 法定名称　　D. 以上名称均可
6. 药品检验所出具的报告需复验的期限为多少日内书面方式提出，逾期不予受理（　　）
   A. 发出检验报告7日　　B. 收到检验报告7日
   C. 授权签字人签发报告7日　　D. 邮局或快递印章日期后7日
7. ××大学在遗传学研究上取得了重大的突破，这一事件适合写（　　）
   A. 动态新闻　　B. 综合新闻
   C. 典型新闻　　D. 述评新闻
8. （　　）是新闻的开头，由最新鲜、最主要的事实或精辟的议论组成
   A. 标题　　B. 导语
   C. 主体　　D. 背景
9. 新闻写作过程中采用得较多的布局方式是（　　）
   A. 叙述式　　B. 提问式
   C. 描写式　　D. 倒金字塔式

10. 在我国新闻学术界，关于新闻最权威的定义是由谁提出来的（　　）

A. 范长江　　B. 陆定一

C. 王中　　D. 刘建明

11. 新闻中运用最广的一种文体是（　　）

A. 通讯　　B. 特写　　C. 调查报告　　D. 消息

12. （　　）是新闻的主干部分，对导语作具体全面的阐述。

A. 标题　　B. 导语　　C. 主体　　D. 背景

13. （　　）是摘编者根据需要将原文的有关句、段抄录下来而编制的文摘，常用于做文摘卡或摘要式笔记

A. 报道性文摘　　B. 指示性文摘

C. 引语式文摘　　D. 题录式文摘

14. （　　）是新闻的生命

A. 时效性　　B. 真实性　　C. 新奇性　　D. 简明性

15. （　　）是对某一部门或某一单位的典型经验或成功做法的集中报道

A. 动态新闻　　B. 综合新闻　　C. 典型新闻　　D. 述评新闻

16. 大多数新闻的结构是（　　）

A. 倒金字塔结构　　B. 提要式结构

C. 金字塔结构　　D. 无固定结构

17. 学术论文的关键词一般是（　　）个

A. 1 个　　B. 2 个　　C. 3 个　　D. 3-8 个

18. 参考文献所列出学术论文作者的数目是（　　）

A. 第 1 位　　B. 前 2 位　　C. 前 3 位　　D. 所有作者

19. 正文是医药论文的核心部分，下列哪项不属于正文内容（　　）

A. 材料与方法　　B. 结果与讨论　　C. 摘要　　D. 前言

20. 论文的主体部分开头一般称为（　　）

A. 前言、序言　　B. 摘要、概述

C. 引论、序跋　　D. 绪论、本论

三、多项选择题

1. 在药品说明书的药品名称中，中成药和西药都包含的内容是（　　）

A. 通用名称　　B. 商品名称

C. 英文名称　　D. 汉语拼音

2. 处方药警示语是对药品严重不良反应及其潜在的安全问题的警告，还可以包括药品（ ACD ）等需要提示用药人群特别注意的事项（　　）

A. 剂量过量　　B. 药理毒理　　C. 禁忌　　D. 注意事项

3. 药品说明书中的注意事项包括的内容是（　　）

A. 影响药物疗效的因素　　B. 药品慎用的情况

C. 用药过程中需观察的情况　　D. 用药对于临床检验的影响

4. 药品检验报告书写要求包括（　　）

A. 依据正确　　B. 数据完整　　C. 用语规范

D. 结论明确　　E. 文字简洁

5. 药品检验报告的检验项目（　　）

A. 性状　　B. 鉴别　　C. 检查

D. 含量测定　　E. 结论

6. 在中成药药品检验报告的鉴别项下的检验方法主要有（　　）

A. 化学反应　　B. 显微特征　　C. 薄层色谱

D. 红外光谱　　E. 紫外光谱

7. 新闻报道的是（　　）的事实

A. 新近发生的　　B. 新近发现的

C. 对公众有知悉意义的　　D. 以前发生的

8. 下列关于消息特点的说法正确的是（　　）

A. 迅速及时　　B. 深奥复杂　　C. 语言简明　　D. 内容真实

9. 导语的写作可采用（　　）的方式

A. 叙述式　　B. 提问式　　C. 描写式　　D. 评论式

10. 下列关于倒金字塔结构的说法正确的是（　　）

A. 可以突出最新鲜、最重要的事实

B. 头重脚轻地组织、安排材料

C. 导语、正文、标题变化大，不易重复

D. 行文简洁明快、方便读者阅读、便于编辑处理

11. 医药新闻的种类有（　　）

A. 动态新闻　　B. 综合新闻　　C. 典型新闻　　D. 述评新闻

12. 医药论文具有如下特点（　　）

A. 科学性　　B. 创新性　　C. 可读性　　D. 实用性

13. 作者简介包括作者姓名、学术成就、联系方式、通讯地址、邮政编码等，其中还包括（　　）

A. 出生年月　　B. 性别　　C. 籍贯　　D. 职称

14. 按写作目的分，医药论文分为（　　）

A. 学术论文　　B. 学位论文　　C. 实验研究论文　　D. 技术交流论文

四、阅读下面的药品说明书，找出其中的错误并修改

OTC

甲类

马来酸氯苯那敏片说明书

请仔细阅读说明书并在医师指导下购买和使用

【药品名称】

通用名称：马来酸氯苯那敏片

英文名称：Chlorphenamine Maleate

汉语拼音：Maisuan Lubennamin Pian

【成　　分】本品每片含马来酸氯苯那敏4毫克。

【性　　状】本品为白色片。

【作用类别】本品为抗过敏类非处方药药品。

【适 应 证】本品适用于皮肤过敏症：荨麻疹、湿疹、皮炎、药疹、皮肤瘙痒症、神经性皮炎、虫咬症、日光性皮炎。也可用于过敏性鼻炎，药物及食物过敏。

【规　　格】每片4mg

【用法用量】口服。成人每次1片，一日3次；儿童用量酌减。

【不良反应】主要不良反应为嗜睡、口渴、多尿、咽喉痛、困倦、虚弱感、心悸、皮肤瘀斑、出血倾向。

【注意事项】

1. 老年患者应在医师指导下使用。
2. 服药期间不得驾驶机、车、船、从事高空作业、机械作业及操作精密仪器。
3. 儿童剂量请向医师或药师咨询。
4. 新生儿、早产儿不宜使用。
5. 孕妇及哺乳期妇女慎用。
6. 膀胱颈梗阻、幽门十二指肠梗阻、甲状腺功能亢进、青光眼、消化性溃疡、高血压和前列腺肥大者慎用。
7. 如服用过量或出现严重不良反应，应立即就医。
8. 对本品过敏者禁用，过敏体质者慎用。
9. 本品性状发生改变时禁止使用。
10. 请将本品放在儿童不能接触的地方。
11. 儿童必须在成人监护下使用。
12. 如正在使用其他药品，使用本品前请咨询医师或药师。

【药物相互作用】

1. 本品不应与含抗组胺药（如马来酸氯苯那敏、苯海拉明等）的复方抗感冒药同服。
2. 本品不应与含抗胆碱药（如颠茄制剂、阿托品等）的药品同服。
3. 与解热镇痛药物配伍，可增强其镇痛和缓解感冒症状的作用。
4. 与中枢镇静药、催眠药、安定药或乙醇并用，可增加对中枢神经的抑制作用。
5. 本品可增强抗抑郁药的作用，不宜同用。
6. 如与其他药物同时使用可能会发生药物相互作用，详情请咨询医师或药师。

【药理作用】作为组织胺H_1受体拮抗剂，本品能对抗过敏反应（组胺）所致的毛细血管扩张，降低毛细血管通透性，缓解支气管平滑肌收缩所致的喘息，本品抗组胺作用较持久，也具有明显的中枢抑制作用，能增加麻醉药、镇痛药、催眠药和局麻药的作用。本品主要在肝脏代谢。

【贮藏】避光，密闭保存。

【包装】铝塑复合袋，4mg×12片/袋。

【有效期】36个月。

【执行标准】中国药典2005版二部

【批准文号】国药准字 H××××××××

【说明书修订日期】2011 年 10 月 18 日

【生产企业】

企业名称：（略）

地　　址：（略）

邮政编码：（略）

电话号码：（略）

传真号码：（略）

如有问题可与生产企业直接联系。

五、写作题

1. 写一则报道校内新近发生的具有新闻价值的消息。

要求：符合新闻的格式，字数 150 左右。

2. 请为下面这则新闻拟写标题，字数不超过 15 个字。

2004 年 5 月 24 日，农夫山泉股份有限公司与丹江口市政府签订协议：农夫山泉再投资 5 亿元，在丹江口生产基地建设二期工程。这意味着丹江口市将成为我国饮用水最大生产基地。

2003 年 8 月，农夫山泉公司投资 3.2 亿元，在丹江口市胡家岭建设湖北生产基地，今年 5 月 18 日已有两条生羊线建成投产。农夫山泉公司在丹江口市追加投资，再添 4 条生产线。项目建成投产后，农夫山泉丹江口生产基地年销售收入可达 12 亿元人民币。

3. 小林于 2013 年通过自己的努力考上了专升本，考取学校为××医药学员药学专业，今年，他即将毕业，需要撰写毕业论文。请根据所学专业与实践，结合所学内容，撰写一篇毕业论文。

附录　公文常用词语简释

颁布：庄严地发布。如：颁布命令。
颁发：隆重地发给。如：颁发证书。
查收：清点收下。如：货已查收。
查复：了解后回复。如：当即查复。
查询：了解问询。如：经多方查询。
查对：清查核对。如：已经查对无误。
查照：查看。如：希查照办理。
查处：调查处理。如：进行了查处。
查实：调查证实。如：经我方查实。
大有：很有。如：大有可为。
大力：十分尽力。如：大力支援。
大肆：十分放纵。如：大肆宣传。
可否：可不可以。如：可否参加。
能否：能不能，如：能否前来。
当否：是不是恰当。如：当否，请批示。
妥否：是不是恰当。如：妥否，请批示。
再次：再一次。如：再次协商。
一再：多次。如：一再说明。
一度：一段时间。如：曾一度中断。
基于：根据。如：基于上述原因。
鉴于：由于考虑到。如：鉴于身体状况。
鉴戒：教训。如：引为鉴戒。
借鉴：参考。如：可作借鉴。
台鉴：您审阅。如：××先生台鉴。
台览：您阅。如：请经理台览。
惠鉴：劳驾您审阅。如：××先生惠鉴。
雅鉴：请您审阅并指教。如：××先生雅鉴。
台安：您安好。如：敬祝台安。
台祺：您吉祥。如：顺颂台祺。
径向：直接向。如：可径向上级报告。
均为：都是因为。如：均为责任事故。
均须：都必须。如：各处室均须注意。
亦须：也必须。如：亦须妥善安排。
务须：一定必须。如：务须做好准备。
务请：务必请。如：务请于15日前答复。
务期：一定要（达到某种要求）。如：希于月底前务期完成。
均经：都已经过。如：以上数据均经核实。
报请：报告请示。如：特报请董事会批准。
恳请：恳切请求。如：恳请予以审批。
提请：提出请求。如：必须提请领导批准。
恭请：恭敬地邀请您。如：恭请光临。
敬请：恭敬地邀请您。如：敬请光临。
敬悉：恭敬地知道。如：来函敬悉。
奉悉：尊重地知道。如：大札奉悉。
谨悉：恭敬而慎重地了解到。如：来函谨悉。
得悉：了解到。如：得悉喜讯。
收悉：收到后知道了。如：来函收悉。
已悉：已经知道了。如：来文已悉。
谨致：郑重而恭敬地给予。如：谨致崇高的敬礼。
业于：已经在。如：业于上周竣工。
谨启：恭敬地陈述。如：××公司谨启。
函达：写信告知。如：特此函达。
函告：通过信件相告。如：特此函告。
函复：通过信件答复。如：请速函复。
见复：请答复。如：望见复。
见教：请指教。如：望见教。
见示：请指示。如：望见示。
见谅：请原谅。如：尚祈见谅。
尚祈：还请求。如：尚祈见谅。
商榷：商量讨论。如：尚待商榷。
商酌：商量斟酌。如：请与××商酌。
当即：当时立刻就。如：当即进行研究。
即日：当天。如：即日来音。
即席：当场。如：即席发表谈话。

即可：立即就可以。如：即可动工。
即行：立刻行动。如：一经查明，即行办理。
歉难：抱歉，难以。如：歉难承担经济损失。
据此：根据这个。如：据此，我们决定……
复希：还希望。如：复希将查照结果函告。
径与：直接与。如：请径与××先生联系
与会：参加会议。如：与会代表50人。
参与：参加进去共同工作。如：参与管理。
拟于：打算在。如：拟于明天动身。
拟订：打算制订。如：拟订计划。
以期：以此希望。以期在京举办。
如期：合乎预定的日期。如：已经如期到达。
切勿：千万不要。如：切勿上当。
切切：千万注意。如：切切。
顷闻：刚才听到。如：切闻××病逝。
顷接：刚才接到。如：顷接来函。
顷奉：刚才接到（用于下对上）。如：顷奉上级指示。
顷据：根据刚才（得到的信息）。如：顷据中央气象台预报
莅临：到来。如：敬请莅临指导。
事宜：事情的安排处理。如：有关具体事宜。
为此：为了这个。如：为此，要尽快办理。
为要：是重要的。如：请速办为要。
为宜：是适当的。如：以自愿为宜。
为妥：是适当的。如：以自愿为妥。
为盼：是所盼望的。如：请速回复为盼。
为荷：感谢您的帮助。如：请协助解决为荷。
是荷：感谢您的帮助。如：请大力协助为荷。
届时：到时候。如：请届时出席。
就绪：已经安排好。如：已全部就绪。
以资：用来作为。如：以资鼓励。
以此：用这个。如：以此推算。
以利：有利于。如：以利发动群众。
以其：用他的。如：以其特长取胜。
特此：特地这样。如：特此通知。
接洽：联系商量。如：请接洽。
接办：接过来办理。如：由我公司接办。
业经：已经经过。如：业经领导批准。
未经：没有经过。如：未经领导批准。
后经：后来经过。如：后经改进。
拟经：打算经过。如：拟经上级批准后动工。
一经：一旦经过。如：方案一经批准，立即动工。
悉心：用尽心思。如：一定悉心办理。
悉力：尽一切力量。如：望予悉力协助。
承诺：答应承办（某项事情）。如：已经承诺，就必须完成
纯系：纯粹是。如：所谈纯系实情。
均应：都应该。如：均应按规定办理。
本应：本来应该。如：本应严格处置。
限于：限定在。如：限于月底完成。
希于：希望在，如：希于月底做好。
应予：应该给以。如：应予鼓励。
希予：希望给以。如：希予大力协助。
准予：准许给以。如：准予补发。
特予：特地给以。如：特予通报表扬。
不予：不给以。如：不予登记。
不力：不得力。如：××办事不力。
兹聘：现在聘请。如：兹聘××为我所顾问。
兹有：现在有。如：兹有××等三人。
兹派：现在派。如：兹派工程师三人。
兹将：现在把。如：兹将报表送上。
兹因：现在因为。如：兹因无力偿还。
兹就：现在对。如：兹就生产作了安排。
显系：显然是。如：显系装运责任。
竭诚：竭尽全力，真心诚意。如：感谢贵公司竭诚合作。

目标检测参考答案

第一章　应用文写作基础知识

一、判断题

1. ×　2. √　3. ×　4. √　5. ×　6. √　7. ×　8. √　9. ×　10. √　11. √　12. ×　13. ×　14. √　15. √　16. √　17. ×　18. √　19. ×　20. ×

二、单选题

1. A　2. D　3. B　4. C　5. D　6. D　7. D　7. C　9. D　10. C　11. A　12. D　13. C　14. B　15. A　16. D　17. D　18. A　19. B　20. C

三、多选题

1. ABCD　2. ABCDE　3. ABC　4. ABCDE　5. ABCD　6. BC　7. CDE　8. ABDE　9. BCD　10. ABCDE

第二章　党政机关公文基础知识

一、判断题

1. √　2. √　3. ×　4. √　5. ×　6. √　7. √　8. ×　9. √　10. ×　11. ×　12. ×　13. √　14. ×　15. √　16. √　17. ×　18. ×　19. ×　20. ×

二、单选题

1. C　2. B　3. A　4. A　5. C　6. C　7. D　8. C　9. A　10. B　11. B　12. C　13. D　14. C　15. C　16. D　17. C　18. C　19. B　20. C

三、多选题

1. AC　2. ACDE　3. CD　4. ACD　5. ABCD　6. AC　7. ACD　8. BDE　9. BCD　10. ABC

四、阅读题

1. ①发文机关标识　②发文字号　③标题　④附件说明　⑤抄送机关

2. ①“红石乡政府公文”应为“红石乡人民政府文件”

②“金红（99）18号”应为“金红〔1999〕18号”

③“修建马岭至牛洞公路的报告”应为“关于修建马岭至牛洞公路的请示”

④标题下，正文前要加上主送机关

⑤正文中“制约这四个村脱贫致富的主要原因之一是交通闭塞，致使经济、文化生活落后”应改为“制约这四个村脱贫致富的主要因素是交通闭塞，经济、文化生活落后”

⑥删除正文末的“此致敬礼!”

⑦附件说明中的“如文”改为“马岭至牛洞公路预算表”

⑧成文日期应将年月日标全

⑨删除主题词

⑩将“报”改为“抄送”，删除抄的机关

第三章　常用党政机关公文写作

一、判断题

1. √　2. ×　3. ×　4. √　5. ×　6. √　7. √　8. √　9. √　10. √　11 . √　12. ×　13. ×　14. √　15. √　16. ×　17. ×　18. ×　19. √　20. √

二、单项选择题

1. C　2. C　3. C　4. A　5. C　6. D　7. A　8. D　9. B　10. B　11. B　12. C　13. B　14. B　15. A　16. B　17. A　18. D　19. A　20. C

三、多项选择题

1. ABCD　2. DE　3. ABE　4. ADE　5. AE　6. AC　7. ABCD　8. ACE　9. BCD　10. ACDE

四、改错题

文稿错误之处有：

1. 文件格式不正确：无主送单位，成文日期没有具体到日。

2. 违反行文规定：请示内容必须“一文一事”，而文中有两件事情。

3. 尾语啰嗦：“此致”和“敬礼”，由于上面已经有了期复性尾语，故无必要写。

4. 文件内容不恰当：购买“轿车”，对于县政府来说不需要向上级调拨经费，由县财政自身解决。但需要由主管物资控购办公室批准才能购买。购车理由不充分。“人员编制”问题，应届时再办。

修改如下：

××县人民政府办公室关于申请购置轿车的函

地区政府物资控购办公室：

我县是方圆200多公里的大县，外出办公事宜很多，现县政府原有的两辆小轿车是十年前添置的，现在经常出故障，已近乎报废，影响我县外出办公。所以，特申请购置一辆小轿车，恳请批准为盼。

附件：购置轿车申报表

××县人民政府办公室

××年××月××日

五、写作题

××省教育委员会关于同意××大学开设管理文秘专业的批复

××大学：

你校报送的《关于××大学开设管理文秘专业的请示》，已收悉。经研究，现批复如下：

一、原则同意××大学开设管理文秘专业。

二、…………………………。

三、…………………………。

××省教育委员会

××年××月××日

第四章　常用事务文书写作

一、判断题

1. √　2. ×　3. ×　4. √　5. ×　6. √　7. ×　8. ×　9. √　10. ×　11. √　12. √　13. √　14. ×　15. ×　16. √　17. √　18. √　19. √　20. √

二、单选题

1. C　2. D　3. D　4. A　5. B　6. D　7. B　8. A　9. B　10. A　11. D　12. A　13. D　14. B　15. A　16. A　17. A　18. A　19. A　20. A

三、多选题

1. ABCD　2. BCDE　3. ABCE　4. ACD　5. BDE　6. ABDE　7. ABCDE　8. ACDE　9. ABCE　10. ABC

四、改错题

1. 标题应居中
2. 招领物品的特征不应写得过于详细
3. 结束语应提行空两格
4. 未留下联系方式
5. 缺少成文日期

五、写作题（略）

第五章　公关礼仪文书写作

一、判断题

1. √　2. √　3. √　4. √　5. ×　6. ×　7. ×　8. √　9. ×　10. √　11. ×　12. ×　13. √　14. √　15. √　16. ×　17. √　18. √　19. ×　20. √

二、单项选择题

1. C　2. A　3. C　4. B　5. A　6. D　7. A　8. B　9. B　10. D　11. B

12. A　13. C　14. B　15. D　16. C　17. D　18. A　19. D　20. C

三、多项选择题

1. ACD　2. ACE　3. ABCD　4. ABCDE　5. BC　6. ABCE　7. AC　8. ABE　9. ABCDE　10. ABDE

四、改错题

（一）

1. 称谓顶格写

2. 后面应简单评议得到对方帮助所产生的效果和影响；然后还要写上“表示谢意并表示向对方学习的态度和决心。”感情要真挚，态度要诚恳。

3. 加上祝福语：祝贵公司事业蓬勃！×××先生身体健康！万事如意！

4. 落款：先写“×××公司”，再写日期“××××年××月××日”。

（二）

请　柬

×××先生（小姐）：

在您关心、指导和各方的帮助下，敝厂研制生产的××治疗仪获得国家专利，现已全面投放市场，得到患者的广泛认可。

谨定于 2014 年 6 月 10 日 12 时在××饭店××厅举行庆功宴会，恭请光临！

××医疗器械厂厂长（签字）

2014 年 6 月 4 日

（三）

以上几种开场白都是不可取的。1. 表现出来的是被动；2. 没有准备好，语言重复，过于谦虚；3. 缺乏自信，先找几种讲不好的借口，请人原谅。开场白在演讲的过程中起着很重要的作用，它确定了整个演讲的基调。人们很忌讳在演讲中用道歉式开场，既然没有准备好，为什么要耽误大家的时间呢？所以大家很反感。

五、写作训练题

（一）

××职业技术学院吕院长的答谢词

××制药厂的领导、同志们：

我们到贵厂参观学习，受到了厂领导和员工的热情欢迎和接待。×厂长还给我们详细介绍了贵厂的情况和经验，给我们周到地安排了参观和学习，我谨代表来参观学习的全体师生向厂领导和职工致以衷心的感谢！

××制药厂技术先进、药品疗效显著。我们这次参观学习，不仅了解了药品生产的厂房、设施和卫生环境，而且学习了药品质量检验的机构和仪器设备以及贵厂严格的药品质量管理制度。我们还学习了你们改革开放的新思想、新观念、新技术。所有这些都对我们的教学起到极大的指导和帮助作用。

再次感谢贵厂领导和同志们的热情和帮助！谢谢！

××职业技术学院　吕××

××××年××月××日

（二）

2015年××护理职业学院元旦文艺晚会

节目形式多样
兄弟院校同台
舞台美轮美奂
时间：元月一日晚7∶30
地点：学院礼堂
欢迎全校师生届时观看。

××护理职业学院团委

2015年12月26日

（三）

贺　信

××医药公司全体员工：

欣闻十月一日是贵公司成立十周年庆典，谨此表示热烈的祝贺！

10年来贵公司全体员工同心同德，发扬自力更生、艰苦创业、锐意创新的可贵精神，不仅药品的研制和开发方面取得了重大成就，而且为医药行业培养了大批人才。多年来，贵公司曾为×××大药房培训了二十多名技术人员。为此，特表示衷心的感谢！我们决心以实际行动向贵公司学习，增强服务意识，提高产品质量，为达到同行业的先进水平而努力。

祝贵公司在今后的岁月中再创辉煌！

此致

敬礼！

×××大药房总经理：×××

2015年10月1日

（四）答案（略）

第六章　就业文书写作

一、判断题

1. ×　2. ×　3. √　4. √　5. ×　6. ×　7. √　8. ×　9. √　10. √　11. ×

12. × 13. √ 14. × 15. √ 16. √ 17. × 18. × 19. × 20. ×

二、单选题

1. D 2. D 3. C 4. B 5. B 6. A 7. C 8. B 9. C 10. B 11. D 12. D 13. D 14. C 15. D 16. B 17. D 18. C 19. D 20. B

三、多选题

1. ABD 2. ABC 3. ABCD 4. ABCD 5. ABCD 6. AB 7. ABCD 8. ABCD 9. ABCD 10. ABCD 11. ABCD 12. ABC 11. D 12. D

四、阅读改错

略

五、写作

略

第七章 医药工作文书写作

一、判断题

1. × 2. √ 3. √ 4. × 5. × 6. × 7. √ 8. × 9. √ 10. × 11. √ 12. √ 13. × 14. × 15. √ 16. √ 17. √ 18. × 19. √ 20. ×

二、单项选择题

1. A 2. B 3. A 4. B 5. D 6. C 7. A 8. B 9. B 10. D 11. B 12. D 13. A 14. B 15. A 16. C 17. B 18. C 19. A 20. C

三、多项选择题

1. ABCD 2. ABCD 3. ABD 4. ABCD 5. ABC 6. ABCD 7. AD 8. ABCD 9. AB 10. BC

四、改错题

1. 标题书写不准确，应包括时间、策划对象、策划内容、文种四部分。

2. 缺少概述。没有对此次活动进行简要介绍。

3. 正文部分缺少活动时间。

4. 正文部分没有活动经费明细。

5. 缺少预测效果及展望。

6. 缺少落款。应在文末右下角写明策划单位名称或策划个人姓名及日期。

五、写作实训

要求：

1. 确定问题与调查目标。

2. 拟订调查计划　选择调查方式、调查方法、预算调查经费、部署调查人员、安排调查进度。

3. 制作调查问卷。

4. 进行市场调查。

5. 数据的统计与分析　根据收集到的数据和资料进行统计与分析。

6. 结合市场情况撰写市场调查报告。

第八章　医药科技文书写作

一、判断题

1. ×　2. ×　3. ×　4. ×　5. ×　6. √　7. ×　8. ×　9. √　10. √　11. √　12. ×　13. ×　14. √　15. ×　16. ×　17. ×　18. ×　19. √　20. ×

二、单项选择题

1. B　2. C　3. C　4. B　5. C　6. B　7. A　8. B　9. D　10. B　11. D　12. C　13. C　14. B　15. C　16. D　17. D　18. C　19. C　20. A

三、多选题

1. AD　2. ACD　3. ABCD　4. ABCDE　5. ABCD　6. ABCE　7. ABC　8. ABC　9. ABCD　10. ABD　11. ABCD　12. ABCD　13. ABCD　14. AB

四、阅读改错

1. 警示语不符合规定

2. 英文名称不全，缺少 Tablets

3. 成分未列出辅料名称

4. 单位应用中文表达，应为毫克

5. 儿童用量不能使用酌减

6. 缺禁忌项目

7. 贮藏：药品标准为“遮光，密封保存”，药典凡例贮藏的表述中没有“避光”的说法

8.【执行标准】中国药典 2005 版二部：应改为：2010 版，因修订日期 2010 版已经发布）

五、写作题

1.

我校教师暑期“充电”忙

为提高专业教师的教学能力和业务素质，我校选派 46 名优秀中青年专业骨干教师利用暑期参加国家级和省级专业培训。

培训自 7 月中旬陆续展开，涉及中医、中药、护理、西医、信息技术等专业。各培训点采用理论培训、医院及相关企业实践、实地参观考察等方式对参训人员进行培训。

我校教师们积极利用暑期进行“充电”，及时更新教育教学理念，学习专业新理论、前沿技术和关键技能，熟悉相关行业企业先进技术、生产工艺与流程。

2. 标题：“农夫山泉”在丹江口市追加投资

3.（略）

参考文献

[1] 王志刚．实用文书写作［M］．北京：人民邮电出版社，2014.
[2] 张耀辉，雷桂萍．应用文写作简明教程［M］．北京：高等教育出版社，2013.
[3] 李德胜，欧增益．应用文写作教程［M］．天津：天津教育出版社，2013.
[4] 董立国，廖楚珍．医药应用文写作［M］．北京：中国医药科技出版社，2013.
[5] 王劲松，刘静．医药应用文写作［M］．北京：人民卫生出版社，2013.
[6] 姚桃娟，周军．医药应用文写作［M］．杭州：浙江大学出版社，2013.
[7] 伍小平．应用文写作［M］．北京：高等教育出版社，2012.
[8] 邓琰．应用文写作［M］．沈阳：辽宁大学出版社，2012.
[9] 吴良勤，李展．民间礼仪常识与应用文写作［M］．南宁：广西人民出版社，2010.
[10] 张文英．新编应用文写作教程．［M］天津：南开大学出版社，2010.
[11] 李兴国．社交礼仪［M］．北京：高等教育出版社，2006.